中央アジアの国際関係

ティムール・ダダバエフ［著］

International Relations in Central Asia

東京大学出版会

International Relations in Central Asia

Timur DADABAEV

University of Tokyo Press, 2014
ISBN 978-4-13-036252-8

まえがき

本書の中核となった研究は、多くの研究機関や財団、研究者の支援により実施可能となった。その出発点は、二〇〇五年に発足した人間文化研究機構（ＮＩＨＵ）プログラム「イスラーム地域研究」の東京大学拠点（拠点リーダー・小松久男東京大学教授［当時］）における「中央ユーラシアのイスラームと政治」研究グループにより実施された研究であった。

これらの研究にかかる多くの調査は二〇〇六年以降に実施されたが、その間、東京大学をはじめとした多くの大学や研究機関から現地調査と資料収集に対する支援を受けた。なかでも、筑波大学人文社会科学研究科と筑波大学中央アジア国際連携センター（臼山利信准教授）からの助成と多くの支援により、本書の刊行が可能となったことを特筆しておく。

この他、本書に関連する研究は、上述の「イスラーム地域研究」東京大学拠点と筑波大学からの支援に加え、文部科学省科学研究費補助金若手研究（Ｂ）「中央アジアにおける国際関係の形成とその課題——水・領土問題にみる地域統合の展望」などの助成を受け、実施された。さらに、本書は独立行政法人日本学術振興会平成二五年度科学研究費助成事業（科学研究費補助金）（研究成果公開促進費）の支援により刊行が可能となった。

本研究を進める上で、私は多数の研究者の助言やコメントをいただいた。なかでも、私のこれまでの研究と同様に、東京外国語大学の小松久男教授の役割を特に強調したい。まず、別のプロジェクトの共同現地調査の際、本研究についても小松先生と協議しながら現地調査を実施し、数年にわたりウズベキスタン、キルギス、カザフスタンの各地をともに歩き回りながら本書で述べたアイディアについて意見交換ができ、多くの助言をいただいた。また、本書の下書きから最終原稿に至るまで、様々な部分の全面的な書き直しに多大な協力をいただいたと同時に、ご多忙にもかかわらず、本書の各章にわたって様々な側面から貴重な助言、コメントをいただいた。本書が包含する弱点の全てを克服することはかなわなかったが、それらを問い直す上で小松先生からの助言、コメントは大きな助けとなった。小松先生からの多岐にわたる助言や支援なくして本書は完成し得ず、その重要性は計り知れないものであった。小松先生に、改めて深く御礼申し上げたい。

資料分析においては、数多くの研究者の協力を欠くことはできなかった。日本においては、筑波大学や筑波大学中央アジア国際連携センターの臼山利信准教授、筑波大学人文社会科学系の塩谷哲史助教、同じく筑波大学人文社会科学系木村特任研究員に様々な場面で支援をいただいた。ここに、改めて感謝申し上げる。本書の原稿作成やデータ整理などでは、筑波大学大学院人文社会科学研究科国際日本研究専攻（博士後期課程）在籍の齋藤竜太氏、同国際地域研究専攻（博士前期課程）中東・中央アジアコース在籍の小泉昌之氏、稲川知里氏に協力をいただいた。厚く御礼申し上げる。

最後に、本書の刊行を引き受けていただき、原稿完成を忍耐強く待ってくださった東京大学出版会、特に編集者山本徹氏に深く感謝申し上げたい。

この場を借りて、以上の機関や関係者に深く感謝を申し上げる次第である。

二〇一三年一二月一〇日

ティムール・ダダバエフ

中央アジアの国際関係　／　目次

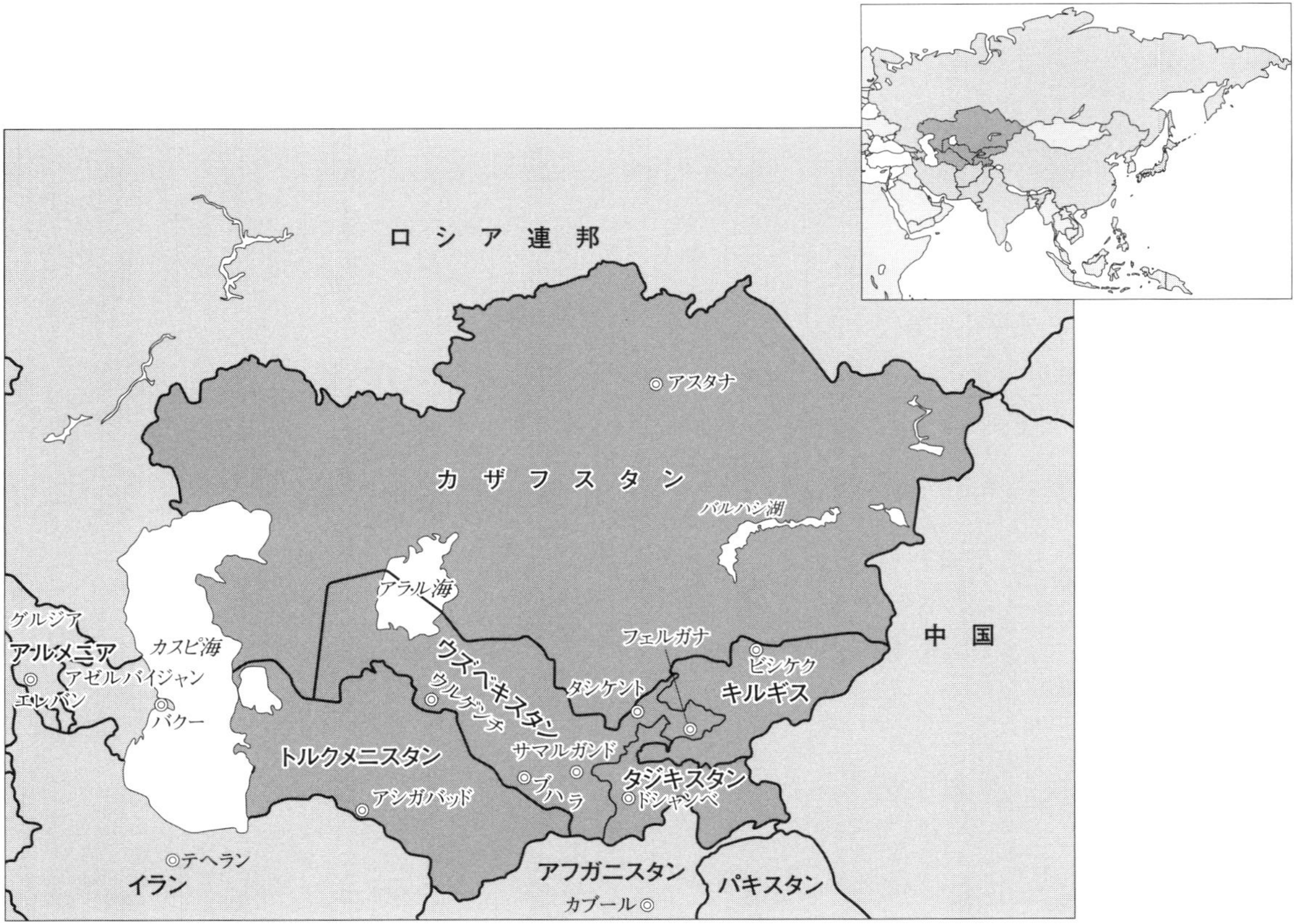
ロシア連邦
カザフスタン
アスタナ
バルハシ湖
アラル海
中国
グルジア
アルメニア
エレバン
アゼルバイジャン
カスピ海
バクー
ウズベキスタン
ウルゲンチ
タシケント
フェルガナ
ビシケク
キルギス
トルクメニスタン
サマルガンド
ブハラ
タジキスタン
ドシャンベ
アシガバッド
テヘラン
イラン
アフガニスタン
カブール
パキスタン

地図　中央アジア

序章

はじめに

中央アジア諸国がソ連から独立してから二二年が経過した。ここでいう中央アジア諸国とは、ウズベキスタン、カザフスタン、キルギス、タジキスタン、トルクメニスタンの五か国を指す。中央アジア諸国をめぐる国際情勢と域内諸国間の関係は様々な段階を経て変化してきた。独立から現在までの間に、これらの国々は様々な問題に直面し、その解決を試みてきた。共産主義の破綻とソ連の解体は中央アジア諸国に多くの問題を投げかけたが、その中でも新しい国際関係、国家と人間の安全保障、経済システム、政治体制そして教育制度の構築は、緊急の課題となった。これらの問題は単に中央アジア地域の国家間関係に影響しただけではなく、人々の生活を直撃し、彼らの世界観にも影響を及ぼした。そして、結果として人々の価値観と人間関係の再検討をも引き起こすことになった。

独立から一〇年目に当たる二〇〇一年の九・一一米国同時多発テロ事件後は、アフガニスタンにおける対テロ作戦が始まり、中央アジア諸国は再び世界に注目されるようになった。米国の関与に加えて、ロシアと中国に挟まれた中央アジアは、複雑に変化する国際環境下に置かれた。このような国際・国内状況の中、中央アジア諸国は国際社会における地位の確立に向けて努力しており、安定的かつ建設的な相互関係を構築しようとしている。

しかし、国際社会から見た中央アジアの位置づけはまだ十分に明確化されてはいない。国際関係の研究者の中でも、中央アジアの扱いは多様である。伝統的に顕著なのは（中央アジアを含む）旧ソ連圏をロシア圏として認識することである。これに対して、中央アジアを中東に含める研究もあれば、旧ソ連の構成国として欧州に含めることもある。さらに、トルコの中央アジア研究者には、中央アジアをトルコ圏の一部と見なし、トルコと中央アジアとの特別な関係を強調する傾向がある。また、アラブ圏の中央アジア研究者は、イスラームを媒介とした中央アジアとの宗教・文化的な共通点に着目することが多い。

さらに、米国のアフガニスタン政策が難航し始めると、アフガニスタン安定化への近隣諸国の協力を求めるかのように、アフガニスタンの問題と中央アジア諸国の問題をセットで検討する研究者が増えた。それに伴い、中央アジア地域を含む「大南アジア（Greater South Asia）」というコンセプトが米国の政治家や政府に近い研究者から聞こえ始めた。これらの多様な扱い方に共通することは、中央アジア諸国を国際社会の対等なアクターとして見るのではなく、中央アジアを大国などによる影響力拡大の対象地域と見なす傾向である。地域としての中央アジアの評価は定まっておらず、世界地図には載っているものの、一つの地域としては認識されていない。また、中央アジア諸国の目線からこれらの国が置かれている国際情勢や国家間関係を考察する視点が不足していると思われる。

以上の認識から、本書はこれまで総合的に検討されることのなかった旧ソ連中央アジア地域の国際関係に注目する。地理的には、旧ソ連中央アジア地域に焦点を合わせ、この地域の諸国が独立後に域外の国々とどのような関係を構築してきたかを分析する。次に、中央アジア域内における諸国間関係を取り上げ、その特徴や各国の外交政策の方向性、外交政策と国内政治の関連などを検討する。さらに、現状と国際関係の理論を擦り合わせ、この地域はこれからどのような発展の道を歩むのかについて、現時点で確認しうる方向性を提示したい。

本書の問題認識としてはとくに以下の点に注目する。まず、独立から現在までの転換期において、中央アジア諸国は国際社会とどのように接してきたのか、その戦略はいかなるものだったのかについては、これまで十分に論じられてこなかった。また、中央アジアと国際社会の関係について、中央アジアには様々な国際機構や枠組みが存在するが、これらの実態や相互の関係性、中央アジア諸国の見解は明らかになっていない。さらに、これまで中央アジアにおける地域統合が議論されてきたものの、その過程が現在どのような段階にあるのか、地域統合が中央アジア各国から支持されているにもかかわらず進展しないのはなぜか、各国は地域統合に何を求めているのかといった点についても検討は十分ではなかった。加えて、水問題、領土問題、天然資源をめぐる各国の政策の特徴といった個別の問題に関しては、これまで概説的に取り上げられてきたものの、詳細な分析が行われてきたとはいいがたい。そのためには、地域統合、水、領土、天然資源問題などの諸政策を実行する実務家や専門家の意見を取り入れる必要がある。これによって、これまで分析対象にならなかった諸問題の解決に向けて新しい知見を得ることができるだろう。

本書は中央アジア地域における国際関係を主に二つの切り口から検討していく。第一に、中央アジア諸国間の関係を中心的な課題として念頭に置きながら、中央アジア諸国と周辺諸国の関係に着目し、その歴史や特徴、現状を紹介した上で将来性に言及する。第二に、中央アジア諸国間関係に作用する様々な問題を取り上げ、これらをとおして諸国間の関係を分析していく。本章ではその概要をまとめておきたい。

一　独立後の国際関係の展開

まず、中央アジアに歴史的に影響力を持ってきたロシア、近年この地域における影響力を拡大しつつある中国、そして中央アジア諸国との関係を構築しつつある日本との関係を取り上げ、以下の問いに答えることを試みる。

1　中央アジア諸国は旧ソ連圏においてどのような関係を構築しているのか

独立直後から、中央アジア諸国は国際社会における地位を確立するために国家間関係を築いてきた。中でも、国際機構との協力を促進すると同時に、近隣国であるロシア、中国、日本との関係強化に力を入れてきた。もちろん、これらの国々の中央アジアに対する影響は一様ではない。中央アジア諸国のロシア、中国、日本に対する見方も、これらの国々との歴史的経緯、関係構築の目的、国民の認識方法によって異なっている。

ロシアは歴史的に中央アジアにおいて影響力を持ってきた。その理由としては、政治的影響力、経済的なつながり、国民の構成（中央アジア諸国にロシア人ディアスポラがいることや多くの人がロシア語に堪能であることなど）、そして地理的に隣接していることがあげられる。ロシアの影響力は、二国間レベルと多国間（独立国家共同体、ＣＩＳ）レベルの双方に見受けられる。本書では、まず中央アジア諸国とロシアとの関係における複雑さを強調し、各国がロシアとの関係強化を図ったかと思えば、別の時期にはロシアと距離を置き、米国や中国との関係強化を試みることの動機と意義を検討する。

ロシアは、この地域の国々と多国間での協力を進めてきた。それは、ロシア帝国・ソ連という共通の歴史やユーラシアのアイデンティティなどを基礎にするものであった。もともと、独立国家共同体（ＣＩＳ）設立の目的は、ソ連解体の打撃を緩和し、ソ連時代に築かれた共和国間の関係を維持、発展させていくことだった。その意味で、ＣＩＳという仕組みはソ連解体に対する反応であり、旧ソ連諸国の関係悪化を避けることが目的だった。つまり、ＣＩＳは新たな協力関係の仕組みの構築ではなく、国家関係の現状維持を目標としており、その中心となったのがロシアである。ロシアとしては、中央アジアにおける影響力の保持、中央アジアから発生しうる安全保障上の脅威（宗教過激派の拡大、アフガニスタンからの脅威など）の予防、ロシア系ディアスポラとの関係維持、地域の経済的な潜在力（主に中央アジアの天然資源や綿花など）をロシアの経済発展に活かすことなどを目的として中央アジア諸国との関係を促進してきた。中央アジア諸国も、独立国家として誕生したばかりの時期に多くの面でロシアに頼らざるをえなかった。とくに、ロシアとの関係強化は中央アジア諸国の安全保障と経済発展に重要な意味を持っていた。

しかし、各国は個々の課題に対する認識や取り組み、開発および経済の構造・制度の違いに直面し、建設的な結果を出すことはできなかった。[(1)] CIS内の協力は数百もの協定を生み出したが、これらの大半は実現に至っていない。そのような中、本書はCISがなぜ失敗したのか、CISの代わりにロシア中心の仕組みを構築することは可能かという分析を試みる。とくに、一見矛盾しているロシアと中央アジア諸国の関係に「接近期」と「疎遠期」（「冷却期」）が繰り返し訪れる理由と背景に注目する。具体的には、一方で、ロシアは中央アジア諸国と特別な関係を築こうとしたが、それぞれの国との関係には個別の特徴があった。

たとえば、中央アジアでとくに重要な国であるカザフスタンやウズベキスタンにはロシアの大統領や首相が頻繁に訪問し、これらの国々とロシアとの間に戦略的協力関係があることを強調する場面が多い。国際社会から人権問題や独裁体制について批判を受けるウズベキスタンについては、ロシアはそのような批判を否定するとともに、国際舞台（とくに、二〇〇五年五月一三日に起きたアンディジャン事件における反政府勢力に対する治安部隊の投入という強硬手段での対応）ではウズベキスタンを政治・経済的手段や軍事装備供給の面で支援してきた。急速な経済成長を続けてきたカザフスタンについては、その経済成長の成果をロシア経済に活かすべく様々な機会にカザフスタンへの支援を行った。九・一一後に米国やNATO軍のアフガニスタン作戦が始まって以後、ロシアは米国のウズベキスタンやカザフスタンとの軍事的協力に理解を示しつつも、それ以外の協力については懸念していた。ロシアは、両国における欧米諸国の影響力の拡大を阻止するとともに、自国の影響力拡大を図ろうとしていた。ロシアにとっての両国との関係強化の最大の利点は、やはり両国が持つ資源（天然ガスや石油）の購入権と共同開発権にある。

中央アジアの比較的小さな国であるタジキスタンとキルギスは、ウズベキスタンとカザフスタンほどではないにしても、ロシア外交でそれなりの重みを持っている。キルギスに関してロシアは軍事基地を維持しており、米国のこの地域における軍事的影響力の拡大に歯止めをかけようとしている。タジキスタン政府に対しても様々な支援を行い、統治制度の強化に貢献している。経済面では、両国の水資源開発事業に参画しており、キルギスとタジキスタンがとくに重視しているダム建設事業にも参加している。

一方で中央アジア諸国は、各国のロシアに対する対応も多様である。たとえば、カザフスタンはロシアとの関係をとくに重視しており、両国の間に対立はほとんど見られない。タジキスタンやキルギスもロシアからの支援や同国で働く多くの出稼ぎ労働者の存在のために、ロシアとの関係を他の国との関係より優先させる。これに対し、ウズベキスタンはその時々に自国が置かれている状況によってロシアに対する姿勢を変化させている。九・一一以降、ウズベキスタンはロシアを中心としたユーラシア集団防衛の仕組みに参加せず、米国との関係を深め、アフガニスタンにおける作戦支援のために自国内に米軍の基地を作らせた。しかし、二〇〇五年にアンディジャン事件が起きると米国の軍事基地を早期に閉鎖させ、ロシアとの軍事、政治、経済面での関係を再び強化した。さらに近年、ウズベキスタンはロシアとの関係を再び見直し、ロシア率いるユーラシア経済共同体への参加停止を表明している。

これらの中央アジア諸国に対し、トルクメニスタンは中立政策を強調し、ロシアと友好関係を保ちながらもロシア主導の仕組みに参加することは避けてきた。

このようにロシアと中央アジア諸国の国家間関係が展開してきた中で、本書は中央アジア諸国のロシアとの二国間レベルでの関係を取り上げ、各国のロシアに対する姿勢に一貫性はあるのか、ないとすればそれはなぜなのかを考察する。それをとおして、中央アジア諸国が一体化しておらず、各国がロシアに対して異なる外交政策を実施している動機などを分析したい。

2　上海協力機構（SCO）の存在はいかなるものか

中国は中央アジア地域に大きな関心を持っており、中央アジア諸国も中国をロシアに次ぐ強力なパートナーと位置づけ、様々な政策を打ち出している。ロシアと同様、中国も中央アジアにおける安定と現状の維持を強調している。中国政府は、中央アジア諸国がガバナンスや人権の問題に直面しているにもかかわらず各政府を支持している。ロシアと同様、中国も中央アジア諸国と二国間関係を維持しつつ、中国主導の上海協力機構(2)（SCO）における協力をとおして関係強化の促進を試みている(3)。

中央アジア諸国を含む旧ソ連諸国が、巨大で運営しにくい国家間協力の仕組み（CIS）に拒否反応を示したことも、中国が指導権を握るSCOの役割を高めた。もともと、SCOは旧ソ連時代から未解決だった中国、ロシア、旧ソ連中央アジア諸国間の国境画定問題の解決や、この地域における安定確保に向けた取り組み（分離主義への抑止など）のために誕生した機構である。

当初、SCOは「上海ファイブ」と呼ばれ、中国、ロシア、カザフスタン、キルギス、タジキスタンの五か国で成り立っていた。この仕組みが構成国に効果をもたらすようになると、それまで距離を置いていたウズベキスタンのような国も参加するようになり、二〇〇一年に上海ファイブは上海協力機構（SCO）に名称を変えた。その時点から、SCOは国境問題のみならず様々な領域における協力を始めた。とくに、経済分野における協力は加盟国から重視されており、いまや軍事的分野における協力重視路線からの脱却を目指している。このような政治、安全保障、経済といった多分野にわたる協力は、最終的には中央アジア諸国の安定と、ロシアから中国に至る一大地域に発展の可能性をもたらすと考えられている。中央アジア諸国がSCOの仕組みを重視する理由は様々だが、各国の利益追求の一環という側面だけではなく共通するものもある。その一つは、各国がこれまで参加してきた仕組みの経験である。とくに、CIS内の協力における失敗がSCO支持へ動いたきっかけになったといえる。

中央アジア諸国は、ロシアを中心とするＣＩＳとは対照的に、目的が絞られており、目標もはっきりしているＳＣＯのような地域もしくは準地域単位の仕組みを重視し始めた。各国にとっては、従来の協力や統合の仕組みよりも、ＳＣＯのような地域主義や域内協力の方が効率的となった[4]。その意味で、小規模で運営しやすく効率が高い、機能主義に則った協力の仕組みを構築することは、ソ連解体後の混乱を抑えることを狙ったＣＩＳとは本質的に目的が異なる。それと同時に、独立と自立した経済発展を訴えてきた中央アジア諸国にとって、新しい仕組みは、やはり協力し合う必要のある分野や領域が存在することを認めた現れでもある。

たとえば、すでに述べたとおり、ＣＩＳの目標はソ連解体後の国家間関係の維持だった。当初、ＣＩＳはこれ以外の目標を設定せず、多様な領域の協力強化と新たな機構・仕組みづくりを進めたものの、目標と各国の意図が合致せず、試みの多くが失敗した。

ＣＩＳとは対照的に、ＳＣＯやユーラシア経済共同体は、まだ初期段階にあるにもかかわらず、成功する条件が多く揃っている。中でも重要な条件は、参加国が直面している経済（資源の取扱い、貿易、交通インフラなど）と安全（宗教的過激派対策、国境画定、米国の中央アジアへの影響力拡大）の問題に対する認識とその解決への姿勢が一致していることである。このことが諸国間の協力を促進し、当初ＳＣＯの参加国ではなかった国（イラン、パキスタン、インドなどのような国）までもが次第にＳＣＯの効果を認め、加盟申請を検討するようになった。ＳＣＯが設立当初の目標だった参加国間での国境問題を解決し、分離主義勢力への対策を共有するようになると、目標は経済分野（パイプラインや交通ルートの建設、物流拡大など）における協力へと拡大した。ＳＣＯの発展は、特定の分野における協力の成功がより複雑な仕組みへと拡大することを示すものである。こうした中で、ＣＩＳ自体、近年はこれまでの幅広い協力から経済分野にしぼり、構造や機能を立て直そうとしている。

以上のようなＳＣＯへの支持は中国との関係改善と発展にもつながっている。中国もこの仕組みをとおして中央アジア諸国に経済支援などを行っているほか、投資などをとおして各国経済への参加を試みている。とくに、エネルギーセクターに対する中国の関心は高く、カザフスタンやウズベキスタンからの石油およびガスの輸入ルートを模索している。本書は上記のような中国と中央アジア諸国の関係にも新たな展開が見られる点に注目し、それがどのように発展してきたのか、その潜在力と方向性はどのようなものなのかを考察する。ロシアの場合と同様、中央アジア諸国が中国について二国間レベルだけでなく多国間レベルでの協力も進める意義を問うてみたい。

3　日本・中央アジア関係の現状と展望、必要な改善とは何か

日本の中央アジアにおける取り組みはまだ初期段階にある。ソ連の解体以降、日本のプレゼンスはODAや様々な支援をとおして強化されてきた(5)。これらは中央アジアにおける日本の重要性を確立したといっても過言ではない。しかし同時に、日本と中央アジア諸国の関係が持つ潜在的可能性が、現状では日本にとっても中央アジアにとっても十分に活かされていないという意見がある。多くの場合、日本による支援が中央アジアと日本の国民の期待に十分に応えているとはいえないのが現状である。

本書はこの問題を取り上げ、日本の中央アジア地域における参加効率をどのようにすれば向上させることができるかを検討する。日本は中央アジア諸国にとって最大の支援国であり、日本への期待は大きい。それに応えるためには、ODAを対象国と日本両国の国益に沿った形でより効果的に使用することが重要である。そこで、本書では、第一に、日本の中央アジア地域におけるODA政策とその効果に言及し、これまでのODA中心の中央アジア政策の効果を検証した上で、その効果をさらに強化するにはどうすればよいかに注目する。そして日本のODA支援を、地域全体を巻き込み、国家間関係を強化するような新しいフロンティアに位置づけることを試みる。第二に、二〇〇四年八月末の川口外相（当時）による中央アジア訪問の際に発表された「中央アジア＋日本」というフォーラムの効果とその複

数の課題に言及する。さらに、日本からの支援と現地からのノウハウの結合が重要であることも提案したい。

二　中央アジア域内の諸問題

本書のもう一つの問題認識として、中央アジア諸国の相互関係構築の現状と、そこに横たわる課題を追究する。とくに注目するのは、域内協力の強化と促進、水資源問題、そして国境の画定および管理である。

1　国家間の相互不信がある中で域内協力の促進は可能か

中央アジア諸国は豊かな人的・物資的資源を有するにもかかわらず、経済面では小国である。したがって、このような特徴を持つ国々は、持続的発展のための政治・経済的努力を国家間で調整する必要がある。これらの諸国は人材・資源を組み合わせたり政策を調整したりすることで、大国との交渉や国際社会における立場の強化など、一国では困難な挑戦をより可能にし、様々な問題を解決に導くことができる。最終的に、地域内協力は域内で発生しうる新たな問題への対応能力を高める潜在力を持つとも考えられる。

ところが、中央アジアの国々は協力の重要性を宣言するものの、それを実現するための具体的努力が不十分な場合が多い。その結果、各国が諸課題を多国間の協力をとおしてではなく、一方的な手段で解決しようとする事例が多く見られる。このような措置は安全保障、経済再建、域内協力における課題の解決策になるとはいえず、むしろ国家間関係を悪化させる。結果として、ソ連解体直後から中央アジア諸国間では共同経済地域の形成が議論されているにもかかわらず、様々な問題がその障害になっている。乾燥地帯である中央アジアにおける水資源の管理や平等な分配、および国境再設定はまさにその例である。

本書はそのような相互不信の根本的な理由と契機を追究する。とくに、これまでの独立後の歴史において「我が家トルキスタン」、中央アジア連合、中央アジア協力機構、中央アジア協力フォーラムといった様々なイニシアティブが存在したにもかかわらず、いずれも失敗している理由を検討する。中でも、なぜ各国のリーダーが「地域統合」の構想に支持を表明しながら、その概念の定義に関して合意に達することができないのかを問う。各国の公的な言説において「統合」はどのような意味を持ち、その定義が各国の独立後どのように変わってきたのかを分析する。

2　水資源の分配・交換・使用における課題は何か

中央アジアにおける水分配問題は、中央アジア諸国間の関係においてきわめて重要である。降水量が少ないだけでなく、この地域の水資源は諸国間で平等に分配されているとはいえない。なぜなら、中央アジアの主要河川の水源のほとんどが山岳地方にあり、ここに水資源が集中しているからである。また、水資源が豊富な地域の五分の四がキルギスとタジキスタンに集中する一方、両国の耕地面積は比較的少ない。対照的に、中央アジアの耕地面積の四分の三を占めるウズベキスタンとトルクメニスタンは、この地域の水資源の五分の一しか供給されていない(6)。さらに、アフガニスタン内戦後の復興が本格化するのに伴い、中央アジアの主要河川の一つであるアム川の水の一部がアフガニスタンにも供給されることになれば、水問題はさらに深刻化すると見られる。

これまでにも、中央アジアでは水問題に関する国家間交渉が行われてきた。独立以前、各共和国は水資源の共同使用の重要性を理解し、一九九〇年七月に水資源の共同利用とアラル海域の環境悪化に関する宣言に署名した。独立後も、「国家間共同水資源の管理、使用と保存に関する協力について」の協定（一九九二年二月）と、それに伴う「水使用・調整国際委員会」（ＩＣＷＣ）と「アラル海国際募金」（ＩＦＡＳ）設立の例がある（一九九七年に合体）。さらに、一九九三年に署名された「アラル海域の環境問題への共同対策」の一環として「アラル海問題に関する国際協議会」が設立された。また、一九九四年一月の「アラル海域における環境、社会と経済状況に関する特定措置の三―五年計画」成立に伴い、一九九五年九月に各国首脳が「アラル海域における持続発展計画について」の宣言に署名した。そして、一九九八年三月に署名された「シル川流域の水・エネルギー資源使用についての協定」により、水利用コンソーシアムの設立も予定されていた。その後、二〇〇四年一月に署名された「トクトクル・ダムからの過剰水放出について」の合意があるが、この地域における河川をめぐる問題を解決できる国家間の仕組みが構築されたとはいえない(7)。

以上のような多くの試みがあったにもかかわらず、合意内容は具体的な実現に至っていない。むしろ、水の分配・共同使用に関する相互理解や協力の不足に起因する問題は少なくない。独立直後から発生したキルギスのトクトクル・ダムとタジキスタンのヌレク・ダムの利用問題や、キルギス、タジキスタンの水資源政策とウズベキスタン、トルクメニスタンの農業政策との矛盾、トルクメニスタンにおける「黄金時代の湖」建設計画に対する慎重論（二〇〇〇年）、キルギス国会議員が発表した水資源商品化の方針（二〇〇一年）、タジキスタンにおけるログン・ダム建設の継続問題（二〇〇一―一二年現在）、トクトクル・ダムからの過剰な水放出により発生した危機（二〇〇四年二月）はその例である。

その結果、最も新しい動きとして、二〇一二年の段階では、ロシアや中国からの支援を受けたキルギスとタジキスタンによる一方的なダム建設と下流に位置するウズベキスタン、カザフスタンとトルクメニスタンとの対立状態が悪化していることが注目される。そのような建設を阻止するために、下流にあるウズベキスタンは二〇〇六年から現在に至るまでログン・ダム建設を続けているタジキスタンに対しダム建設資材を自国の鉄道をとおして運ばせない措置をとっており、二国間の関係はさらに悪化している。

本書は、中央アジア域内でこのような状況が生じるに至った経緯はどのようなものなのか、これまでに同様の交渉の試みがあったのか、そしてその成果はどのようなものだったのかを検討する。

3　中央アジアの発展と国境の再設定・管理

水問題に加えて本書が取り上げるのは、この地域で対立要因となっている土地・国境の問題である。一九九一年の独立に際し、各共和国は、民族間紛争や国家間対立を防ぐために、一九九一年一二月八日のミンスク合意、一九九一年一二月二一日のアルマ・アタ宣言、一九九二年七月二二日に成立した独立国家共同体（ＣＩＳ）の憲章をとおして、国境を相互に承認し、国境問題を起こさない旨の合意を行った。一九九二年三月二〇日に署名された「独立国家共同体構成国の国境と海岸経済領域の防衛について」と一九九二年五月一五日に署名された「独立国家共同体安全保障条約」もあり、国境はしばらくの間、問題視されなかった。

しかし、タジキスタン内戦（一九九二―九七年）やアフガニスタンの内戦（一九七九―二〇〇二年）に伴う難民流出や、麻薬密輸、イスラーム原理主義拡大などの脅威が、中央アジア諸国間の対立や緊張という形で現れ始めた。タジキスタン内戦が終結する一九九七年まで、タジキスタン、アフガニスタンと他の中央アジア諸国との国境は、事実上、論争と平和の境界線になってしまった。その後も、国境や土地をめぐる中央アジア諸国間の緊張は発生し続け、しばしば関係国同士が非難し合う原因となった。

たとえば、一九九八年にタジキスタン国内で反乱が起きた際、タジキスタン政府は反政府ゲリラが国境のウズベキスタン側から侵入したとしてウズベキスタン政府を非難した。一方、タシケント爆弾テロ事件（一九九九年）と、テロ組織ＩＭＵによるフェルガナ盆地への侵入（一九九九―二〇〇〇年）の際、ウズベキスタン政府はタジキスタン政府のずさんな国境管理を批判した。ＩＭＵの侵入後、ウズベキスタン政府は、隣接するタジキスタンとキルギスとの国境管理を強化するために、テロ組織がとくに通りやすいとされた地域に地雷を埋め始めた。しかし、このような一方的な手段は近隣諸国の反発を招いた。

また、一九九九年からは、ウズベキスタンとキルギスとの間に飛び地や国境再設定の問題が発生した。二〇〇一年にはウズベキスタンとカザフスタンの間にも国境に関する緊張が見られたが、その焦点はソ連時代にカザフスタン共和国からウズベキスタン共和国に賃貸という形でもたらされた土地（飛び地など）であった。同じ時期には、ウズベキスタンとトルクメニスタン、キルギス、タジキスタンとの間にも国境や飛び地に関する問題が発生し、その多くは未解決である。二〇〇四年夏には、ウズベキスタン軍による地雷除去作業が開始されるという進展も見られたが、問題の根本的解決には程遠い状態である。現に、二〇〇四年九月、ソ連時代に不当にウズベキスタンに渡されたとして、キルギスの国会議員がウズベキスタンの土地とされているシャヒマルダン飛び地をキルギスへ返還するよう要求した。それに対して、ウズベキスタン政府は、そのような要求を根拠のないものとして拒否している(8)。

以上に述べた国境問題は、相互の関係を悪化させるだけでなく、地域内協力の可能性を減じ、国境地域に居住する人々の生活を困難にする。問題の解決は一国では不可能であり、地域全体での取り組みが不可欠である。

三　研究手法

本書の研究手法としては主に三つをあげることができる。第一に、本書は現段階で中央アジア地域における国家間関係を理解する際に用いられる理論について考察を行う。具体的には、中央アジアの諸国間関係が現実主義（リアリズム）の定める定義によって説明できることを指摘する。まず、中央アジア諸国のリーダーらがソ連時代から国家間関係に適用してきた新現実主義を具体例とともに紹介する。その上で、この理論が中央アジアの諸国間関係を説明する際に持つ弱点を指摘する。とくに、中央アジアを国際政治の主要なアクターとして理解する場合に、現実主義では説明できない部分について述べる。同時に、本書の分析対象は主に国際関係に限定し、国家間関係に影響する、もしくはそれを決定づける国内要因については対象としない。国内政治と国際関係のつながりを証明するにはより幅広い研究を要し、本書の枠内でそれを適切に行うことは困難だからである。

第二に、一次資料として各国のリーダーや政策決定に影響力を持つ関係者の声明を利用し、これらを先行研究や様々なデータとすり合わせながら分析を進める。

そして第三に、一次資料と二次資料（先行研究）双方を裏づけるために現地調査のデータを利用する。具体的には、本書が取り上げる課題に関する関係者へのインタビューを利用する。現地調査のもう一つの目的は、政治目標として掲げられた政策と実際の効果を比較することである。たとえば、水問題、地域統合・域内協力、そして領土・国境問題に関する議論と政策の実行、ユーラシア経済共同体やＳＣＯにおける各国の行動パターンに関して、従来の一次資料や二次資料からは見えてこない現実を、現地調査で得られたデータによって補完する。現地調査は二〇〇六年に筑波大学人文社会科学研究科（国際政治経済専攻）の研究助成を得て行ったウズベキスタン、カザフスタン、キルギスでの調査、二〇〇七年に同じく人文社会科学研究科の研究助成を得て行った中央アジアにおける水問題に関する調査、そして二〇〇八年に中央アジアにおける歴史認識に関する研究の一環として行われたものが中心となる。

四　本書の構成

本書はまず、独立直前から現在に至る中央アジア諸国の道程を描く。第１章では国際関係学という領域から中央アジア諸国はどのように見えるのか、どのような理論を用いて中央アジア地域の国際関係を論じることができるのかを述べる。また、独立に対する各国の姿勢、独立後の国家間関係のパラダイム転換、各国が確保しようとする国家主権に対する姿勢について述べる。第2章はソ連が解体し各国が独立した段階でユーラシアや中央アジア地域の枠内で国家間の関係維持を試みた過程を描く。具体的には、独立国家共同体（ＣＩＳ）の誕生とその機能、問題点、ＣＩＳ内の分裂を論じる。第3章では、中央アジア諸国独自の協力と統合の仕組みの構築について分析する。第4章は独立以降の中央アジアが抱える課題として、国境画定と領土に関する国家間関係の展開に注目し、第5章は水問題を取り上げる。そして第6・7章はより大きな近隣国である中国と中央アジア諸国との協力に焦点を合わせ、とくに、ＳＣＯを取り上げる。さらに、第8章では近年注目されている日本と中央アジア諸国の関係に関して現状と課題を検討する。結論においては、各章のまとめを行い、総括する。

（1）詳細は、Timur Dadabaev, *Towards Post-Soviet Central Asian Regional Integration: A Scheme for Transitional States* (Tokyo: Akashi Shoten, 2004) 参照。

（2）「上海協力機構」（ＳＣＯ）は、「上海ファイブ」が上海フォーラム（二〇〇〇年）を経て名称を変えたものである。中央アジアの四か国（カザフスタン、キルギス、タジキスタン、ウズベキスタン）とロシア、中国で構成する。この枠組みはそもそも一九九六年に国境問題の解決と地域における分離・原理主義への対策を検討するために結成されたが、現段階では協力の範囲を経済分野にも拡大している。

（3）ＳＣＯについての分析は、岩下明裕編著『国境・誰がこの線を引いたのか――日本とユーラシア』北海道大学出版会、二〇〇六年参照。

（4）新しい地域主義に関しては興味深い研究成果がある。たとえば、Yoshinobu Yamamoto, ed., *Globalism, Regionalism and Nationalism* (Oxford: Blackwell Publishers, 1999); Edward D. Mansfield and Helen V. Milner, "The new wave of regionalism," *International Organization* 53, 3 (1999): pp. 589–627; Fawcett Louise, "Exploring regional domains: A comparative history of regionalism," *International Affairs* 80, 3 (2004): pp. 429–446; Raimo Vayrynen, "Regionalism: Old and

New," *International Studies*, 5 (2003): pp. 25-52 参照。

（5）最近の支援の例については、たとえば以下を参照。Viktor Dukha, "Atomnyi al'yans: Yaponiia vtorgaetsya na atomnye rynki Srednei Azii", (原子力同盟…日本は中央アジアの原子力市場に進入した)," *RBK*, 2007年4月4日〈www.centrasia.ru/newsA.php4?st=1177619820〉参照；Zhyldyz Mamytova, "Japan issues grant for six grassroots projects in Uzbekistan (六つの草の根プロジェクトに日本の助成金が与えられた)," *Uzreport.com Business Information Portal*, 2007年3月7日〈www.news.uzreport.com/uzb.cgi?lan=e&id=28892&print=y〉; "V Bishkeke otkryli filial Yaponskogo Universiteta Kokushikan（日本の国士舘大学の分校がビシケクに完成),"IA 24.kg, 2007年3月1日〈www.centrasia.ru/news2.php4?st=1172696520〉参照。

（6）詳しくは、Timur Dadabaev, *Towards Post-Soviet Central Asian Regional Integration: A Scheme for Transitional States* (Tokyo: Akashi Shoten, 2004). 特に pp. 165-201 参照。

（7）協定・合意の説明と分析は以下を参照。Timur Dadabaev, "Inter-state Relations, Water Politics and Management of Trans-Boundary Water Resources in Post-Soviet Central Asia," in Birgit N. Schlyter, ed., *Prospects for Democracy in Central Asia* (Istanbul: Swedish Research Institute, 2004)、「中央アジアにおける潜在的紛争要因」『立命館国際関係論集』第二号、二〇〇二年、九三―一一四ページ。

（8）たとえば、"Kyrgyz Call for Return of Uzbek Territory," *Reporting Central Asia*, RCA No. 315, 2004年10月25日, 参照。

第1章　国際関係論から見た中央アジア諸国間の関係

はじめに

本章では、中央アジアの国家間関係を分析する上でどのような理論が最も有効なのか、また、現在中央アジア地域で起きている出来事は個々の理論的立場からどのように説明されているのか、そして、これらをどう理解すべきなのかを探っていく。いくつかの国際関係の理論の中から、主にリアリズム（現実主義）、リベラリズム（自由主義）、そして近年広がりつつあるコンストラクティヴィズム（構築主義）の三つの理論を取り上げる。その理由としては、国際関係の分析においてこれらの理論が中心的であるとともに、中央アジア地域における国家間関係のパターンや国家相互の姿勢を説明する上でもこれらの主張が最も重要であること、そして、これ以外の理論は国家間関係の複雑さを十分に把握し切れていないことがあげられる。

本章の構成として、まず、これら三つの理論の主張を取り上げ、次に、これらの理論を中央アジア地域の国際関係に適用した場合の有効性について分析する。

一　国際関係論に見る国家間関係像

1　リアリズム

リアリズム（現実主義）は国際関係論において、最も古く、また最も支持されている理論の一つである。リアリズムは国際関係のみならず、様々な研究領域においても適用されてきた理論であるが、国際関係論におけるリアリズムはパワーポリティクス（国家間の力関係）と国家それぞれが追求する独自の国益という概念を中心としている。

リアリズムにはいくつかの基本的な原則が存在しており、その中心にあるのは各国の国益中心的な行動、国際的な秩序と超国家的な政府が存在しえないこと、国家（政府）が国際関係の中心的な主であり、国際政治の最重要アクターであることの強調、である。リアリズム論に即して見ると、世界は常に無法（アナーキー）状態にあり、そのような無法状態は各国の国益中心的な行動やその追求から生じるという。このような状況では、国家間に対立や緊張関係が現れ、これらへの対処として各国の立場の調整などがありえたとしても根本的な解決は困難である。リアリズムの観点から見ると、国際関係は様々な国がそれぞれの国益のために、自国が有するあらゆる手段で戦い、争うことから成り立っている。その「争い」や競争は必ずしも暴力的な争いや戦争に至らなくとも、経済的、外交的もしくはそれ以外の手段をとおして行われている(1)。また、各国の国益追求は時期によって異なり、すべての国に了承される妥協に至ることは難しいことから、国家間の競争や争い、そして対立を避けることは不可能であり、また、そのような対立は消滅することもない(2)。リアリスト以外の研究者の多くも、リアリズムの主張する国家間の競争と国益中心の行動についての基本的な考え方の妥当性を認める場合が多い。

リアリズムによると、個々の国家はそれぞれの軍事的、経済的、それ以外の面でのキャパシティに応じてそれぞれの国益を確保しようとするが、それを独自の力では達成できない場合、他の国と力を合わせて共通の敵・競争相手に対して行動をとる。リアリズムは小国がそれぞれの力で国際関係においてその地位を確保できない場合、他の強国と連携を組み、これらの国の国益を脅かしていると思われる国を牽制する。そういう意味では、リアリズムにとって各国の行動を形づくる要因は国益、安全保障の確保とそれに伴う不安、そして各国のキャパシティである。

リアリズムは、世界に一つの大国しかない状態を不安定なものと見なし、安定性のある国際関係は、多くの大国が存在し、競争の激しい市場原理に基づくものであると見ている。同時に、そのような国際システムの動向は予測困難であり、それぞれの大国とそれらに影響される国々との関係の動向に左右される。

リアリストの中でも、多くの国々がそれぞれの国益を確保するためにどのような行動をとるのかについての議論がなされている。ある学派（防衛派：Defensive Realism）は、大半の国々は自国の生存を目標としており、その生存が脅かされるがゆえに、激しい競争や他国との対立を引き起こすという。それに反対する学派（攻撃派：Offensive Realism）は、大半の国はその国益にかかわる空間あるいは領域を拡大することを目指すからこそ他の国と競争すると主張する。同時に、リアリストは国際関係の無法状態、国益と国家間競争は諸国間の外交のあり方を規定すると主張する。これらによって、国家間関係の構造が変わり、対立や紛争も増減するのである。

たとえば、リアリズムによると、多くの国は（特定の分野において国益が矛盾する）同盟国よりも、（多分野において国益が対立する）競争相手に対抗しようとする。また、競争相手国と同様に、同盟国間でも国益が対立することはリアリズムにとって自然なことである。リアリズムは、国益の矛盾や競争意識が増大するほど、協力の可能性が減少するとする。逆に、国益が一致する分野が増えるほど、国家間協力の可能性は高くなる。

このように、リアリズムは各国とその政府が有する地位とキャパシティを国際関係における最重要の要因として強調するが、リアリストは国家間協力と協力の仕組みの構築の可能性も完全には否定しない。しかし、リアリストにとってそのような協力を可能にする仕組みは、あくまでも各国の主権を侵すことなく、国内政治に介入しない原則に沿って機能するものであると強調する。リアリストにとって、大半の小国が国際関係において生存できる理由は、彼らが持っているキャパシティよりも彼らの国家主権が国際的に認められているからである。その意味では、リアリストは国際関係を無法状態と見なしつつも、国家主権の重視と各国が最重要のアクターである国際協力の仕組みも認めているのである。

2　リベラリズム

リベラリズム（自由主義）はリアリストの考え方に対抗して生まれた理論である。リベラリズムの重要性は、とくに一九七〇年代において高まり、その要因となったのは、①米国経済の低迷、②国家と並んで非国家アクターの国際関係における役割が高まったこと、③経済、文化、科学といった分野間の相互関連が進んだこと、そして④IT革命による情報技術とその影響による国際関係における進歩（とくに政府間コミュニケーションが簡単になったこと）であった。

リベラリズムにはいくつかの原則があるが、これらの中でもリアリズムと異なるのは、国家（政府）を国際関係の最も中心的なアクターの一つと認めながら、国家以外にも重要なアクターがあるとする点があげられる。以上に加え、リベラリズムは国内事情と国際情勢との間にはつながりがあり、国内の政治が結果的には国の外交政策に影響を及ぼしており、逆に、国際社会とのかかわりは国内政治にも影響すると主張する。その意味で、世界の平和は国内の体制にも関係しており、民主的な国家間では対立と紛争はそれほど見られず、民主主義体制は国際的な平和を守るために重要であると強調する。

さらにリベラリズムによると、共通の価値観に加えて、国家間関係が活発であり、他国との貿易が発展している諸国の場合、国家間の軍事的な対立は少なく、平和的な共存への動機がより多いと認識される。そのような国際社会の中で、対立は軍事的な手段ではなく国家間交渉などをとおして解決されていくとする。リベラリズムによると、このような交渉の場となる国際的な仕組みの重要性は高く、それは国際社会のバランスを保つために不可欠とされる。

また、国家に対する見方に関しては、国家を単に政府としてではなく、国内の様々なアクター（様々な機関、NGOやこれら以外の利害を持つアクター）から成り立つと主張し、政府のみを重視するパラダイムから距離を置く姿勢が見られる。

リアリズムとリベラリズムのもう一つの大きな違いは、リベラリズムはリアリズムと異なり、国際社会が無法状態にあるという考え方を否定し、国際社会は上述の様々なアクターから構成される国際レジームにあることを強調する。この考え方はリアリズムと長年対立してきたものであるが、ソ連解体に伴い、リベラリズムのこの考え方は新たな勢いを獲得している。この過程の中で、国際関係には単に競争だけではなく、ソ連の解体と冷戦の終結に伴う新しい国際関係の構造形成が期待された。同時に、リベラリズムは、欧米型の価値観が多くの国に共有されるようになり、世界はもはや対立と無法状態に彩られる世界ではなく、より多くの国が協力し合う世界に変化してきたということを主張している。

3　コンストラクティヴィズム

以上の二つの理論が国際関係把握の見地において大きく異なっており、各学派に自身を位置づける研究者たちが相互の理論を批判しているが、この二つの理論は極端な見方であるとして双方の理論を批判し、これらの理論では読み解くことのできない事象に対する説明を求めて新たな見解を提示する研究者も少なくない。そのような批判から生まれた理論の一つに、コンストラクティヴィズム（構築主義）がある。コンストラクティヴィズムは、これまでのリアリズムとリベラリズムの理論は国際関係の複雑さを反映し切れておらず，その現状を一般化しすぎていると批判する。

コンストラクティヴィズムが浮上してきた背景にはいくつかの要因があるが，その中では以下の三つの要因がとくに重要な役割を果たしている。すなわち，①冷戦の終結に伴う国際情勢の展開はリアリストやリベラリストによる理論では十分に説明できないこと，②冷戦後の国際関係学に見られる多くの問題を異なる視点から分析する研究者が増えたこと，③そのような研究者がリアリズムとリベラリズムのみに限定されてきた国際関係の分析に対し不満を感じていたこと，の三点である。

コンストラクティヴィズムによると，国際関係の動向を理解するには単なる政府の行動分析のみでは十分ではなく，より多面的に理解するには多様なアクターが持つ価値観や文化，またはその他の環境の要因の分析がより重要であるという。各国の文化やメンタリティは各国内におけるアクターの行動に影響を及ぼしており，結果として諸国間の関係をも形成するとしている。コンストラクティヴィズムによると，各国の国益も固定概念ではなく，時代によって異なっており，国益の変容は国家間関係の変容にもつながっているというのである。この考え方に即すと，国家間関係の展開とそのダイナミズムによって国益も変わり，国際関係の構造そのものもそれに従って変わるということになる。

コンストラクティヴィズムは，以上に述べた国際関係を形づくる諸要因を認めると同時に，①各国や国際政治の他のアクターが自分とその相手をどのように見ているのか，②それぞれのアクターが国際関係を進める際に従う規範，③これらのアクターの関係を規制する規範（共通のモラル・価値観やそれに基づいて実行する行動や判断の基準），という三つの要因も強調している。

コンストラクティヴィズムは，以上に述べた，リアリズムとリベラリズムという二つの理論に対抗する「第三」の理論として誤った形で提示されることもあるが，コンストラクティヴィズムは必ずしも全面的にこの二つの理論と対立しているわけではない。たとえば，コンストラクティヴィズムの代表的研究者の一人であるウェンド（Wendt）は，ネオリアリストとも共通する考え方を持ち、一例をあげるなら、彼は政府が国際関係の中心的な存在であることや国際社会には無法状態が存在するという考え方を共有している。

同時に、コンストラクティヴィズムにはリアリズムと大きく異なる部分がある。リアリズムが各国は国益中心的であると主張していることに対し、コンストラクティヴィズムは、各国は社会的なものであり、国家間の相互関係によってその行動と国益に対する考え方も変化するとする。リアリストは各国の国益は基本的に変わらないとするが、コンストラクティヴィズムは国際環境によって国益の構造と中身は大きく変わるとする。さらに、リアリストは国際社会を各国の国益の競争の場と見なしているが、コンストラクティヴィストは国際社会を各国がそれぞれの国益を再発見し、それを形成する場とみなしている。

なお、コンストラクティヴィズムにも様々なアプローチがあり、国際社会の規範に集中するシステマティック・コンストラクティヴィズム、その分析を国内的・社会的そして法的な様相や規範とアイデンティティに集中するユニットレベル・コンストラクティヴィズム、そして、国際社会と国家間に存在する関係に集中するホリスティック・コンストラクティヴィズムが存在する。それではこれらの理論を中央アジアに適応してみよう。

二　リアリズムと中央アジアの国際政治

中央アジア諸国は、ソ連解体の段階では経済、政治や社会の面では一つの連邦を構成していたことから、共和国間である程度の競争があったとしても、お互いを完全な競争相手として位置づけてはいなかった。これらの国々の経済はほぼ農業生産に特化しており、その生産物が連邦の他の地域に送らされ、その代替として、中央アジアの共和国に必要とされる工業生産物が届けられた。ソ連時代の権力構造上、多くの事柄の決定権はソ連共産党や大臣会議にあり、これらの機関は必要に応じて共和国間の対立の調整に乗り出した。ソ連共産党や大臣会議はソ連国内での共和国間の対立を避けるために、様々な手段をとおして各共和国の利益のバランスを保ちながら、それぞれの共和国に必要な財源と指示を与えていた。そうすることで共和国間の競争が牽制されていたのである。

しかし、ソ連解体に伴う独立直後から、状況は変わり始めた。これらの国々は一体感と地域統合の重要性を強調しながらも、その一方で自国の国益も追求し、地域内の自国以外の国を競争相手と見なし始めたのである。そのような競争心はソ連時代において見られた共和国間の競争とは本質的に異なるものであった。「ソ連」という共通の国家意識が共有されていたときとは異なり、ソ連解体以降はこれらの国々がその生き残りをかけて、中央アジア地域における限られた資源をめぐって争いを始めた。そのような争いの根源となったのは、これらの国が独立以後に定義づけた国益と国家主権の概念であった。

1　リアリズムをとおして定義づけられる国益と国家主権

中央アジア諸国は、お互いの関係において非常に機能的で短期的な利益追求を自国の国益と定義づける傾向があった。これらの国にとって、国益はあくまでもその国が得た何らかの経済・政治上の利益であり、これらの国々は自国の利益という概念を他国との比較においてとらえる。つまり、これらの国々の目的は単に特定の課題を達成することだけではなく、競争相手と見なされているほかの近隣国よりも多くの利益を獲得することを前提としていたのである。そのような考え方によれば、中央アジア諸国における利益とは、他の国と共通しうるあるいは共有することができるものではなかった。

言いかえれば、中央アジア各国は自国の国益をリアリストの考え方に沿って定義づけているともいえる。国家主権も同様である。これらの国々は、国家主権の内実を他の国によって介入されず、国内政治と外交政策を自由に決定する権利と見なした。国益と同様、国家主権も国家独自のものであり、自国の国家主権の定義が他国に影響を与えるとしても自国の利益追求が最優先されるとされてきた。

このような国益とその追求は、リアリストがいう国際社会の無法状態と諸国間の競争原理に沿ったものであるが、独立後間もない中央アジア諸国がこのようなスタンスをとったのにはいくつかの要因が考えられる。その中で最も重要なのは、これらの国々が小国であり、その指導者はこれまでロシアに自国の国益と主権を脅かされてきたという認識をもっていたこともある。それゆえ、これらの国の指導者は自国の独立を守るために、それぞれの国益と国家主権を第一に護持すべきものとしてきた。さらに、リアリズムに沿って定義づけられた国益の概念はこれらの国々の指導者にとっても有利なものであり、多くの場合、民主的とはいえない政策を実施していく上でも役立つものとなった。以下に述べる独立後の中央アジア諸国の安全保障の確保と国境再制定政策は、中央アジア諸国間で見られるリアリズムの一例である。

2　安全保障とリアリズム

ソ連解体後、中央アジア諸国はそれぞれの力で自国の安全保障を確保しようとした。安全保障の確保に際して、中央アジア各国はその能力が不十分であったにもかかわらず、中央アジア地域における民族間関係の問題やアフガニスタンの国内情勢の悪化に伴う各国の防衛上の問題、イスラーム過激派対策の問題、麻薬密輸などに対しては、国家間協力ではなく各国のキャパシティに応じて対応をとった。以下の節にもあるように、これらの諸問題において国家間協力は試みられたものの、そのほとんどが失敗に終わったため、各国はこれらの問題を独力で解決せざるをえなかった。このような対応は、中央アジアにおける国際関係においてリアリズムの傾向が非常に強いことを反映している。

たとえば、一九九一年のソ連解体後の中央アジアにおける最重要課題の一つは社会の安定と平和の維持であった。その達成のためには多民族地域である中央アジアにおける民族間・社会内融和が不可欠であったが、ソ連解体後の政治・経済環境下では融和と安定を脅かす諸要因が生まれてきた。

独立直後における最大の脅威は民族間の対立・衝突であった。その発端となったのは、独立の直前に起きた一九八九年のフェルガナ事件（メスヘティア・トルコ人対ウズベク人）や一九九〇年のオシュ事件（キルギス人対ウズベク人）など、秩序の動揺や民族主義の波に乗って発生した事件である。

一九九〇年代半ばの中央アジア諸国では、民族主義の悪影響が抑えられた一方、社会的混乱・対立の中心は経済格差に基づいた地域主義へと移行した。ウズベキスタンで起きたナマンガン事件（一九九一—九二年）(3)やタジキスタン内戦（一九九二—九七年）はその一例である。

一九九〇年代後半から現在にかけて、中央アジアの安全保障への新しい挑戦として姿を現したのは、イスラーム原理主義とその論理に基づいたテロ事件である。一九九九年にはウズベキスタンでタシケント爆弾テロ事件が、また、同年キルギスでも（日本人もその被害者に含まれる）人質事件が発生した。さらに、この時期、アフガニスタンで長年続いた紛争とそれに伴う混乱が中央アジア諸国にさらなる脅威を与えた。それが顕在化したのは、ウズベキスタン・イスラーム運動（IMU）と名乗るイスラーム原理主義のテロ集団が、一九九九年から二〇〇〇年にかけて、タリバン政権下にあったアフガニスタンからウズベキスタン、キルギス、タジキスタンにまたがるフェルガナ盆地へ侵入した事件であった。また、アフガニスタンからの麻薬と武器の密輸が明らかになり、中央アジアにおける安全保障が不安定化した。そして、二〇〇一年の九・一一米国同時多発テロ後の世界的なテロとの戦いと米国のアフガニスタン軍事作戦の開始は、宗教色を伴ったテロ事件を増加させた。その意味で、ウズベキスタンで二〇〇四年四月に起きたタシケントおよびブハラでの爆破事件と、同年八月にタシケントで起きた（検察庁、米国大使館、イスラエル大使館を狙った）自爆テロ事件は象徴的な事件であった。

このような安全保障上の問題の展開に対し、各国はそれぞれ独自の力で対応してきた。これらの問題解決に向けた協力の萌芽も見られたが、その実態は国家間協力というよりも、それぞれの政府の対応に関する情報交換にとどまった。このように協力が限定的であった理由は、各国が互いの利益追求が矛盾するという認識もしくは相互に不信感を持っていたことがあげられる。それが次第に、それぞれの国の安全保障確保のための一方的な手法による対応につながり、またそれは国家間協力の可能性を低下させていった。

この流れは、国家間の不信感をさらに深めさせ、かつ安全保障の確保においてリアリズムの影響力を拡大する背景となった。その一例は中央アジア諸国の国境をめぐる国家間対立と国境管理の問題、そして水問題に絡む国際情勢とこれらの問題解決のために各国が一方向的な行動をとっていることに顕著である。

三　中央アジアの国際関係とリベラリズム

ソ連解体直後における中央アジア諸国間の関係はリアリズムに支配されており、この地域の国々はそれに基づいて外交政策を構築してきたように見られる。しかし、このようなリアリズムはこれら中央アジア諸国間関係の一つの特徴であるとはいえ、いくつかの分野においては、中央アジア諸国はリアリズムではなくリベラリズムに転じる傾向も見せた。前節で述べたように、中央アジア各国は自国内の課題の解決を地域全体ではなく自国の利益を優先して追求し始めた。しかし、皮肉なことに、このような独断的な行動は各国の立場を脆弱なものとし、かえって「中央アジア地域」としての認識や国益の再検討をうながすこととなった。その一例として、次の地域統合の構想があげられる。

１　地域統合

中央アジア諸国は、経済的には非常に小さな国家である。また、豊かな人的・天然資源を持っているにもかかわらず、ＧＮＰの面では世界の貧困指数で中レベルに位置している。これらの国家にとって、個々に孤立した商品市場、（固定）相場制や財政・通貨システム、ソ連時代に築かれた共通の国家安全保障体制の解体、非効率的な輸送網といった要素は大きな負担であり、すべての課題を一国で克服することは困難である。その意味で、これらの諸国にとって地域統合は最も重要性の高い政策である。そのような政策を追求するに当たり、政策関係者や学者の多くはリベラリズムの理論を適用しながら中央アジアにおける地域統合の必要性を訴えている。

その中で、①関税同盟論(4)、②経済統合論(5)、③機能主義、④新機能主義などが最もよく使用されるものであり、それらは中央アジア諸国のこれまでの地域協力への試みの中でも議論されてきた(6)。これらの理論は、中央アジア地域における統合にとって最も重要な要因を指摘しており、実務関係者、政治家や学者との間における議論のもととなることが多い。

ただし、中央アジア諸国のように発展段階にある国々の現状から判断して、それらの地域における関税同盟論と経済統合論などの理論の適用可能性については多くの課題が指摘されている。

たとえば、中央アジア諸国間における貿易のレベルは低く、互いに提供できるものは主にエネルギー資源である。各国の生産物は、中央アジア域内の国に求められているものよりも、むしろ域外の国々に求められているものである。このことから、中央アジア諸国の地域統合における利点と弱点を測ることは困難であり、上記の理論が強調するような統合の利点は明らかではないといえる。こうした理論の開発途上国への適用に反対する研究者の論によると、経済の発展途上にある国にとっては、地域統合への動機はこれらの国々の貿易パターンや生産構造の変容から得られるものではなく、共同市場の潜在的な形成がこれらの国々の経済、社会と政治の問題解決に与える影響から得られるもの

である。(7)

2　機能主義と新機能主義

中央アジア諸国の地域統合を考える際に、いくつか課題はあるものの、より適用しやすく、中央アジア各国に支持されやすい理論として、機能主義による地域統合の正当化があげられる。

機能主義論では、地域統合を進める上で、統合の対象となる領域を技術的、人道的、社会的なものに分けて検討することが提案されている。そもそも、機能主義は地域統合における政治的な要因の役割を認めつつも、地域統合の開始を政治的領域から始めるべきとは論じていないのである。機能主義は地域統合が非政治的な分野から始まることを認めており、地域統合はむしろ人道的もしくは技術的な領域から着手しやすいと強調している。そのような領域を決定づけるのは国家間に存在する共通の問題であり、国家間関係における最重要課題の解決に向けて努力することを通じて地域統合が推進されていくという論理である。(8)

機能主義によると、各国が最も関心を持つ領域からそれぞれのキャパシティに合わせ、問題を解決していくことによって関心分野や国益を共有することができ、その結果、統合はより容易に達成されるという。また、機能主義者は特定の経済・社会分野における統合は将来的に拡大し、それまでの狭い経済・社会分野からより広い領域にも及ぶことが可能になると主張する。

また、機能主義者の論によれば、協力し合うことで国家間の連携が大きな意味を持つようになり、このような連携を積み重ねることによって協力する慣行が出来上がり、それがさらなる協力関係の構築につながるとされている。(9)

さらに、機能主義による地域統合論の再解釈は新機能主義という理論を生み、機能主義の地域協力や地域統合への影響について新たな見解を提案している。この新機能主義のアプローチは、前述の機能主義者が強調する協力と統合の拡大の論理は、単に経済もしくは社会分野に限らず、さらに政治分野にも拡大することがありうることを提案している。彼らによると、ゆるやかな国家間協力として始まった連携は次第に複雑化し、より多くの分野に及び始め、最終的に多面的な地域統合に至る可能性があるという(10)。このような結論に至る背景には欧州諸国の地域統合の例がある。さらに、新機能主義者は国際領域における協力と国内事情とを関連づけており、国家間の経済協力の様々な側面が国内政治や経済状況にも影響を及ぼすことに注目する(11)。

これに対して、中央アジア諸国は新興の独立国家であること、これらの国はそれぞれの国家主権を犠牲にはしたくないこと、これらの国々は超国家（スープラナショナル）構造の構築を受け入れがたい状況にあること、そして、これらの国々の経済基盤は競争関係にあり、その総合性が不足していることから、このような新機能主義の中央アジアの国際政治への適用を疑問視する研究者もいる(12)。

四　中央アジアの国際関係とコンストラクティヴィズム

序章で述べたように、国際社会における中央アジアの位置づけは、いまだ十分に明確化されているとはいいがたい。中央アジアは中東に分類されることもあれば、西アジアや南アジア、ヨーロッパに分類されることもあるからである。このことからも、中央アジアの地域としての定義がいまだに定まっておらず、世界地図上には描かれているものの、地域内外とも依然として地域としてのアイデンティティはそれほど認識されていないという印象を受ける。

複数の世論調査によると、中央アジア諸国の国民アイデンティティにはアジア的な部分が強くなっていると思われるが、独立以降の一九九〇年代前半において、中央アジア各国の指導者はソ連時代からの遺産ともいえるユーラシア的なアイデンティティに加え、かつて存在していた中央アジアの地域としてのアイデンティティの再構築を試み始めた。その意義は、ソ連時代とは異なる自己認識を構築し、世界や自国民に中央アジアの存在を認識させることにあった。さらに、そのようなアイデンティティを核として、以下に述べるような様々な課題解決を試みようとした。しかし、そのような試みは複数の要因に左右され、中央アジア地域としてのアイデンティティ再構築の過程を遅らせることになったのである。

中央アジア諸国が直面した最重要の課題は、平和と安定の維持であり、これは独立以来たえず注目されていた。初期の最大の脅威は民族間の対立と衝突であった。端緒となったのは、既述の一九八九年のフェルガナ事件や一九九〇年のオシュ事件（二〇一〇年に再び起こる）など、民族主義の風潮に連動して起こった事件であった。その後、この地域における宗教をめぐる事件が多発し、その一例には、ウズベキスタンのナマンガン事件（一九九一―九二年）やタジキスタン内戦（一九九二―九七年）、ウズベキスタン・タシケント爆弾テロ事件（一九九九、二〇〇四年）、そしてIMUの形成とその集団のアフガニスタンからウズベキスタン、キルギス、タジキスタンに及ぶフェルガナ盆地への侵入事件などがあげられる。

このような安全保障の悪化とその展開は、中央アジア諸国間における相互不信を拡大させ、人々の移動や諸国間・国民間の交流を制限し、中央アジア地域としてのアイデンティティの形成を遅らせる一因となった。

しかし、様々な経済問題や国家間、民族間の対立が日常生活にもたらす悪影響を実感した中央アジア諸国の国民は、徐々にお互いが同じ地域を共有しているということを感じ始めた。非常にローカルなレベルから見るならば、ある国の労働者が隣国に行き、職に就き、定期的に帰国することも多くなった。実際に、タジキスタンやキルギス、ウズベキスタンからカザフスタンへ多くの労働者が出稼ぎに行っている。民族や宗教の相違に起因する差別問題が深刻なロシアよりも、民族的・宗教的に、また地理的に近いカザフスタンへ行くことを選ぶ労働者も少なくない。人々の多くは仕事を求め、近隣国と自国を行き来し、国境付近のバザールで物を仕入れ自国で販売したりする中で、国際関係と自分たちの生活とのつながりを実感するようになっている。それは、自分たちの将来や生活水準は隣の国、隣の国民の生活水準の向上ともつながる、いうなれば同じような伝統、習慣、宗教を共有しているがゆえに、それほど対立するような課題などないのではないかという考え方が徐々に生まれていることも示唆する。

地域としてのアイデンティティの有無は、中央アジアが地域としてまとまり、地域内の問題をこの地域を形成する各国の力で解決していけるかどうかにも連結している。中央アジア諸国はＣＩＳの失敗に学び、ＣＩＳとは対照的に目的が絞られており、目標もはっきりしている地域もしくは準地域単位の仕組みを重視している。

この意味で、小規模で運営しやすく効率が高い、機能主義に則った協力の仕組みを構築することは、ソ連解体のもたらした混乱を緩和することを企図したＣＩＳとは本質的に目的が異なる。それと同時に、この新しい仕組みは、独立と自立した経済発展を訴えてきた中央アジア諸国にとって、やはり協力し合う必要のある分野や領域が存在することを認めた現れでもあった。そのような協力の仕組みの中で共有する中央アジアとしてのアイデンティティの重要性は高く、仕組み全体の効率の強化につながると考えられる。これは国際関係学の中でも、コンストラクティヴィズム学派がよく主張する考え方である。

以上で述べた点は、中央アジア諸国間の問題のみならず、各国が直面している問題を解決することにもつながると思われる。これまでの中央アジア諸国では、それぞれが直面している問題を一方的な手段で解決しようとする事例が多く見られたが、そのような措置は安全保障や経済の再建、域内協力における課題の解決策になるとはいえず、むしろ国家間関係の悪化を引き起こした。実際に、ソ連解体直後から中央アジア諸国間では共同経済地域の形成が議論されているにもかかわらず、様々な問題がその障害となっている。乾燥地帯である中央アジアにおける水資源の管理や平等な分配および国境再画定はまさにその一例である。この観点から考えると、地域全体としてのアイデンティティの形成はそのような諸問題の解決を導く要因のひとつとなりうるといえる。

小　結

機能主義の中央アジア地域における適用可能事例として、水問題と領土問題があげられるが、これらの課題でリベラリズムの理論に基づいて成功した例はなく、多くの場合、この理論に基づいた地域統合の有効性は、中央アジア諸国の大統領演説などで聞かれるにとどまっている。中央アジアの国々は協力の重要性を宣言するものの、それを十分に共有して実現するための具体的努力が不十分な場合が多い。実際、ソ連解体直後から中央アジア諸国間で共同経済地域の整備が議論されているが、様々な問題がその障壁となっている。中でも、地域統合に関する各国指導者の宣言と実践との乖離が目立っている。その原因として、各国の指導者の様々な課題解決策において、リアリズムとリベラリズムの間の矛盾が存在している点がある。

その一例としては、地域統合に対する中央アジア諸国のリーダーの姿勢があげられよう。たとえば、中央アジアのほとんどの国のリーダーは地域統合の必要性を認めており、様々な演説の中で統合を歓迎する意向を示している。彼らはそのような仕組みが各国経済に与える好影響や共通の問題へのより効率の高い取り組みの可能性、そして、限られた資源と資金の統合による中央アジア地域全体の発展のための様々な仕組みの導入を訴えてきた。ここには一国の経済力に頼ることなく、複数国で共通の目標を追求することに対する支持など、彼らのリベラリズムに関する前向きな姿勢が見てとれる。しかし同時に、この間多くの問題も露呈している。

このような仕組みの実現に向けて各国の指導部はそれぞれ独自の案を提示するのだが、それは他国から批判されたり、域内協力の可能性そのものが否定される事態を招いている。たとえば、カザフスタンの大統領は「地域統合」を語る際に、主に経済と安全保障、そして将来的には政治分野における統合を視野に入れている。これに対して、ウズベキスタンとトルクメニスタンの大統領は経済分野のみが地域統合の仕組みの対象たりうると強調する。キルギスとタジキスタンの政府と大統領にとっての最重要課題は、エネルギー資源とダム建設であり、これらの政府が支持する統合はエネルギー資源不足の解消と経済の立て直しを目的とする仕組みを想定したものである。

このように、中央アジア地域全体に共通する、地域としての構想がないことから、各国はそれぞれ独自の地域統合の見方を前面に押し出し、それが他の国からの反感を生み、最終的にはリアリズムに沿った外交政策の形成につながっている。中央アジア諸国のほとんどが、地域内の協力を支持し、リベラリズムに則った国家間協力と統合の構想を認めつつも、実現の段階では上述した様々な要因によって一国主義的・一方的な行動をとってしまい、結果として、リアリストが描く国際関係のパラダイムを維持しているのである。このような矛盾は中央アジア諸国間の関係を大きく左右し、この地域のあり方と将来構想にも大きな影響を与えうる。そして、その矛盾はこの地域の国々のお互いに対する姿勢と地域としてのアイデンティティの形成にも連関するものとなっているのである。

(1)　とくに、構造的なリアリズムにそのような主張が多く見られる。
(2)　リアリストの中でも様々な学派があり、国益とその実現のための国家間の権力争いを強調するラディカルなリアリスト(Radical Realist)、これらの概念とその他の要因を視野に入れる強固なリアリストと、リアリズムの原則を受け入れるがリアリズムに反対する理論の原則も理解する性弱リアリストなどがある。
(3)　ナマンガン事件は一九九一―九二年にウズベキスタンのフェルガナ盆地を中心に宗教原理主義集団と政府の間に起こった対立を指す。この地域でイスラーム原理主義の傾向がとくに強まった契機は、一九九〇年のナマンガン市における新(Otavalihon)モスク建設だった。モスクでは、(Wahabbi や Deoband の教えに大きく影響を受けた)イスラーム国家建設がうたわれた。このモスクを中心としてナマンガン地方「自治区」が形成され、ウズベキスタンの法律に従わない方針が打ち出された。彼らはアドーラト（Adolat：正義）という組織をつくり、それをとおしてイスラーム国家建設を目指した。さらに、ユルダシェフやナマンガニーらは政府に対しイスラーム法をウズベキスタン全土に適用することや、ウズベキスタンがイスラーム国家であると宣言することを要求した。彼らと中央政府の関係が決定的に悪化したのは一九九一年八月にカリモフ大統領がナマンガンを訪問したときだった。結果としてこの組織は禁止されその支持者の大半はアフガニスタンに逃走してＩＭＵ（ウズベキスタン・イスラーム運動）を形成した。

（4）　Jacob Viner, *The Customs Union Issue* (New York: Carnegie Endowment for International Peace, 1950). 関税同盟論によると、地域統合のような仕組みの目的と契機になるのは、理想的には、国家間の関税を減らし、そのような関税を最低限のレベルまで引き下げることである。このような関税の削減は段階的なものであるべきであり、それが次第に、地域統合を誘因すると想定されている。しかし、中央アジア諸国の経済状況が異なっていること、各国の経済基盤に相違があること、そして失業率が高いことからその適用性には多くの疑問が存在している。たとえば、Ibrahim A. Gambari, *Political and Comparative Dimensions of Regional Integration: Case of ECOWAS* (New Jersey: Humanities Press International, Inc., 1991), p. 6.

（5）　地域統合論（Conventional Integration Theory）は、経済統合から得られる点とそれによって失われる点を述べた上で、地域統合の利点を強調し、地域統合の必要性を訴える。この理論は、地域統合に不可欠な二つの要因を主に強調している。その一つは、地域統合を目指す諸国の経済が同じ発展レベルにあり、これらの間にそれほどの相違が生じないことである。その延長線上には失業率が低いことも求められる。二つ目の要因は、市場経済がすでに存在しており、投資、労働市場などへの国家の介入が最小のレベルであることが想定されている。この理論に沿って行われる地域統合は、複数の段階をとおして行われるべきと強調されており、各段階はＦＴＡ、関税同盟、共同市場と完全な経済連合である。

（6）　これらの理論と中央アジア諸国への適用可能性について、Timur Dadabaev, *Towards Post-Soviet Central Asian Regional Integration: A Scheme for Transitional States* (Tokyo: Akashi Shoten, 2004) を参照。

（7）　同上、p. 8。

（8）　David Mitrany, *A Working Peace System* (Quadrangle Books, 1966), p. 7.

（9）　同上。

（10）　Dennis Swann, *European Economic Integration: The Common Market, European Union and Beyond* (Cheltenham: Edward Elgar, 1996), p. 9.

（11）　同上、p. 10。

(12) Houman A. Sadri, "Integration in Central Asia: from theory to policy," *Central Asian Survey* 16: 4 (1997): pp. 573–586, p. 574.

第2章　ソ連解体と独立共同体の誕生

はじめに

本章は、ソ連が解体し中央アジア諸国が新しい状況に直面する過程と、独立当初の課題を取り上げる。第一節はソ連解体直前の旧ソ連内の地政学的状況や共和国間の関係を取り上げる。具体的には、ゴルバチョフ書記長と旧ソ連中央政府がソ連解体を避け、新たな民主主義的基盤の上に新生ソ連を構築しようとした取り組みについて簡潔に述べる。その過程がどのような要因に影響され失敗に至ったのかを述べた上で、第二節ではソ連解体に伴い形成された独立国家共同体（ＣＩＳ）の実態とその意義を分析する。ＣＩＳは国際機構なのか、新たな地域主義に基づいた統合の試みなのかについて検討を行う。第三節はＣＩＳの仕組みの構築過程を取り上げる。第四節はＣＩＳサミットをとおしてＣＩＳ設立当初の目的と存在意義は何だったのか、それが時を経てどのように変化したのか考察する。第五節ではＣＩＳの問題点と課題について述べる。第六節でＣＩＳにおける安全保障分野の協力の仕組みを取り上げた上で、第七節はＣＩＳ内における統一経済圏形成の試みを取り上げる。第八節は共通教育圏形成の試みと現状について述べる。最後に、小結でＣＩＳの将来について言及したい。

本章の検討をとおして指摘するのは次のような点である。すなわち、ソ連解体後はこの地域の国々が相互の関係維持を旧ソ連地域単位で試みた。しかし、次第にこのような仕組みの効果が低下するとともに二国間関係を軸とした下位地域レベルを活用するようになった。関係諸国はＣＩＳに加盟しながらも、ＣＩＳ以外の仕組みを利用してそれぞれの国益を守ろうとしたのである。

一　ＣＩＳ形成の歴史的背景

一九八五年、ゴルバチョフ書記長は、ソ連における民主的なガバナンスを強化するためにペレストロイカを開始した。このような民主化はソ連における表現の自由などに及んだ。同時に、ソ連の各共和国において、この過程は民族運動の誕生のきっかけにもなった。ソ連の改革が始まった際、大半の共和国のリーダーは、ソ連の枠内で、自らの共和国の文化的独自性や経済発展のためにより広い権限の付与を求めた。しかし、彼らの中には次第に失望が広がり、ソ連共産党およびソ連中央政府の改革実行能力に対する不信感が生じた。

一九八五年から一九九一年の間に状況は激変し、ソ連共産党と中央政府はこれまでどおりの政策の決定と実施ができなくなった。また、各共和国の指導部もそれを受け入れなくなった。とくに、一九九〇年の各共和国による主権宣言以降は、各共和国がより強く権利を主張するようになった。各共和国が領土内の主権の確保や資源利用、経済活動における独自の権利を主張したのである。(1)ただし、主権宣言の主張は決してソ連からの独立を求めたものではなく、ソ連という国の枠内で自共和国のより幅広い権利を主張したものであった。ソ連を構成する共和国は、それぞれの領土内にある資源が中央政府の意向で別の共和国に運ばれ、最終的には資源の生み出す利益がもとの共和国に還元されないといった状況を変えるためには、より幅広い権限が必要だとして、主権宣言を正当化した。ゴルバチョフもそれを理解しており、何らかの形でモスクワと各共和国の関係を立て直す必要があると認識していた。一九九〇年秋に作成され始めた新連邦条約も、このような問題を意識し改善を試みようとするものであった。

新しい合意を作成する際に複数の案が話し合われた。当初、ゴルバチョフは「強い中央―強い共和国」の支持者であった。その意味は、各共和国がそれぞれの領土内において圧倒的に強い権限を持ち、外交、安全保障や国境管理など他の共和国と調整を必要とする分野以外において、独自の判断で各国の経済や社会問題を解決していくことであった。同時に、共和国が連邦政府に一任した問題については、中央政府はすべての責任と権限を持ち対応することが想定された。しかし、そのような案は当時民族主義が高まった中央アジアを含む旧ソ連諸国において人気がなく、各共和国指導部内の民族主義者は自分の共和国の全面的な自治を求め、妥協案に関する検討そのものを拒否していた。

そのこともあり、ゴルバチョフの「強い中央―強い共和国」という原則は崩れた。しかし、ゴルバチョフとしてはソ連の改革案をまだ諦めていなかった。彼は一九九一年四月にもう一つの提案をした。それは「9＋1」と呼ばれ、中央政府は前の案ほど力がなく、ほとんどの権限は各共和国に与えられるとともに、中央政府に一任される権限については共和国間が話し合いの上で決定するというものだった(2)。ただし、この案でも、戦略的に重要な外交、防衛、金融、国境管理に関する事項は中央政府が担当することになっていた。

しかし、各共和国の指導部はこれまでになく劇的な変化と改革を求めており、彼らから見ると「9＋1」の提案を受け入れることで得るのは、自分たちがすでに持っている権限以外には何もなかった。それでも、最終的にはこの仕組みをもとにコンセンサスが得られた。いわば、前向きに進むための妥協の産物として「9＋1」が受け入れられたといえる。この案を承認する署名式を一九九一年八月一九日に開催することが決まったが、共産党執行部の一部が八月一八日から二一日にかけてクーデタを試みた事件で実現には至らなかった。クーデタは新たな連邦制度の表明を阻止するために、ゴルバチョフを逮捕し署名式を中止させようとしたものだった。しかし、市民やロシア連邦共和国指導部からの反発を受け、クーデタは失敗した。

失敗したとはいえ、クーデタはソ連解体に向けた最後の一歩となり、各共和国のリーダーはクーデタに大きな衝撃を受けた。彼らは、自分たちが中央政府およびソ連共産党と権限分担に関して合意を結んでも、最終的にはそれが守られない恐れがあるとして、ゴルバチョフをはじめとする政府執行部に不信感を抱いた。これに対し、ゴルバチョフは新たな連邦の構築を進めるべきだと主張し、新しい連邦に関する文書に各共和国の自治を盛り込むことを提案した。しかし、これは彼の個人的な意向としてしか認識されず、各共和国のリーダーの考え方を変える効果を持つことはできなかった。

1 「ノボオガリョボの交渉」

一九九一年八月のクーデタは、新たに改革されるソ連において、各共和国の権限を最大限に拡大する様々な改革案を検討する過程のもう一つの契機となった。それまでの案は、中央政府による各共和国のゆるやかなコントロールを強調したが、クーデタ以降は各共和国がいかにして中央政府の権限を最低限に抑えるかが話し合われた。

一九九一年一一月一四日、「ノボオガリョボの交渉」と呼ばれるプロセスが始まった(3)。この交渉はノボオガリョボという場所で開催され、旧ソ連七か国の大統領が独立国家連邦（Union of Sovereign States: USS）の設立案に署名した。この合意案によると、連邦への加盟は自発的なものであり、旧ソ連に属していたことが新連邦加盟の基準にはならないとされた。また、「連邦中央政府」の権限は各加盟国によって与えられるものであり、中央政府がどのような権限を持つかは各加盟国が自国の主権のいかなる部分を中央政府に一任できるかにかかっていた。

このような曖昧な案に関して合意が達成され、その署名式は一九九一年一一月二五日と決められた。しかし、その案にウクライナが異議を表明した。これに対し、ゴルバチョフや設立案に賛同した旧ソ連諸国の大統領がウクライナの参加を呼びかけた。ゴルバチョフはウクライナの説得に失敗し、第三者を間に入れてウクライナの説得に乗り出した。そこでベロヴェジスカヤ・プシャで会合が開かれ、ロシア連邦共和国のエリツィン大統領、ベラルーシのシュシケヴィチ大統領、そしてウクライナのクラフチュク大統領が参加した。しかし、会合は予測されたものと異なる結果に終わった。当初はウクライナの加盟促進が目的だったものの、参加者は議論の結果「ベロヴェジスカヤ・プシャ合意」に署名した。これは、想定されていた新独立連邦の設立とはまったく異なり、中央政府を持たない独立国家共同体（ＣＩＳ）の形成に至るものだった。

２　ユーラシア連合計画

すでに述べたとおり、クーデタやソ連解体以前から、ソ連の各共和国の間でソ連をどのように改革するかが課題とされてきた。その過程には旧ソ連中央アジア諸国、とくにカザフスタンが積極的に参加していた。その一例は、一九九二年のカザフスタンのナザルバエフ大統領が提唱した旧ソ連諸国によるユーラシア連合（ＥＡＵ）案である。[4]このアイデアは、統一経済圏を形成するとともに、政治、安全保障などの分野で共通の仕組みを構築することを想定していた。このアイデアの中心にあるのは以下の原則である。

⑴　ユーロ・アジア連合の超国家的かつ共通の経済・政治・安全保障政策の形成。
⑵　共同市場の形成と維持。
⑶　共同株式市場の形成と維持。

このような目的にかんがみ、連合への加盟権は互いもしくは第三国と軍事対立や戦争状態にない国のみに与えられる。連合案は、国家間関係における危機管理の仕組みとして、専門家（エキスパート）委員会の設立を想定していた。この委員会は必要に応じて国家間対立や議論が生じた際に判断を行う。また、連合案は各国の平等な参加と貢献を保障するために、集団的な意思決定機関の設立を想定していた。中でも、ユーラシア議会、国家首脳会議や防衛・外務大臣委員会が重要な役割を担うとされた。国家首脳会議はユーラシア連合の主要な政策決定機関と定義された。それ以外の機関は国家首脳会議の機能を支える機関と位置づけられた。さらに、ユーラシア連合には実行委員会や軍事共同管理機関の設立が計画され、それが旧ソ連ユーラシア地域における主要な安全保障確保機関になるとされていた。

その内容は、この連合案が議論された時期にしては非常に進んだものであり、旧ソ連の構造を改革しつつも各国の国益を確保する上で効果的と思われる仕組みを提示していた。連合案は旧ソ連の構造を最も積極的に変えることを提案し、新たな連邦制度の設立を計画したものだった。しかし、各共和国のリーダーから見ると、この計画は最終的には旧ソ連の再現に至る可能性があり、各共和国の主権を制限する恐れがあることから歓迎されず却下された。この時期の特徴として、各共和国が自国の主権保護を強調する傾向がピークを迎えていたことがある。そのため、連合案がこの時期に受け入れられる基盤は整っていなかったのである。

また、この時期になると、各共和国のリーダーは自分が手に入れた主権とモスクワ（ソ連中央政府）からの独立の利点を認識し始めていた。そのため、自国内で制限なく政策決定を行う権利を新たに設立されるユーラシア連合と分け合うことには後ろ向きだった。それには当時高まっていたナショナリズムの影響もある。他の事項に関しては共和国のリーダーたちと必ずしも同調していなかったナショナリストでさえ、この件に関しては各共和国のリーダーを支持し、ユーラシアの新たな連邦国家形成を拒否していた。彼らは、新たな仕組みが副次的な事項のみを各共和国の決定事項として残し、最も重要で戦略的な事項については再び共和国外の機関が決めるのではないかと結論づけた。欧州連合（ＥＵ）の例が出されたとき、彼らは欧州の場合は連合形成に長年努力し、各国の経済状況をはじめとする諸条件を引き上げてから連合形成に踏み切ったために成功したが、ユーラシア諸国はまだその段階にはないとユーラシア連合案を批判した。以上の理由で、ユーラシア連邦の構想が拒否されたが、一九九四年にナザルバエフ大統領はこの提案の再検討の必要性を強調した。そして、二〇〇〇年代の半ばからこの構想は再び話題になり、二〇一一年以降ロシアのプーチン大統領、カザフスタンのナザルバエフ大統領とベラルーシのルカシェンコ大統領の強い意向で実現され始めた。その構成する多くの部分（共同市場と共同関税圏の形成など）はソ連解体直前に話し合われた概念を反映したが、これらの共和国の大統領のいずれも新ユーラシア連合は決してソ連の再形成ではないことを強調し、各国の国家主権の中央政府への完全引き渡しを否定した。

そのことから、ユーラシア地域の共通機関設立を擁護する人も、ユーラシア連合ではなく、よりつながりが弱く、段階的に成熟していく機関の設立を有利と考えるようになった。それが統一経済圏設立の提案につながったのである。

二　ＣＩＳとは何か

以上のように、ソ連の構造を立て直す、もしくはそれにかわる新たな構造を作る努力があったにもかかわらず、最終的にソ連は解体し、ＣＩＳ（独立国家共同体）が設立された。ＣＩＳは旧ソ連諸国に受け入れられたものの、ある矛盾を抱えている。すなわち、ＣＩＳは新独立国が真の意味での独立と国家主権を得ることを促進する機関として設立された。しかし同時に、参加国がより親密な関係を築き、経済面などの統合を果たすという目標を掲げたのだった。

1　第一の解釈

ＣＩＳの設立当初から、この仕組みに関しては大別すると三つの定義と解釈があった。

第一の定義はＣＩＳを新たな連邦の試みとして見るものである。

しかし、ＣＩＳのそのような定義は、旧ソ連地域におけるソ連解体とその直後の国家間関係の傾向を無視するものである。確かに、ＣＩＳ諸国は個別の問題を解決するとともに、それまでに築かれた相互関係を維持するために、より親密な関係を促進する構造を求めてきた。すでにあげたとおり、ユーラシア連合、ロシアとベラルーシの連合体、統一経済圏の形成などがそのような目的のために検討されてきた。しかし、これらの仕組みはあくまでも各国の経済問題を解決するために検討されたのであり、新たな連邦国家を形成する動機はきわめて弱かった。この点に関しては各国で意見が異なり、旧ソ連地域においてロシアを中心に様々な協力関係を築こうとする国と欧米諸国との関係を重視する国が見られた。旧ソ連諸国は独立直後の時期にはロシアの圧倒的な影響力が及ぶ領域と認識されたが、モルドバ、グルジア、トルクメニスタンやウズベキスタンのような、ロシアから一定の距離を置く諸国はそれを問題視し、多くが自国の外交政策をより多様なものにしようと試みてきた。そのことも彼らが新たな連邦形成に後ろ向きな姿勢を示す要因となっており、ＣＩＳは彼らにとって一定の協力の仕組みとしても、新たな連邦形成の試みとしても認識されてはいない。

２　第二の解釈

ＣＩＳに対する二つ目の見方は、ＣＩＳはあくまでも旧ソ連諸国のソ連からの独立を促進するための仕組みであるという認識である。

そのような見方を支持する研究者はＣＩＳの仕組みを「混乱を引き起こさない離婚」（ロシア語訳では「文明化離婚」*Tsivilizovannyi razvod*）と定義している。彼らの多くはそのような仕組みには統合のさらなる発展の展望はなく、あくまでも旧ソ連解体の後片づけと国家間対話のメカニズムと見なしている。ＣＩＳに対し、このような後ろ向きな見方が広がったことは国家間関係の現状を反映しており、ＣＩＳ自体の支持基盤、構造、目的が安定していないと指摘する人も多い。彼らから見ると、現在において旧ソ連諸国はすでにソ連解体から各国の独立への過程を経ており、CISそのものの存在意義はなくなっていると結論づける。

しかし、そのような極端な意見を批判し、CISにはまだ果たすべき役割があるとする研究者もいる。彼らは、CISのような国家共同体は国際協力の一つの仕組みであり、その中の国家間のつながりの弱さや目標が控えめに設定されていることは、決してこの仕組みを疑問視する根拠とならないと強調する。彼らはCISが国家間関係の維持にすでに成功しており、加盟国の国家間関係がある時期に弱まり、またある時期に強まることは自然なことであると主張する。彼らから見ると、むしろこのような柔軟性はCISの生き残りのために不可欠である。時間が経つとともに国々の関係や彼らが優先的に考える課題の順位が変わるのと同様、CISの構造も変わらなければ、CISと加盟国の認識がずれてしまい、CISの生き残りは難しくなる。

このような主張にはそれなりの論理があるが、その大半は希望的観測にすぎず、各国が設定している課題とCISの現状はすでにずれてしまっているといえる。このことから、CIS諸国の関係はすでにソ連解体直後と比べて弱まる傾向にある。ただし、今後のCISの活動において構造や機能に何らかの変化が生じ、それが各国を再びCISに引きつけることができれば、それが覆る可能性もある。たとえば、頻繁に提案される経済圏の形成や関税同盟は、CIS支持の再上昇につながる可能性は否定できない。しかし、現段階ではこのような可能性はあくまでも潜在的なものであり、その実現には多くの疑問が残る。

3　第三の解釈

CISに関する三つ目の解釈は、この仕組みを国際機構として認識することである。

これがCISの現状を最も現実的に反映している。そのような見方をする研究者の多くは、CISが国家間で特定の課題を解決するために形成された仕組みであり、その機能や構造は国際機構のものと変わらないという。ＣＩＳの成立当初は、その本質と設立の狙いについて疑問視したり後ろ向きの評価をしたりする論者が多かった。しかし、現在ＣＩＳは超国家機関を形成することを目指さない他の国際機構と同じ仕組みと考えられている。ＣＩＳは一九九三年のＣＩＳサミットにおいても加盟国から国際機構としての地位を与えられ、国連総会でもオブザーバーのステータスを得ている。この見方を支持する人はＣＩＳがアラブ連盟やアフリカ連合と同じような立場だと考えている。

三　ＣＩＳ内の統合・協力の仕組み

ＣＩＳの存続は加盟国がどのような方法で協力していくかにかかっている。ＣＩＳは国家首脳会議、首相会議、防衛相や外相会議、五〇以上の共同委員会などから成り立つ。しかし、これらの機関の活動には課題が多く、ＣＩＳの機能の効率に影響を及ぼしている。また、独立当初から、ＣＩＳには宣言される統合目標と加盟国間の統合レベルとの間に格差が存在しており、ＣＩＳが目標を達成するために加盟国間の調整をする機能を制限してきた。これはＣＩＳの最も積極的な支持者でさえ、この仕組みの将来について懸念する点である。

１　国家首脳会議と首相会議

ＣＩＳ憲章はＣＩＳの様々な機関に言及している。それによれば、ＣＩＳ事務局は各機関の母体として機能する。また、憲章の第二一条は、ＣＩＳの最高決定機関を国家首脳会議と定めている(5)。すべての加盟国はこの会議のメンバーになり、加盟国の国家主権と平等な参加を確保する。その意味で、首脳会議の権限と権利は非常に多様で大きい。

国家首脳会議はCISの最重要課題とともにその達成に向けた戦略を決める権限を持つ。ただし、会議の最も重要な原則は、各国の国家主権の保護と国内事情への不介入である。会議は加盟国の呼びかけに応じ、通常会合を開くだけでなく、必要に応じて緊急会合を開くことができる。(6)

CIS憲章は憲章や決議などを守らない加盟国に対し、必要に応じ制裁も課すことができるとしている。設立当初、CISは旧ソ連領域全体の防衛と国境管理を想定していたが、現在ではCISは集団防衛条約（二〇〇二年から本条約の一部の構成国で加盟する集団安全保障条約機構― *Organizatsiya Dogovora o Kollektivnoi Bezopasnosti*）の加盟国のみの防衛と国境管理を担当する。首脳会議は国家間での対立などが起こったときに、これらの交渉の場もしくは仲介の役割を果たす。そのような対立が起きた場合、首脳会議は加盟国に解決の方法を提案し、その過程を促進すると想定されている。対立の仲介以外に、会議はCISへの新規加盟の是非に関する検討も行う。通常の加盟に加え、CISの特定の仕組みのみへの参加や、CISと加盟国でない国々との関係構築もこの国家首脳会議が検討することになっている。

首相会議は国家間に生じる軍事、経済その他の分野における関係を調整し、共通の政策の形成に努める。首相会議は一年に四回開かれる。国家首脳会議と同様、首相会議も通常会議と緊急会議を開くことができる。首脳会議と首相会議はその効率的な機能を確保するため手続きのルールに従って議論を行うことになっている。また、両会議において決議は全会一致で採択される。ただし、特定の国が決議に関心を持たない場合は、首脳もしくは首相の申し出により議論や採決に加わらないこともできる。

CISの本部はミンスク市（ベラルーシ）にあるものの、それ以外の場所で両会議（首脳会議と首相会議）が開かれることも少なくない。両会議の議長はいずれも国名のアルファベット順で加盟国が持ち回りで担当する。両会議はその活動を促進するために常設および期限つきの機関を設立することができる。いずれも加盟国がこれらの機関に勤めるよう任命した代表者で構成される。各機関は専門家やコンサルタントも雇うことができる。

２　その他の機関

国家首脳会議や首相会議の活動を支援するために形成された機関としては以下のようなものがある。諮問調整委員会は各国の代表者（副首相レベル）で構成され、国家首脳会議および首相会議の決議内容を執行する。また、この委員会は両会議に対し経済や社会分野において助言や提案をすることもできる。さらに、委員会はコンサルタントや専門家を雇用し、彼らのアドバイスを得ることもできる。各加盟国は本委員会に二人の代表者を任命することができる。委員長は国家首脳会議が任命する。また、実行委員会はＣＩＳの機能、構造、技術面で会議を支える。調整委員会の委員長がＣＩＳ実行委員会の委員長を務める。さらに、外相会議は加盟国間の外交政策に関する議論と調整をしており、国際機関や機構におけるＣＩＳ諸国の様々な政策の調整も行う。

このほか、ＣＩＳ諸国の国境管理を行う国境防衛隊の最高司令官会議、ＣＩＳ諸国の軍事協力センター、二年の任期で選出されるＣＩＳ議長、電力・エネルギー会議、税関同盟会議、経済調停委員会、ＣＩＳ人権委員会などがある。また、ＣＩＳには議会会議が存在する。これはＣＩＳの議会でもなければ各加盟国の代表者が集まる立法機関でもない。この機関はあくまでも加盟国の議会間の調整と対話を確保することを目的としており、各国の議会に対するアドバイスなどを行うことができる。

加えて、ＣＩＳ憲章は加盟国間の分野ごとの協力を促進するために分野別協力会議や委員会の設立を謳っている。これらは経済、社会その他の分野に及んでおり、産業著作権保護に関する分野別会議、鉄道運送会議、テレビやラジオに関する国家間会議などはその例である。各委員会は、多くの場合、行政機関の長やその補佐（首相や副首相など）で構成される。委員会の推薦事項はＣＩＳ首相会議の議題になることも多い。

四　CISサミットの歴史と取り上げられた課題

一九九一年一二月七、八日に旧ソ連諸国のロシア、ベラルーシやウクライナが、旧ソ連の解体とともに新しい仕組みとしてCISを発足させた直後の一九九一年一二月一三日、残りの旧ソ連諸国はトルクメニスタンのアシガバードで会合を開き、CISへの加盟について決議を採択した。最終的に、CISは、一九九一年一二月二一日カザフスタンのアルマトゥにおける首脳会議で調印式が行われ、結成された。

CISの合意文書はすべての旧ソ連共和国が対等な立場でCISに加盟することができることを強調し、後から加盟する諸国も他のCIS加盟国と同等の権利と地位を保障されるとした。アルマトゥで開かれたサミット以降、一一の旧ソ連諸国のリーダーがCIS合意書のプロトコールに署名し、これらの国に対し設立国としてのすべての権利が与えられた(7)。

同じ日に、CIS加盟国はこの仕組みの以下のような目的や原則を採択した(8)。それによると、CISは統一国家でもなければ超国家の仕組みでもない。CISの一一の加盟国は設立国と見なされる。そして、一九九一年一二月八日のCIS設立に関する合意書は一二月二一日のプロトコールなしでは無効であり、これら二つの文書がCISの設立文書である。一九九一年一二月八日のプロトコールと一二月二一日のCIS設立宣言は異なる文書であり、手続き上もこれらの文書の扱いは異なっている。一九九一年一二月八日の合意文書は各国議会により検討され了承されなければならなかった。他方、一二月二一日の宣言は各国大統領により署名された。議会による検討の際、合意文書に新たな事項を書き込んだり、特定の条項について加盟の条件を含んだりすることもできるよう配慮があった。また、新たなメンバーの加盟は他の加盟国から認められなければならなかった(9)。CIS諸国の調整を行う機関は各国の平等な参加を狙い、各国の代表者から構成されることとなった。

中央アジア諸国がＣＩＳに加盟した理由はいくつかある。中でも、旧ソ連諸国が互いの加盟決定に影響されたこと（集団行動の論理に基づいた加盟）や、自国の独立準備に一定の期間が必要だったことがあげられる。当初、各国は自分たちが抱える様々な問題を自力で解決していかなければならないことに脅威を感じ、他の旧ソ連諸国とのある程度の協力を必要としていた。いわば、中央アジア諸国はこの仕組みに対し自国の国益などを計算して加盟したというよりも、各国のリーダーが抱いた大きな期待に基づいていたのであった。ＣＩＳに対する理解が不足していたにもかかわらず、中央アジア諸国はＣＩＳ設立国としての加盟にかかわった。同時に、各国は自国の主権を守ろうとし、ＣＩＳに加盟しても旧ソ連のような国の再形成には反対していた[10]。中央アジア諸国がソ連再形成を拒否しながらもＣＩＳ設立国として加盟に携わった理由として、各国がロシアや他の旧ソ連諸国と対等な立場で発言できる地位を得ようとしていたこと、またそれを自国の主権と独立を強化するものと見ていたことがあげられる[11]。他方、自国の独立を懸念することはトルクメニスタンがＣＩＳに対して後ろ向きになる理由にもなった[12]。

ＣＩＳの設立当初の機能は、主に旧ソ連諸国のソ連からの独立を確立するものであり、新たな共同体や協力関係の構築では必ずしもなかった。国家首脳会議の議題もそのことを示している。たとえば、一九九二年二月一四日のミンスク会議では、各国大統領と首相がソビエト軍の残した武器、資産、軍人に関する問題を取り上げた。次の一九九二年三月二〇日の会議では、ソビエト軍からの移行期に兵役制度をいかに作るかにつき議論が行われた。一九九二年五月一五日のタシケント会議では、加盟諸国がソ連解体後の状況下における防衛を検討し、集団安全条約を採択した。さらに、モスクワで行われた一九九二年六月六日の会議ではソ連解体に伴う経済問題とそれらに対する対応と協力そして安全保障の確保について話し合われた。一九九二年一〇月九日の会議はさらにソ連解体以降の経済に関する立法、通貨、それまで共通だったテレビやラジオ制度の維持について話し合われた。このように、この時期の会合はソ連解体の後始末をどのようにするかがアジェンダの大半を占めていた。

一九九三年一月二二日の会議からは、協力の再構築や統合が議題にあがった。ＣＩＳ諸国の首脳はＣＩＳ憲章を採決し、国家間裁判所と国家間銀行を作ることに合意した。そのような結果は次の一九九三年四月六日のミンスク会議の議論にもつながり、ＣＩＳの効率をあげるためにＣＩＳ内の関税同盟を作ることや国家間の外交政策の調整が必要であることが話し合われた。

一九九三年五月一四、一五日の会議はＣＩＳにおける協力に関してさらにもう一歩踏み込み、経済連合の形成、ＣＩＳの諮問機関や政策の調整を担当する機関、事務局の設立について話し合われた。それは加盟国が初めて自国の主権の一部を移譲し、旧ソ連圏で新しい共同体を作る意向があることを示したものである。しかし、以下の考察でも明らかになるように、各機関の機能の効率の低さはＣＩＳ諸国にＣＩＳ内での主権の共有を促進する機関の必要性に疑問を抱かせ、超国家機関の設置に後ろ向きな姿勢をとらせてしまった。

一九九三年九月二四日のモスクワ会議は経済連合形成に関する合意を採択し、アゼルバイジャンのＣＩＳ加盟を認めた。その後、一九九三年一二月九日にグルジアもＣＩＳの加盟国となった。そして、一九九三年一二月二三、二四日のアシガバード・サミットでは、トルクメニスタンもＣＩＳ経済連合という仕組みに加盟することを表明した。加えて、一九九四年四月一五日のモスクワ・サミットでは、モルドバもＣＩＳに加盟し、ウクライナは経済連合のメンバーになった。一九九四年一〇月二一日のモスクワ・サミットと一九九五年二月一〇日のアルマトゥ・サミットで各国はＣＩＳ内の統合の可能性とその傾向について協議した上で、経済連合の国家間経済委員会と共通の安全保障確保のためのコンセプトを採択した。

ＣＩＳの歴史においてもう一つ強調すべき出来事が一九九五年五月二六日のミンスク・サミットで起こった。サミットの際に各国がＣＩＳ平和維持軍のタジキスタンおよびアブハジアにおけるミッションを一九九五年末まで延長したのである。これは、ＣＩＳが旧ソ連領域における対立や紛争を阻止するための呼びかけのみならず、必要に応じて軍事的な介入も行うというコミットメントの宣言であった。ＣＩＳの弱点や問題が多い中、平和維持軍はタジキスタン、グルジアやモルドバといったホットスポットにおいて非常に重要かつ効果的な勢力として活躍した。このＣＩＳ平和維持部隊の公平さについては疑問視する声も上がっていた。確かに、平和維持部隊は多くの場合政府側の主張を支持していたことも多かった。それでも、ＣＩＳ平和維持部隊は多くの対立や市民の間の犠牲を抑えることに成功したのも事実である。

この時期に行われたサミットは主に経済の立て直しもしくは安全保障の課題を中心に扱った。例えば、一九九六年一月一六日と一九九六年四月一二日の議題は再び経済の統合に戻ったが、これに関する議論はそれほどの成果を生み出さなかった。一九九六年五月一七日の会議は再びＣＩＳ諸国の平和維持部隊の活動とＣＩＳの国境管理、防衛問題を取り上げた。また、このサミットは選挙を控えていたエリツィン大統領による経済改革に対し支持を表明した。

一九九七年三月二七日と二八日に行われたモスクワ・サミットは経済協力に関して成果をあげた。具体的には、ＣＩＳ経済統合のコンセプト、統合強化に向けた一九九七年における主な活動計画、タジキスタンとアブハジアにおける平和維持ミッション継続に関する計画を採択した。また、ＣＩＳの国境防衛に関する宣言も採択した。さらに、経済統合の強化のため、一九九七年一〇月二三日のサミットはＣＩＳ共同農業市場条約を採択した。

しかし、以上の会議における審議の結果、一九九八年四月二九日までにＣＩＳ内の経済統合の状況をもう一度考え直す必要があるとの合意がなされた。とくに、加盟国の間に統合のスピードと方向性について対立が生じており、加盟国の期待とＣＩＳの機能の間に大きな格差が存在していた。そのため、経済分野において関係を活発化するために加盟国の大統領が特別国家間フォーラムを開き、ＣＩＳの改革と強化を議論することが決まった。これがさらにＣＩＳの構造の再検討をも引き起こした。具体的には、一九九九年四月一―二日のモスクワ・サミットは首脳会議と首相会議の権限を明確に区別し、外相会議に関する決議も採択した上で、これらの会議の決議を実行するためのメカニズムを提案した。しかし、この段階でＣＩＳが構造的にも機能的にも効率よく動いていないのは明らかであり、この状況をＣＩＳの危機と指摘した人もいた。中でも重要な問題は、首脳会議と首相会議の決議の多くは「絵に描いた餅」になって実行されていなかったことである。それがＣＩＳに対する不信と後ろ向きな姿勢を強めた。

以上を背景に、二〇〇〇年一月二五日にモスクワでサミットが開かれた。この会合にはロシアの暫定大統領としてプーチンが登場した。このサミットはそれまでのサミットと違い経済や統合よりもＣＩＳにおけるテロとの戦いや超国家的な犯罪阻止を議論した。このようなテーマの設定はロシアの国内政治状況と中央アジアが直面していた課題から出てきたものであった。ロシアの場合、チェチェンにおけるロシアの戦いはテロ行為を生み出し、それに対しロシアの大統領は国内とＣＩＳ内双方での対策を模索していた。中央アジア諸国の場合、各国がイスラーム原理主義組織の活動やアフガニスタンからの武装集団の侵入に悩まされていた。これが二〇〇〇年六月二一日のモスクワ・サミットにおける過激組織に関する議論を引き出し、ＣＩＳの反テロセンターの設立に至った。さらに、タジキスタンの申し出によりタジキスタンにおけるＣＩＳ平和維持部隊のミッションが終了した一方、アブハジアにおける平和維持部隊のミッションは継続された。

このように、この時期におけるＣＩＳ内の多くの議論は安全保障と政治的安定を保つことを視野に入れて行われた。二〇〇〇年の一一月三〇日から一二月一日にかけて行われたミンスク・サミットにおいて経済が議題にあがったものの、それ以上に注目を集めたのはやはり安全保障の問題とＣＩＳ反テロセンターの活動である。サミットは、センターの存在意義を再度確認した上で、センターの活動支援やテロ組織および個人のデータベース作成を計画した。また、ＣＩＳ諸国の大統領はアブハジアにおける平和維持部隊の滞在をさらに延長した。経済分野については、ＣＩＳ事務局長によるＣＩＳ自由市場圏形成に関するレポートが提示された。この議題は次の二〇〇一年五月三一日から六月一日にかけて行われたミンスク・サミットでも議論された。加えて、CIS関税関連機関の活動を調整する会議の計画についても議論がなされた。さらに、軍事協力やアブハジアにおける平和維持部隊の滞在を延期する決議が採択されたが、これらはCISの機能の効率化においてそれほどのインパクトを与える決議ではなかった。

二〇〇一年一一月二九日から三〇日にかけて、一〇周年記念の国家首脳会議がモスクワで開かれた。このサミットにおいて、これまでCISのアジェンダにあがった多くの課題が一気に議論された。経済統合の方向性、旧ソ連領域内の政治的安定の維持、九・一一以降の米国によるアフガン作戦への支持などにつき各（首相・外相）会議で報告が行われた。

二〇〇一年から二〇〇三年のサミットは類似点が多かった。議題は主に安全保障と経済問題であった。二〇〇二年一〇月七日のキシニョフ・サミットは自由経済圏形成をテーマとし、それに向けた様々なCIS機関の活動効率向上につき検討が行われた。この時期のように、前年と代わり映えがせず、それほどの成果を上げないサミットはCIS内の危機的状況と同時にCISの仕組みに対する各国の疑問と後ろ向きな姿勢を表している。二〇〇三年一月二九日のキエフ・サミットや二〇〇三年五月三〇日のサンクトペテルブルク・サミットは形式的なもので目立った成果を残さなかったが、二〇〇三年九月一九日のヤルタ・サミットでは次に述べる統一経済圏の形成に関して提案が行われ、より具体的な成果を出して終了した。

二〇〇四年九月一六日にカザフスタンのアスタナ市で開かれた国家首脳会合において議論は安全保障の問題に集中し、その中でとくに強調された決定事項はCIS諸国間の対テロ戦争における協力、麻薬の違法売買と暴力集団への対策であった。以上に加えて、CIS諸国における移民問題や難民の不法滞在なども話し合われた。

二〇〇五年八月二六日にロシアのカザン市において開かれた会合はCISの仕組みのさらなる改善の必要性を取り上げ、CIS圏内において二〇〇六年をCISの年として宣言した。そして改善策の一環として人文分野、軍事分野と集団国境防衛分野における協力のコンセプトを承認した。これらによると、ＣＩＳ諸国がこれらの分野において多くの共通の課題に直面しており、さらなる協力を経てそれらの解決を試みることとした。そして、以上のコンセプトに加えて、二〇〇六—〇八年における不法移民対策のプログラムと二〇〇五—〇七年における対テロや対原理主義に対する対策プログラムも採択した。二〇〇五年五月八日に開かれたモスクワ・サミットはとくに目立った成果を生み出さず、人文分野におけるＣＩＳ諸国間の協力の必要性に関する宣言を出し終了した。

以上にも見られるように、二〇〇四年からＣＩＳの共通課題として不法移民問題が頻繁に取り上げられるようになった。二〇〇六年一一月二八日のミンスク会合でも不法移民問題が取り上げられ、二〇〇七—一〇年における人身売買に対する協力プログラムと同じく二〇〇七—一〇年において国境における政策協力プログラムが採択された。二〇〇七年一〇月五日のドシャンベ会合、二〇〇八年一〇月一〇日のビシュケク会合と二〇一〇年一二月一〇日のモスクワ会合でも話し合われたテーマは不法移民とＣＩＳ諸国間の移民担当相間の会合設立、テロ対策とテロ組織支援に使われている違法な収入源の撲滅があげられた。

例外となったのは、二〇〇九年一〇月九日のモルドバのキシニョフ市での会合で、安全保障問題よりも、二〇〇八年に起こった経済危機とその危機のＣＩＳ諸国への影響が話題にのぼり、共通の意見としてこのような経済危機はとくに経済基盤がまだ弱いＣＩＳ諸国にとって危険性が高く、それに対して共通のスタンスで接するべきであると強調された。この会合の結果、経済危機に対する共同の協力が言及されたが、具体策の詳細には言及がなかった。この会合の続きとして二〇一〇年七月一〇日の非公式なＣＩＳ諸国間の会合が開かれ、その中で社会・経済的な生活環境の改善に向けた共同努力を強調した共同宣言が出されたが、そのほとんどの事項には具体的なロードマップがなく、宣言という形で残ってしまった。

そして二〇一一年九月三日のドシャンベ市における会合と二〇一一年一二月五日の会合では国境地帯における協力、

不法移民対策に関するプログラムとＣＩＳ諸国の議会間の協力を進めることについて合意されたが、これらの多くはＣＩＳ諸国間でこれまでに調印されたプログラムと合意に関する活動報告と継続に関する決定となった。

五　ＣＩＳの弱点と分裂

以上に述べたとおり、ＣＩＳ内の協力を促進するためにいくつかの仕組みが存在しており、その構造と狙いは他の地域機構と類似している。しかし、成功している地域機構と比べるとＣＩＳの仕組みの効率はいまだに低い。その要因の一つはＣＩＳ諸国の準備とＣＩＳの仕組みの法整備が宣言に掲げられた目的と合致していないことである。とくに、ＣＩＳ内で採決した決議の内容を実行に移すための仕組みが少ないことがあげられる。多くの決議が政策形成のための具体的な提言というよりも政治的な意向の表明になってしまっている。そういう意味では、ＣＩＳは決して一枚岩ではなく、各加盟国の狙い、達成したい目的、外交政策は異なっている。そのため、彼らのＣＩＳにおける参加度とパフォーマンスにも差が生じる。

ＣＩＳ事務局に対する支援がないことも、ＣＩＳ諸国が宣言と実際コミットできることとの間に格差が存在している表れである。支援不足はＣＩＳ事務局の本来の目的達成を困難にしており、その状況の深刻さから、分担金支払いを確保しＣＩＳ事務局を維持するためにＣＩＳ諸国の財務大臣会議が呼びかけられたこともあった(13)。支援不足と分担金未払いはＣＩＳに対する加盟国の姿勢を反映しており、ＣＩＳに対する国家間の温度差をも明らかにしている。

1　CIS加盟諸国のグループ化

そもそも、CISの設立当初からCISの加盟国はすでにグループ化していた。独立以降、CISに対する各国の姿勢が変化するにつれ、CIS内のグループ構成も変わっていった。CISの設立当初、加盟国は主に三つのグループに分けることができた。第一のグループは、CISの仕組みに積極的に参加し、CISを自国の国益の達成に重要な組織と見なしていた国である。具体的には、ロシア、ベラルーシ、アルメニア、中央アジア諸国（トルクメニスタンを除く）である。

第二のグループは、CISに加盟したものの、CISをそれほど重視せず外交政策では主に欧米諸国との関係を重視した国々である。ウクライナ、モルドバ、トルクメニスタンが当てはまる。とくに、ウクライナのCIS加盟には欧州諸国と旧ソ連諸国の架け橋のような役割を果たしたいという狙いがあったとの指摘もある。また、トルクメニスタンは中立政策を宣言し、他のCIS諸国から一定の距離を置いていた。モルドバのCISに対する控え目なスタンスには多くの要因があり分析は難しいが、CISの機能効率が低いことに加え、モルドバとロシアの間にはトランスドニエストル地域の問題があった。モルドバはロシアがこの地域の独立を支持していると疑い、モルドバとロシアの間の国家間問題になっていたのである。(14)さらに、独立当初のモルドバがルーマニアとの関係強化を図っており、それがモルドバの外交政策に大きく影響していた。このことはモルドバのCISへの参加にも影響していると思われる。(15)

三番目のグループは、CISでは形式的な加盟を維持しCISの活動にもそれほど積極的に参加しなかった国である。これは、アゼルバイジャンとグルジアであり、両国はCISの役割を暫定的で転換期に限ったものと見なし、主に欧州中心の外交政策を進めている。(16)

スプリット（Spryut）は旧ソ連諸国の分類を行い、上記のようなCISの状況に似た分裂を指摘している。彼の研究によると、旧ソ連CIS諸国は三つのグループに分けることができる。第一のグループはCISに加盟した国々である。第二のグループはＣＩＳ加盟を最初こそ拒否したものの後に加盟した国々である（たとえば、ウクライナ、アゼルバイジャン、モルドバ）。そして、第三のグループはＣＩＳ加盟を最初から拒否し、その後もその姿勢を貫いた国々である（バルト諸国など）(17)。

ＣＩＳ結成後、旧ソ連諸国は統合およびＣＩＳの仕組みに対する姿勢に変化を見せた。とくに、ＣＩＳの機能効率が低いことは多くの旧ソ連諸国がＣＩＳに後ろ向きになっていく傾向に拍車をかけた。本来であれば、ＣＩＳの仕組みは様々な問題を解決するための協力の中心になるべきだったにもかかわらず、結果的には各国のリーダーの「お喋りの場」となってしまった。大半の決議や宣言は「絵に描いた餅」となり行動に反映されなかった。それがさらにＣＩＳ内の分裂を促進し、国家間のＣＩＳに対する姿勢の温度差がさらに広がった。

多くの専門家もＣＩＳ内の分裂やグループ化の傾向を分析してきた。たとえば、ある専門家は次のように述べている。

> ＣＩＳ諸国を三つに分けることができる。第一のグループはベラルーシやタジキスタンのようにモスクワにほぼ全面的に頼っている国である。第二はロシアの影響とクレムリンの束縛から脱しようと燃えている気持ちがありつつも、ためらっている国である。ウズベキスタンとウクライナはその例である。そして第三のグループは、トルクメニスタンやアゼルバイジャンのように（比較的）自立しており、自国の国益にかんがみてロシアの意見に賛成したり反対したりすることができる国である(18)。

また、ソ連解体以降、旧ソ連諸国の間に生じた分野ごとの分裂に関する分析も行われている。たとえば、アリソン（Roy Allison）によると、軍事協力の度合によって旧ソ連諸国を三つのグループに分けることができる。すなわち、①ベラルーシ、アルメニア、キルギス、タジキスタン、カザフスタンのようにロシアと親密な協力を進める国、②トルクメニスタン、グルジア、アゼルバイジャンのようにロシアと一定の距離を置きながらロシアとしばらくの間友好関係を維持した国、そして③ロシアからできるだけ離れる政策をとったウクライナのような国である。[19] さらに、アリソンは一九九〇年代後半から二〇〇〇年代の前半にかけてのウズベキスタンを第一と第二のグループの中間に位置づけ、ロシアはベラルーシ、グルジア、アルメニア、カザフスタンとの軍事関係を優先したと結論づける。

ウェッバー（Mark Webber）は似たような論理でコーカサス情勢を分析した。それによると、この地域においてロシアと軍事協力を進めることに最も積極的なのはアルメニアであり、グルジアとアゼルバイジャンがそれに続くと結論づけた。中央アジア地域では、タジキスタンが最もロシアとの軍事関係に前向きであり、カザフスタン、キルギス、ウズベキスタン、トルクメニスタンの順でそれに続く。[20]

2　本書の見解

このようなＣＩＳにおける分裂と複雑な状況を背景に、本章はＣＩＳが二〇〇〇年までに大きく二つのグループに分かれていたことを主張する。すなわち、①ロシア、ベラルーシ、カザフスタン、キルギス、アルメニア、タジキスタンのようなＣＩＳ内の協力に積極的な国と、②アルメニアを除くコーカサス諸国、トルクメニスタン、ウズベキスタン、ウクライナのように協力を進めることにそれほど前向きでない国である。しかし、各国の外交政策にかんがみれば、二〇〇〇年前後の旧ソ連地域の国際関係は若干異なるように見える。それは、この地域において米国の影響力が拡大し、米国の対アフガニスタン作戦が始まったことに影響されたと考えられる。

各国の二〇〇〇年前後の外交政策を見ると、ロシアと親密な関係を持つ国々のグループ（第一のグループ）ではロシアとベラルーシが一九九九年に統合合意文書に署名し、統一国家の形成を目指した。[21] ロシア人が人口の大きな部分を占めるカザフスタンはロシアと欧米諸国双方との関係を強化しようとし、また、これらの二つの間でバランスをとろうとした。[22] 同時に、二〇〇〇年前後、カザフスタンとウズベキスタンの中央アジア地域におけるリーダーの地位に関する競争はより激化していた。中央アジア地域におけるリーダーとしてのイメージはカザフスタンの外交政策においても重要な位置を占めていた。

ただし、二〇〇一年の九・一一以降の米国による対アフガニスタン作戦の展開と中央アジア地域における影響力拡大は、ロシアとカザフスタンの関係を悪化させる要因にはならなかった。確かに、米国の支援や影響力は増えたものの、カザフスタンにとって武器や機材などの主たる支援者・提供者はロシアであり、米国によるそれまでの支援と比較してもロシアの方が圧倒的にそれを上回っていた。また、ロシアとの関係強化についてはナザルバエフ大統領だけでなくカザフスタン国民の間でも非常に強い支持が見られる。

タジキスタンはいまだ内戦後の立て直しに追われており、ロシアやCIS諸国からの政治的支持と経済的支援を必要としていた。アルメニアはコーカサスにおいてある意味孤立している国である。アゼルバイジャンとの紛争では周辺諸国がアゼルバイジャンを支持していることに加え、周辺国の多くがイスラーム諸国である地域においてアルメニアはキリスト教の国である(23)。そういう意味ではアルメニアもロシアの支持を必要としており、アゼルバイジャンとの紛争の終結にはCISの仲介も不可欠と思われる。

第二のグループを構成する国は、各々の外交政策を進める中でCISをそれほど重視せず、独自の外交政策を展開するよう試みていた。中央アジア地域では、ウズベキスタンが一九九〇年代後半から二〇〇〇年代前半にかけ、それまでの協力の失敗とそれがもたらした失望感からロシアやCISと一定の距離を置いた。

ウズベキスタンは集団安全条約からも撤退する一方、GUUAMやNATOの活動に積極的に参加し、二〇〇五年まで欧米諸国との関係強化を試みた(24)。また米国が対アフガニスタン作戦を開始すると、ウズベキスタンはいち早く軍事基地を提供する用意があることを表明した。このようなウズベキスタンの政策はロシアやCIS諸国との軍事関係を悪化させた(25)。

このようなウズベキスタンの外交政策もいくつかの課題に直面してきた。第一に強調されることとして、ウズベキスタン外交には、長期的な目的と、その目的を達成するための戦略が曖昧に定義されていることである。独立直後から、ウズベキスタンの外交は、ある国との関係を戦略的に重要だと宣言し、その国との関係が悪化すると、別の国との関係を重視することをくり返してきた。このように、ウズベキスタンは特定の国との戦略的な関係を優先するより、自国の「国益」を優先することを強調する。その場合、「国益」の定義づけも外交政策の立案と決定も、外交官ではなく大統領を中心として行われている。それにより、ウズベキスタンは独立直後からロシア、トルコ、中央アジア諸国、アメリカ、再びロシアと関係を重視する対象国が変化してきた。

また、多くの場合、外交政策とウズベキスタン国内の政治状況が密接に関連している。たとえば、ウズベキスタン発展のモデルになると宣言されたトルコとの関係は、トルコがウズベキスタン大統領に反対する野党のリーダーを国内に受け入れているという理由で悪化した。近年のアメリカとの関係悪化の背景には、二〇〇五年五月にアンディジャンで起きた反政府集団と政府軍の衝突事件に関して、アメリカ側がウズベキスタン政府の人権侵害を批判した経緯がある。その後、ウズベキスタンは現政権を支持するロシアや中国を戦略的パートナーと宣言したが、アメリカのアフガニスタンからの撤退の問題やロシアによる（ユーラシア連合体構造など）中央アジア地域における自国の権力の拡大の動きを背景に、再びウズベキスタンと米国の関係が改善し、それと反対にロシアとの関係が悪化した。アメリカのアフガニスタンからの撤退において中央アジア諸国は重要な撤退ルートの一つとして位置づけられ、これらの国々もその重要な地理的な位置づけを利用し、自国に財政的・軍事的な利益を得ようとしている。ウズベキスタンの場合、撤退する米軍の運搬による利益のみならずアフガニスタンから運搬しにくい、または運搬コストが高い機材や武器の引き渡しも期待している。また、ロシア寄りと思われていたキルギスもウズベキスタンのように国際事情の変化により自国の外交政策を変えてきた。これらの国は九・一一以降、欧州諸国とより親密な関係を持つ方向に動き、自国内にアフガン在留の米軍を支援するための基地を提供すると表明した。米国の対アフガニスタン作戦開始以降、キルギスは多国籍軍の軍事基地を自国の首都ビシケクに作らせた。ロシアもそれに対抗する形で二〇〇三年一一月に同空港に自国のカント空軍基地を置いた。さらに、二〇〇五年以降、ロシアとキルギスの間にこの空軍基地に関して交渉が続き、ロシアの圧力の結果、二〇〇九年にキルギスは多国籍軍の軍事基地の自国からの撤退も表明した。米国、ロシアとキルギスの交渉での妥協案として、二〇〇九年に多国籍軍の空軍基地の代わりに米国のアフガニスタンキャンペーンを支えるために多国籍軍用のマナス空港内にトランジットセンターの設立が表明され、これまでにロシアの影響下にあるキルギスにおいて、ロシアと欧米諸国の軍事用施設が共存し始めた。その後、キルギスにおける二〇一〇年の政権解体と国の財政基盤の弱まりを背景にロシアがキルギスに財政的・軍事的な支援を行い始め、キルギスは再びロシア寄りの外交政策を実施し始めた(26)。その結果、二〇一三年六月にロシアはキルギスに対し大規模な軍事的支援を行うことを発表したと同時にキルギスは米国のトランジットセンターを二〇一四年七月一一日に閉鎖することを正式に発表した(27)。

一方でタジキスタンはそれまでロシアと欧州諸国との間でためらう様子が見られた。タジキスタンはそれまでロシアに全面的に頼ってきたが、九・一一以降は自国内にあるロシア軍の基地機能を縮小させ、二〇〇三年九月には自国の国境管理をロシア軍から自国軍に移行させると宣言した。同時に、ロシア軍の第二〇一師団を首都のドゥシャンベ市内から郊外に移動させた。このような動きは必ずしもタジキスタンのロシア離れを象徴しているとはいえないまでも、タジキスタンの自立の意向を表している。

以上に述べたように、独立当初から二〇〇〇年代前半までの時期において、CIS諸国はCISやロシアに対しどのような姿勢をとるかためらう部分が多く、ロシアと協力しながらも欧州諸国との関係強化を重視していた。とくに、中央アジア諸国の間ではロシアと米国の間でバランスをとりながら自国の国益に沿って外交政策を実行する試みが見られた。この時期、これらの国々はそのようなバランスをとることが自国の国益に最もかなっており、自国へ多くの利点をもたらすと考えた。しかし、そのような外交政策を実施する上で最も大きな課題は、いかにして自国の国家主権を守りながら大国と付き合っていくかだった。中央アジア諸国にとって、そのような課題に有効な対策は、互いの協力関係を強め、ロシア、米国、中国などの大国に対し協調した姿勢・立場で臨むことであるが、中央アジア諸国間における競争意識や対立はこれらの国々の間の協力が進んでいない理由の一つである。そのためにも、外交政策の調整はいずれ大きな課題になり、そのための準備と努力が不可欠だと思われる。

六　ＣＩＳの現状――安全保障の確保

すでに述べたとおり、ＣＩＳに対する温度差と統合への試みの失敗は、ＣＩＳの仕組みの非効率的な活用とＣＩＳ各国の国益の違いから生じたと考えられる。また、ＣＩＳ諸国は様々な事象に対する認識において分裂しており、その間に見解の一致はなかなか見られない。その意味で、ＣＩＳは旧ソ連ユーラシア諸国を超国家の仕組みに統合することに失敗したといっても過言ではない(28)。

しかし同時に、各国が直面している問題解決において国家間の政策の調整が必要であることも事実である。各国は歴史と経済、政治、社会問題の背景を共有しており、諸国が抱えている安全保障上の課題についても共通点が多い。このような問題を解決するために、国々の間ではＣＩＳ内の協力というよりも下位地域レベルでの国家間調整が見受けられるようになった。それはとくに中央アジア諸国に顕著である。

中央アジアの場合、そのような政策の調整は一九九九年にイスラーム過激派勢力がアフガニスタンからキルギスを通ってウズベキスタンへ侵入を試みたときにまず見られた。そのような協力はアフガニスタンからの麻薬密輸阻止やタリバン勢力への対策においても見られた。そういう意味では各国の国益が一致しており、安全保障の確保は各国が協力を促進する分野の一つである。

ＣＩＳ内の安全保障確保のための仕組みもそのような協力の可能性を残している。(29) 以上にも述べたように、これらの諸国は一九九二年に集団安全保障条約ＣＳＴ（タシケント条約）に加盟した。その段階ではＣＳＴに加盟した国はアルメニア、カザフスタン、キルギス、ロシア、タジキスタンとウズベキスタンであった。後に（一九九三年）本条約にアゼルバイジャン、グルジアとベラルーシが加盟した。設立当初、本条約は五年の有効期限を持っていたが、一九九九年に以上の諸国のうち（アゼルバイジャン、ウズベキスタン、グルジアを除く）六か国が新たな条約に加盟した。二〇〇二年一〇月にＣＳＴ条約は機構（集団安全保障条約機構、ＣＳＴＯ）となり、ウズベキスタンは部分的な参加を表明した。二〇〇六年にウズベキスタンは機構への全面的な参加を表明したが、二〇一二年六月に外交政策の米国寄りへの転換を反映し、この機構の効果を疑問視し、その参加を停止した。ウズベキスタンの主な動機は、ＣＳＴＯが必要に応じて参加国国内に平和維持部隊を出動することができることなど参加国の国家主権を脅かす行動に出る可能性があることへの懸念であった。そして、以上にも述べたように、この時期におけるウズベキスタン外交政策は米国との関係を優先しており、ＣＳＴＯの参加から得られる特典をそれほど高く評価しなかったことがある。このような機構内の動きにもかかわらず、ＣＳＴＯは様々な活動を実施しており、参加国の協力を強化することを目指している。

たとえば、二〇〇〇年春、軍事協力はこの地域において一定の成果をあげた。「南の壁２０００」という共同の軍事訓練が実施され、ＣＩＳ諸国の軍部隊間の調整が試みられたのである。その目的は旧ソ連諸国の南部の国境を守ることである。(30) 訓練はタリバン時代のアフガニスタンとの国境を守るために行われた。このような訓練には一九九二年の共同安全条約の第四条が適用された。(31) さらに、二〇〇八年にアルメニアにて「国境線２００８」という軍事演習が行われ、七か国の軍人が参加した。そして、二〇一一年一〇月にCSTO史上最大規模の軍事演習が行われ、参加国の国内安定維持のための演習とみられた。

二〇〇七年一〇月に安全条約機構の機能をさらに改善させるために、CSTO参加国によるロシアからの最新武器購入の価格をロシア国内販売価格と同じものとして定めた。そして、別の決定事項として、CSTO集団緊急展開軍の設立も決められ、その過程は二〇一〇年一二月までに完了した。それによると、CSTOは平和維持の目的で集団緊急展開軍を参加国に出動することができる。その出動の最初の例となりうる事件として二〇一〇年にキルギス南部でキルギス民族とウズベク民族との衝突が起こったが、その際にキルギス政府から要請があったにもかかわらず集団緊急展開軍の形成が終わっておらず、出動することはなかった。これに対し、当時のキルギス暫定大統領を務めたオトンバエワ氏は不満を表明しており、この部隊の機能と役割が疑問視され続けている。

CIS諸国のタジキスタンにおける協力は、他の地域における協力よりも効果が高かった。CIS内の努力に加え、国連や欧州安全保障協力機構（OSCE）との協力も見られ、タジキスタンの事例は比較的成功したと考えられた。CISの平和維持部隊はタジキスタン内戦において平和維持のために様々な活動を行ってきたが、これらの部隊はタジキスタンの安定化にとくに関心を持っていたウズベキスタン、カザフスタン、キルギス、ロシアの部隊を中心として成り立っていた。部隊の活動はCISの下で行われたが、実際には中央アジア諸国とロシアの参加により可能となったのである。

タジキスタンの状況が次第に安定し、米国の対アフガニスタン作戦が始まった頃から、中央アジア諸国はロシアを含めた安全保障の仕組みから距離を置き始めた。欧州諸国との関係強化を図り始めたのである。アリソンによると、「ユーラシア諸国は、新しい機会が出てきたとき、それをプラグマティックに受け止めようとし、自国の独立を確認し強化しようとした(32)」とある。

当然のことながら、欧州諸国がそのような協力を歓迎した一方、ロシアはそのような関係強化を慎重に見守っていた。ロシアの研究者の間には、そのような状況を旧ソ連諸国が「外からのパトロン探しという長きに渡って存在する伝統を再び開始した」と皮肉まじりに分析している研究者もいる(33)。欧米諸国も、この地域において単に安全保障を促進するだけでなく、ロシアの影響力削減も視野に入れていたことは事実だったといえる。

そして、二〇一三年の段階では安全保障の確保の意味で、CSTO諸国にとってもっとも重要な課題の一つとしてあがったのは、米国のアフガニスタンからの撤退とその後のアフガニスタン国内の情勢である。多くの国は米軍のアフガニスタンからの撤退に伴いアフガニスタン国内の情勢が悪化し、親米のカルザイ大統領とタリバンの対立が激化し、カルザイ大統領の政権がタリバンにより打倒されることを懸念した。さらに、多くのCSTO諸国はタリバンがアフガニスタン国内全体における権力を握らなくてもタリバンと政府軍の間に衝突が多発し、政府がアフガニスタン全領土を独自の力でコントロールすることができなくなることを恐れた。その結果、タリバンや原理主義支持者がCIS諸国との国境地帯において活発な動きを見せ、CSTOの南部にある中央アジア諸国への侵入を試みる可能性もあるとみている。ロシアなどアフガニスタンと国境線を持たないCSTO諸国も原理主義者の脅威と麻薬の売買の活発化を恐れている。そのような懸念に直面したCSTO諸国は集団安全条約機構の仕組みをとおしてその脅威に対応することを想定している。その一例としてCSTO諸国の首脳会合が二〇一三年五月二七—二八日にキルギスのビシケクで開かれ、その際にCSTO諸国にとっての最大の課題として米国のアフガニスタン撤退後の情勢への対応が取り上げられた(34)。この会合の成果としてCSTO諸国の協力が二つの方向で進められることが決まった。その一つ目はアフガニスタン当局との協力とアフガン政府のアフガン全領土統治能力の強化へのCSTOからの支援と協力である。二つ目はCSTO諸国に構成される集団緊急展開軍の対応能力強化とCSTO諸国の国境防衛能力の強化である。しかし、このような課題を解決していく中でいくつかの問題もある。その一つとして取り上げられたのはCSTO諸国のアフガン問題への対応においてアフガニスタンと接するウズベキスタンが非常に重要な位置を占めるが、ウズベキスタンは二〇一二年からCSTOへの参加を停止しているためウズベキスタンとの協力の仕組みは構築されていない。

七　関税同盟圏と統一経済圏の形成

多くの専門家は、共通の経済問題とその対策に関する認識は旧ソ連諸国の間で共有されると予測していた。そのような協力と統合にはいくつかの前向きに考えさせられる要因があった。なぜなら、旧ソ連諸国が直面している様々な問題のみならず、諸国の経済は旧ソ連制度の中で密接に関連しており、お互いを補完するものであったからである。そういう意味では、安全保障の分野に加え、統一経済圏の形成を、これらの国々がソ連解体によって打撃を受けた自国の経済を立て直す機会と見なす人は少なくなかった。諸国間の国境が「透明」で開かれたものとして存在し続けることは国家間の貿易のコストを下げ、各国内の生産活動を刺激し、経済関係強化を促進するものと考えられた。

実際、一九九〇年代にいくつかの協定や合意が署名された。一九九二年三月にCIS諸国間で結ばれた、国家間の貿易と共通の関税政策に関する自由貿易の原則に関する合意はその一例である(35)。また、一九九三年一月にはCIS諸国間の取引をよりスムーズに行うために国家間銀行の設立について合意が成立した(36)。これらの合意はCISの仕組みを構築するために必要なものと認められる。しかし、これらの効果は非常に限定的なものとなった。その最大の要因は合意の実行に関する問題であった。各国がそれぞれの合意に込めた意味と重要性は異なっており、国益にかんがみてそれぞれが姿勢を決めた。すでに述べたように、地政学的な意味でこれらの国々は三つのグループに分かれてしまったが、一九九〇年前半から後半にかけ、経済政策や経済の立て直しに関しても旧ソ連諸国はいくつかのグループに分裂した。その構図は以下のとおりである。

(1) ソ連解体を宣言した国――ロシア、ベラルーシ、ウクライナ。

(2) ロシアとも親密な関係を維持しながらお互いとの関係（三か国間の地域統合論などの強調）も重視した国――ウズベキスタン、カザフスタン、キルギス。

(3) 紛争やお互い（たとえば、アルメニアとアゼルバイジャン）との対立の影響で上記のグループに含まれない国――コーカサス地域。トルクメニスタンは中立を宣言し、独自の発展の道を探ることを強調し、旧ソ連諸国から一定の距離を置いてきた。

このように、CISは初めから共通点が多い国で成り立っていたが、決してまとまったものではなかった。上記のようなグループは単にこれらの国がお互いと親密な関係を持ったという基準に基づいて分類化されているのではなく、これらの国が実行している経済政策やそれ以外の要因にも基づいている。その一つは経済改革のために適用される改革モデルの違いである。

たとえば、第一グループの国は自由化と市場経済への転換を早い時期に行った。それに対し、第二グループはそのような経済改革に対し慎重な姿勢を見せた。第二グループ内でも改革を進めるスピードには違いが見られたが（たとえば、ウズベキスタンと比べカザフスタンやキルギスには改革に積極的な姿勢）、原則としてこれらの国々は市場経済化を段階的に導入し経済改革を進めた。CIS加盟国は機構内に協力の仕組みを設けたものの、最終的には様々な問題に対する姿勢の違いから、お互いに歴史・社会的・経済的に近い国々で下位地域内の協力を進めることとなった。時間が経つにつれ、これらのグループの構成は変わったが、下位地域内協力へと向かう方向性はそれほど変わっていない。各国は関心や国益の違いからCIS内協力を促進することが難しくなり、むしろ下位地域内で様々な問題に解決策を見いだすようになった。

一九九〇年代前半の共通通貨廃止の背景として見られたロシアの一方主義は、多くのＣＩＳ諸国に、まず自国の国益を確保し、その際にロシアや他のＣＩＳ諸国に頼らないことの重要性を教えた。そのことから、各国はＣＩＳに対し二重の姿勢をとってきた。一方で、すべての加盟国はＣＩＳ内の協力を支持してきたが、もう一方で多くの会合はあくまでも「お喋りの場」になり、意見交換以上の成果をあげていない。とくに象徴的だったのはモスクワで行われた二〇〇〇年のＣＩＳサミットだった。本会合において、ほとんどの参加者は統合や協力に対し支持を表明したものの、そのために自国の主権の一部を犠牲にすることには反対だった(37)。この論理を適用し、多くの首脳は経済分野における協力強化や統合を歓迎したが、政治分野においてはそれを拒否した。同時に、このサミットでロシアは統合への支持を明らかにした。そのような支持はロシアのプーチン大統領が就任してからとくに現れ始め、ロシアの旧ソ連諸国との外交政策にも見受けられる。

各国のリーダーもそのような統合への支持を感じ取り、それなりにその動きを歓迎した。ウクライナのクチマ大統領は、「モスクワ・サミットはＣＩＳに将来があることについて我々に自信を持たせた」と言い、モスクワでの会合を評価した(38)。モルドバのルチンシ大統領は、「ほとんどの参加者が、ＣＩＳの活動をさらに向上させ、各国の国益と統合を合致させることに前向きだった。我々は自由貿易圏を作るべきである」と言い、協力促進の必要性を強調した(39)。カザフスタンのナザルバエフ大統領は、モルドバでのサミットにおいて参加国がＣＩＳは危機的状況にあるという認識を示したことを思い出させた。そして、「今日も（具体的な）問題を解決するべきとは誰も言っていない」と述べ、自由貿易圏を形成するためのワーキンググループの形成を呼びかけた(40)。アルメニアのコチャリャン大統領はＣＩＳ諸国の経済協力が拡大するべきであると強調し、安全保障以外の分野においても協力を促進する必要があると話した。これらの発言は、統合について何らかの支持を表明しても、それぞれの大統領が持っている関心は違うということを表している。

また、ウズベキスタンのカリモフ大統領はロシアの役割と統合への支持をとくに強調し、「ＣＩＳの将来はこの仕組みの屋台骨であり、この仕組みを固めているロシアからどのように見えるのかにかかっている」と結論づけた。(41) そういう意味では、ロシアにおけるリーダーの交代とプーチン大統領の就任は多くのＣＩＳ諸国の首脳に新たな希望を与え、プーチン大統領の行動力とリーダーシップの下でＣＩＳが再び重要な役割を果たすと思われた。

プーチン大統領の就任後の初めての政策は、ロシアのＣＩＳ内の地位を高めることと経済協力を強化することであった。それはＣＩＳ加盟国のすべてに及ばなかったものの、一部の国で形成される統一経済圏の形成につながった。このような統一経済圏の形成をプーチン大統領の政治的野心と関連づける専門家もいた。(42) 彼らは、モスクワはこの仕組みに参加する動機が少ない国に対しプーチン大統領就任以降のより積極的な外交政策のすべての武器を使ってこの仕組みに引き込もうとしていると指摘する。

統一経済圏形成に関する合意は二〇〇三年二月二三日に具体化され始めた。当時はロシア、ウクライナ、ベラルーシ、カザフスタンの大統領が一九九四年四月一五日の自由貿易圏に関する合意書をさらに改善し、その上に自由貿易圏を構築することを目指した。彼らはそのことをキシニョフとキエフで行われたサミットでも再確認し合った。(43)

この合意書の下書きは二〇〇三年八月一五日のアスタナ・サミットで署名された。(44) その目的は自由貿易圏をとおしてＣＩＳの四つの経済大国を統合することだった。興味深いことに、当時、ウクライナ、ベラルーシ、カザフスタンはロシア対ＣＩＳ諸国貿易の九割を占めており、ロシアの貿易全体でも一五％に上っていた。(45)

二〇〇三年一一月にヤルタで署名された合意書によると、統一経済圏は主に三つの段階をとおして形成される。第一段階は商品の自由な行き来を確保することであった。この段階で、農作物以外の商品に関し関税政策の調整が求められた。第二段階では関税同盟が作られ、すべての商品に対し共通の関税を課すことが想定された。それに加え、加盟国は農作物へのすべての追加関税を廃止することが目指された。この段階では統一経済圏を管理するために超国家的な管理局が設置されるとされた。共通の関税コード（手引）もこの段階で作成される。そして第三段階では、統一経済圏において国家間の関税管理を廃止し、商品の自由通過を確保する想定であった(46)。

しかし、このような統一経済圏の形成には多くの課題があった。その一つとして、統一経済圏とCIS内の他の協力の仕組み、そしてロシアとベラルーシの間の統一国家形成に関する矛盾が指摘された。たとえば、当時はCIS諸国であると同時にWTOにも加盟していたキルギス、モルドバ、アルメニア、グルジアがこの統一経済圏にも加盟するとなれば、統一経済圏とその外にいる国との間に問題が生じる可能性があった。統一経済圏の外にいる国でもWTO加盟国をとおせば統一経済圏内で自国の商品を無関税で取引できるようになってしまう。キルギスの大統領はすでにそのような仕組みへの加盟の意向を示したが、当時ナザルバエフ大統領は四つの国のみの加盟を支持していた(47)。それに対し、プーチン大統領は加盟の可能性を残しつつも、厳しい条件を適用し加盟国の資格の有無を決めようとしていた。

統一経済圏と共通関税コード（手引）を管理する機関も議論の的となった。ウクライナのような当初加盟に前向きだった国はソ連のような経済体制に逆戻りすることを懸念し、超国家機関の形成に慎重な姿勢を見せた。ウクライナは自国の憲法にかんがみてもそのような超国家機関を構成することには問題があると主張した。ウクライナのそのような姿勢は非常に興味深いものであり、一九九一年に改訂された連邦合意にも同国が反対したことで新独立国家連合が成立しなかったことがあった。今回の場合、ウクライナ議会はウクライナの統一経済圏加盟を条件付で認める決議を出したことから加盟が可能になった。ウクライナは超国家機関の機能がウクライナの憲法に反しないことを条件に加盟の意向を示した(48)。しかし、統一経済圏加盟がEUやNATOへの加盟を困難にする可能性があったことも、ウクライナにこの仕組みへの参加を躊躇させ、ウクライナは結局この仕組みにオブザーバーとしてしか参加しなかった。

以上の統一経済圏と関税同盟の形成をさらに促進するために、二〇〇六年に開かれたソチ・サミットにおいてロシア、ベラルーシとカザフスタンは形成準備を早めることで合意した。具体的な事項に関する交渉の結果二〇〇七年一〇月に以上の三か国が関税同盟創設の条約に調印し関税同盟（Tamozhennyi Soyuz）を目指すことを宣言した。二〇〇九年六月に関税同盟の発足が二〇一〇年一月一日と決められ、その日から関税同盟国の圏内において例外を除き同じ関税適用が決められた。

これらの国による経済統合の過程を分析する専門家によると、これらの国による統一経済圏の形成は段階的な過程として理解されており、第一段階は転換期として位置づけられており、その準備期間は一九九四年から二〇〇七年の期間とされている。第二段階は共通の関税に関する合意とその適用の時期として二〇〇七年一月にロシア、ベラルーシとカザフスタンの首脳による関税同盟に関する合意の調印から二〇一〇年一月にその合意が適用された時期である。二〇一〇年一月までに関税同盟の（実行）委員会が形成され、二〇一〇年七月までに関税同盟の機能に関するほとんどの権限がこの委員会に委任された。二〇一〇年六月までに関税コードも適用された。二〇一一年七月からロシア、ベラルーシとカザフスタンの国境線において通関手続きが廃止され、関税同盟が全面的に機能し始めた。

旧ソ連諸国は経済協力の次の段階として統一経済圏の形成を課題に掲げて、二〇一一年以降に複数の協定を結んできた(49)。これらの国は関税同盟を構築することは統一経済圏構築の一環として考えており、関税同盟の最高決定機関において二〇一〇年一二月一九日にベラルーシ、ロシアとカザフスタンの統一経済圏創設に関する文書の調印が行われ、その促進のための行動計画を採択した。その行動計画に伴い三か国により主な一七の協定が結ばれ、これらが二〇一二年一月一日から適用された(50)。これらの協定は経済協力の広い範囲の領域に言及しており、四つの自由（財・サービス・資本・労働力の自由な移動）の原則を宣言した。

さらに、経済協力の次の段階としてあげられるのは、以上に述べた関税同盟の延長線として二〇一一年一一月一八日調印された統一経済圏の形成に関する宣言に直結したことである(51)。その後、キルギスも統一経済圏への加盟について前向きに検討していることを表明し、複数の旧ソ連諸国もその可能性を検討している[52]。これらについてプーチン大統領とカザフスタンのナザルバエフ大統領はそれぞれの考えを示し、ロシアとカザフスタンにとって統一経済圏は将来的にユーラシア連合の中心になっていくことを表明した。プーチン大統領は、ユーラシア連合がロシアの近隣諸国との新しい連携を象徴するものとなり、失われつつあるロシアの国際舞台での地位を強化するものとみている[53]。ナザルバエフ大統領はカザフスタンのユーラシア地域における地理的な位置づけを取り上げ、カザフスタンは新しく構築されるユーラシア連合の中心的な国家になっていくことを強調した[54]。またカザフスタンにとってこのようなユーラシア連合の構築はナザルバエフ大統領が一九九四年に呼びかけた連合構想に似ており、その実現はナザルバエフ大統領の考え方がユーラシア諸国から見て妥当と認められたことを意味することから、その連合への支持は非常に強い。同時にカザフスタン国内では経済協力への支持はあるものの、国家主権を超国家機関へ移行することに抵抗が強く、二〇一三年の段階では超国家機関もしくは連合の中央政府の議論には至っていない[55]。

八　教育、民族意識とＣＩＳ統合

旧ソ連諸国の間で議論されたもう一つの領域は、共通の教育圏の形成であった。そのような仕組みの構築に関する議論のきっかけは、旧ソ連地域の人口の大半がかつて同じ教育機関から同質の教育を受けていたことだった。彼らの多くは自民族の言語に加えてロシア語ができることが特徴だった。それに加え、各共和国でソ連解体直後に使われた教材の多くもソ連時代に開発された教材に基づいていたことから、旧ソ連諸国の教育制度には共通点が多かった。

ソ連が解体した段階で、各国の教育制度にはソ連時代の遺産とともに多くの課題が残された。たとえば、別の共和国で発行された高校や大学の卒業証明書を認め合う制度が存在しなかったため、共和国間の関係書類を標準化する必要があった。このような状況はさらにいくつかの問題に至り、ソ連解体に伴い、ある共和国から別の共和国に移住する人の就職や進路において大きな障害となった。さらに、各共和国からロシアなどに留学していた学生がそれぞれの共和国に戻って就職する過程で卒業証明書を認定する制度がなかったことは、彼らにとって大きな問題となった。

この問題は一九九二年五月一五日のタシケント・サミットで初めて取り上げられた。会合の結果、各国は民族や宗教にかかわらず各国在住の人々に教育の機会を平等に与えることで一致し、合意書を交わした。また、同サミットではＣＩＳ各国が互いに必要な人材を教育する上で協力し、互いの学生を受け入れた場合、各国間でその経費を負担し合うことに合意した。このような重要な合意が達成されたものの、その大部分は非常に曖昧であった。各国のリーダーの感想や希望を盛り込んでいるだけで、具体的な行動計画にはなっていない。合意書の適用に関して手引やガイドラインなどもほとんど作成されていなかった。そのような作業が進まなかった理由の一つとして、当時各国は独立を達成した直後であり、独立がもたらした高揚感があったと思われる。指導者たちは、自国内の教育制度の重要性を強調し、ＣＩＳ諸国間の教育圏形成は二の次と考えていたのである。

この問題の重要性は一九九七年になってやっと各国リーダーに行動を起こさせた。一九九七年一月一七日に各国リーダーは共通教育圏の形成に関するコンセプトを採択した。このコンセプトの主な狙いは共通教育圏の原則、方向性、条件や進行する段階を定義づけることであった。このコンセプトの主な部分は各国の教育政策の調整と可能な範囲での共有化だったが、カリキュラム開発や様々な民族・宗教に属する人々に対して平等な教育の機会を与えることはとくに重要であった。ＣＩＳ共通教育圏の形成においては、以下のような目的があげられていた。

(1)　歴史的に形成されたＣＩＳ諸国民の共通の価値観を維持すること。
(2)　ＣＩＳ諸国間で自由なアイデアや価値観の交換を促進すること。

(3)　この地域における民族間対話や交流の基盤を構築すること。
(4)　教育分野における協力を維持すること。
(5)　共通の科学、経済、情報圏の形成を促進すること。
(6)　各国間で互いに必要な専門家や教員・学者の教育を促進すること。

このコンセプトは三つの構成部分から成り立っており、いずれもコンセプトの実現に不可欠なものとして考えられた。まず、①教育やカリキュラムに関する法律の制定とすでに各国に存在する法律の調整である。次に、②各国で発行される卒業証明書や教員の評価基準をＣＩＳ加盟国で承認し合うための法律の制定である。そして、③ＣＩＳ加盟国で共有できる共通の教育プログラムの評価の仕組みを共同開発すること、である。

これらは複数の段階に分けて実現されるべきであり、第一段階は共通教育圏に関する法律の作成、第二段階は各国が持つ法律の比較・調整とされた。そして第三段階では、ＣＩＳ諸国間で共通教育圏を管理するとともに法律を執行し、教育基準を適用するために超国家機関を構築することが想定された。

一九九七年一月一七日に採択された共通教育圏の形成に関する合意書に加え、ＣＩＳ諸国は共通教育圏形成に向けた協力に関する合意にも署名した。この合意によると、教育協力会議が設置されるが、その目的は主に以下のように定められた。

(1)　ＣＩＳ内の教育分野における多国間合意を分析するとともにこれらの執行を担当すること。
(2)　ＣＩＳ諸国の国立教育機関および私立の研究機関やＮＧＯが、ＣＩＳ共通教育圏形成のために協力する可能性があるかにつき研究を行うこと。
(3)　教育分野におけるＣＩＳ諸国間の協定文書作成につき助言すること。
(4)　ＣＩＳ加盟国に必要な支援を行うこと。

(5)　CIS加盟国の教育や訓練にかかわった人の社会福祉支援に関する経験を資料化し、保存・交換すること。
(6)　CIS加盟国間で互いの教育機関が発行した卒業証明書を承認し合うための支援を提供すること。

教育協力会議で各国は一票分の投票権を与えられるとともに、各国からは二名が会議の活動や会合に参加することが決まった。また、各国の教育機関などは会議で投票することはできないものの、討論などへの参加が認められるとされた。さらに、各国の政府機関の中で大臣と同等の立場にある各国科学アカデミー総裁が会議の構成員として認められた。

この会議は「教育について」「成人の教育について」といった法律と「共通教育圏について」「CIS教育機関の学生の福祉基準の向上について」といった助言を採択したものの、いくつかの重要なテーマには言及できなかった。それはたとえば、カリキュラム開発におけるCIS諸国間の調整不足、教育機関の卒業証明書の相互承認、教育者の生活水準の向上、そして少数民族に対する教育機会の提供などである。

それでも、共通教育圏形成のための作業は二〇〇一年まで続けられ、二〇〇一年五月三一日のミンスク・サミットでは、CIS内の教育分野における情報交換に関する合意文書が成立した。この合意に参加しなかった国は情報交換に慎重なトルクメニスタンとウズベキスタン、そしてCISから一定の距離を置きがちなウクライナだった。これが共通教育圏形成に関して教育協力会議が行った作業のハイライトとなり、その後はそれほど目立った動きはなかった。このような、教育に関する協力が成果を上げられなかった理由は、これまでも述べたCIS全体の問題につながっている。とくに、CISそのものが各国にとってどのような重要性を持ち、いかなる位置づけにあるかといった点が不明確であることが、各国が共通教育圏のような仕組みへ消極的にしか参加しない背景となっている。

小　結

二一世紀初めのＣＩＳの発展の傾向は二〇〇〇年七月のサミットで形作られた[56]。ＣＩＳのアクションプランが二〇〇五年までに決められ、ＣＩＳ諸国に承認された。これらは複数の方向での協力促進を想定していた。

第一に、このアクションプランは安全保障確保のための協力促進を強調しており、とくにテロ、麻薬密輸への対策やＣＩＳ諸国の経済発展に不可欠である政治的安定の維持を盛り込んでいた。具体的な措置として、ＣＩＳ反テロセンターや麻薬管理プログラムの設置、ＣＩＳ諸国の軍事面での調整といった形で安全保障制度を構築するとした[57]。それに加え、タジキスタン、グルジア（アブハジアとオセチア）、モルドバ（トランスドニエストル）やコーカサス（ナゴルノカラバフ）などにおけるＣＩＳ平和維持活動をとおしてＣＩＳ領域全体の安定化を図る計画だった。

第二に、アクションプランは経済分野における協力促進を重視し、そのために統一経済圏の形成を不可欠な要素と見ていた。これはＣＩＳの活動の中で最も優れたアイデアであり、すべてのＣＩＳ加盟国の国益と合致していると考えられる[58]。統一経済圏形成の提案が成功するためには、加盟国が各々の経済構造を多様化し、互いに必要な商品を増やし、貿易を増加させることが不可欠だった。無論、そのような統一経済圏の形成は必ずしも各国がすべての貿易をＣＩＳ中心に行わなければならないということではない。それでも、貿易の効率を上げるため、互いに必要な商品を増やさなければ統一経済圏は成り立たなくなることが懸念された。また、そのような統一経済圏の形成にはすべてのＣＩＳ諸国が参加すべきということを意図していない。複数のＣＩＳ諸国が協力の仕組みを開始し、それが成功すれば、ほかのＣＩＳ諸国もそのような仕組みに参入するきっかけになると思われる。関税同盟やユーラシア統一経済圏の形成もその一例である。

これまでも述べたように、ＣＩＳ諸国は多くの共通の課題を持っており、それらに対する取り組みにも共通性が見られる。独立当初、ＣＩＳ諸国はソ連解体後の関係維持とソ連解体の打撃を限定的なものにすることを目標に掲げた。その後、ソ連解体が実際に各国へ悪影響を及ぼし始めた時点で経済協力の促進が重視された。しかし、経済協力の進み方については意見が分かれ、ＣＩＳの分裂にもつながった。その結果、下位地域協力の仕組みが現れ、ＣＩＳの領域全体で問題を解決できない場合には、国益と取り組みの方法が類似した国が互いに協力し、より狭い地域で解決する試みが行われた。

ＣＩＳは、加盟国間の統合や協力について最初から明確なビジョンがあってそれらの実施が試みられたのではなく、時とともに変化する状況に対応する組織になった。そういう意味では、ＣＩＳの協力過程の特徴は、まずソ連からの独立を確保するために作られた仕組みが次第に協力や統合を目指す過程に変わったことにある。そのようなＣＩＳの柔軟性は確かにこの仕組みの利点であり魅力になりうる。しかし、様々な出来事と時によって変わっていく機構の目的と加盟国の構成は、ＣＩＳが不安定な組織であるという印象を与え、ＣＩＳの様々な試みも非効率な結果に終わることにつながる。そのような中、ＣＩＳ内に超国家機関を設けることは加盟国から拒否されており、ＣＩＳの仕組みの効率と成功例が増えない限り、その設置は困難だと思われる。ＣＩＳ加盟国は自国の主権をとくに重視しており、それが他国に侵されることを恐れていることや、ロシアという大国がＣＩＳの活動を圧倒していることは、そのような超国家組織の設置をさらに困難にしている。

（1）　ソ連時代（一九九〇年前後でソ連解体直前）に宣言された旧ソ連各国の国家主権宣言は独立宣言と異なっており、その主な目的はソ連を構成する各共和国が各共和国領内にある資源、資産と各共和国にかかわる事情を独自の管轄内に置くことを意味した。しかし、国家安全、軍事、外交政策とソ連全体にかかわる事情に関しては、それまでどおりにソ連政府の判断に従うことを意味するものである。

（2）詳細は、A. Migranian, “Rossiya kak tsentr Soyuza,” *Nedelia*, 1991, no. 40 参照。

（3）詳細は、A. Migranian, “Sodruzhestvo Nezavisimykh Gosudarstv: Protsessy i Perspektivy,” *SNG-Obshchii Rynok*, 1994, no. 1, (Minsk: Izdatel'stvo Ispolnitel'nogo Komiteta) 参照。

（4）同上。

（5）*CIS Charter*, 21 条. その文章は以下のリンクからアクセスできる〈www.cis.minsk.by/russian/osn_dokum/cis_doc2.htm〉参照。

（6）これらは緊急セッションとも呼ばれる。

（7）*Protocol of Agreement on the Commonwealth of Independent States*, 1991 年 12 月 21 日, Almaty. その文章は以下のリンクからアクセスできる〈www.cis.minsk.by/russian/osn_dokum/cis_doc3.htm〉参照。

（8）*Agreement on Establishment of the Commonwealth of Independent States*, 12 条, 1991 年 12 月 21 日. その文章は以下のリンクからアクセスできる〈www.cis.minsk.by/russian/osn_dokum/cis_doc4.htm〉参照。

（9）同上、12 条。

（10）詳細は、Mark Webber, *CIS Integration Trends: Russia and the Former Soviet South* (London: The Royal Institute of International Affairs, 1997), p. 3 参照。

（11）詳細は、Houman A. Sadri, “Integration in Central Asia: From Theory to Policy,” *Central Asian Survey* 16: 4 (1997): pp. 573-586, p. 577 参照。

（12）同上。

（13）たとえば、“Organy pod nozh. Strany SNG urezayut raskhody edinogo budzheta,” *RIA Novosti*, 2003 年 8 月 28 日参照。

（14）たとえば、Anssi K. Kullberg notes clear anti-Russian sentiment in the foreign policy of Moldova due to the perceived territorial-integrity threat from the Russian backed Transdniestr region of Moldova 参照。または Anssi K. Kullberg, “The Return of Heartland,” *Turkistan Newsletter*, part 1, 4: 098, 2000 年 5 月 8 日, p. 5, (Harlem, Netherlands: Research Centre for Turkistan and Azerbaijan)〈www.euronet.nl/users/sota/turkistan.htm〉参照。

（15）同上。

（16）Hendrik Spruyt, “The Prospects for Neo-Imperial and Non-Imperial Outcomes in the Former Soviet Space,” in Karen Dawisha and Bruce Parrott, eds., *The End of Empire? The Transformation of the USSR in Comparative Perspective*

(Armonk NY: M. E. Sharpe, 1997), p. 317. 参照。

(17) Timur Dadabaev, *Towards Post-Soviet Central Asian Regional Integration: A Scheme for Transitional States* (Tokyo: Akashi Shoten, 2004) 参照。

(18) 詳細は、Igor Tabakov, "Putin's Russia Defines Its Foreign Policy Agenda," *Eurasia Insight*, 31 July 2000, 〈www.eurasia/insight/articles/eav072800.shtml〉 参照。

(19) 詳細は、Roy Allison, ed., *Security Dilemmas in Russia and Eurasia* (London: Royal Institute of International Affairs, 1998), p. 17 参照。

(20) Webber, Mark, *CIS Integration Trends*, p. 19 参照。

(21) この協定はロシアのプーチン大統領とルカシェンコ大統領の間に二〇〇〇年五月二七日に調印された。

(22) Samuel Huntington, *The Clash of Civilizations and the Remaking of World Order* (New York: Simon & Schuster, 1996), pp. 26–27 参照。

(23) 詳細は、Anssi K. Kullberg, "In the Armenian case, the legitimacy deficit of interest sphere construction is much lower, because general acceptance of Russian hegemony is relatively high." Kullberg, "The Return of Heartland," p. 5 参照。

(24) ＧＵＵＡＭはグルジア、ウクライナ、ウズベキスタン、アゼルバイジャンとモルドバにより構成されていたが、二〇〇五年にウズベキスタンが脱退を表明した。ウズベキスタンのＧＵＵＡＭへの参加については、Sodyq Safaev, "GUUAM to Expand Their Cooperation," *Turkistan Newsletter*, 2000年5月17日参照。

(25) 二〇〇三年のプーチン大統領とウズベキスタンのカリモフ大統領の間に行われたサマルカンド会談はこれらの首脳同士の間の複雑な関係を明らかにし、両国の協力についての仕組みの構築に対する慎重な姿勢を明確に示す場となった。

(26) たとえば、"Rossiya nachnet perevooruzhat' armiyu Kyrgyzstana v 2014 godu," *Fergananews.com*, 2013年6月25日〈www.ferghananews.com/news.php?id=20859〉 参照。

(27) 詳細について、"Kyrgyzstan: Almazbek Atambaev podpisal zakon o vyvode amerkanskoi bazy 'Manas'," *Ferghananews.com*, 2013年6月26日〈www.ferghananews.com/news.php?id=20868〉 参照。

(28) Roy Allison, *Security Dilemmas*, p. 1.

(29) その協力の具体例として二〇〇〇年のＣＩＳ対テロセンターの設立、ロシアと中央アジア諸国間の対タリバンへの対策や麻薬密輸入などに関する対策などがあげられる。

(30) "Operation Southern Shield 2000 is underway," *Assalom News Agency*, 2000年3月27日。

(31) *CIS Collective Security Treaty*, 4 条, 1992 年. Tashkent.

(32) 同上、p. 1。

(33) Bruno Coppieters, Alexey Zverev and Dmitri Trenin, *Commonwealth and Independence in Post-Soviet Eurasia* (London: Frank Cass, 1998), p. 4 参照。

(34) *Nezavisimaya Gazeta*, "Generalov sosredotochili na afghanskom napravlenii," 2013 年 6 月 25 日〈www.ng.ru/armies/2013-06-25/2_afgan.html〉参照。

(35) *CIS Agreement on the Principles of Free Trade*, 1992. その文章は以下のリンクからアクセスできる〈www.cis.minsk.by/russian/zon_sprv.htm〉参照。

(36) *CIS Inter-State Bank Agreement*, 1993. その文章は以下のリンクからアクセスできる〈www.cis.minsk.by〉参照。

(37) "CIS Head of States Summit," *Turkistan Newsletter*, 2000 年 1 月 25 日。

(38) 同上。

(39) 同上。

(40) 同上。

(41) 同上。

(42) 詳細は、Jeremy Bransten, "CIS: Common Economic Space May Yet Run Around," 2003 年 10 月 24 日参照。その文章は以下のリンクからアクセスできる〈www.referl.org〉参照。

(43) "Presidents of Russia, Ukraine, Belarus and Kazakhstan Sign Joint Statement," *Press-Release of the Ukrainian Embassy in Japan*, 2003 年 2 月 26 日〈www.ukremb-japan.gov.ua/eng/news/press_release/403/〉参照。

(44) 詳細は、"Government Backs Single Economic Space Project," *Rusnet.nl*, 2003 年 8 月 29 日〈www.rusnet.nl〉参照。

(45) 詳細は、"Common Economic Environment No Rival to CIS," *Pravda.ru*, 2003 年 8 月 8 日〈www.newsfromrussia.com〉参照。

(46) 詳細は、"Government Backs Single Economic Space Project," *Rusnet.nl*, 2003 年 8 月 29 日〈www.rusnet.nl〉、または Ariel Cohen, "Analysis: Putin's Yalta," *The Washington Times*, 17 October 2003〈www.washingtontimes.com/upi-breaking~〉参照。

(47) 詳細は、Zarina Askarova, "Odin krepkii EEP vmesto trekh driablykh GUUAM, EurAZES, SNG?," *Gazeta SNG*, 2003 年 9 月 19 日〈www.gazetasng.ru〉参照。

(48) 詳細は、"Ukraina prisoediniaetsia k soyuzu Rossii-Kazakhstana-Belarusi. Rada progolosovala 'za' 291 golosom," *Eho*, 2003年9月18日〈www.centrasia.ru〉参照。

(49) "Putin: Evrazijskij soyuz zarabotaet v 2013 godu," *Vesti*, 2011年7月12日〈www.vesti.ru/doc.html?id=506530〉参照。

(50) これらの協定の詳細について、*Evrazijskaya Ekonomicheskaya Integratsiya: Tsifry i Fakty*, Moskwa: Evraziiskaya Ekonomicheskaya Komissiya, 2012, pp. 18–22参照。

(51) "Deklaratsiya o Evraziiskoi Ekonomicheskoi Integratsii," ロシア大統領府、2011年11月18日〈www.news.kremlin.ru/ref_notes/1091〉参照。

(52) たとえば、"Kirgiziya gotova stat' chetvyortym chlenom soyuza: Kto okazhetsya v plyuse?," *Voennoe obozrenie*, 2013年2月27日〈www.topwar.ru/24748-kirgiziya-gotova-stat-chetvertym-chlenom-tamozhennogo-soyuza-kto-okazhetsya-v-plyuse.html〉参照。

(53) プーチン大統領のユーラシア連合構想について、Putin, V. "Novyi integratsionnyi proekt dlia Evrazii: Budushchee kotore rozhdaetsia segodnia," *Izvestiia*, (3 November 2011),〈www.izvestia.ru/news/502761〉参照。

(54) ナザルバエフ大統領のユーラシア連合に関する考え方は以下のインタビューで示されている。Nazarbaev, N. "Evraziiskii Soyuz: ot ideii k istorii budushchego' [Eurasian Union: From an idea to the history of the future]," *Izvestiia*, (16 October 2011),〈www.izvestia.ru/news/504908〉参照。

(55) たとえば、"Kazakhstanskaya elita otvergaet ideyu sozdaniya Evraziyskogo parlamenta," *Regnum*, 2012年9月25日〈www.regnum.su/news/polit/1574094.html〉参照。

(56) *Summit of CIS Head of States*, 2000年6月21日, Moscow. 詳細は、〈www.cis.minsk.by〉参照。

(57) *CIS Collective Security Treaty*, 4条.

(58) "Rabochii Sammit SNG: Bez surprizov i v dinamichnom dukhe," *Nezavisemaia Gazeta* (Internet Version), 21 July 2000〈www.ng.ru〉参照。

第3章　域内の統合への動き

一　中央アジア諸国間の協力

ＣＩＳ（独立国家共同体）内の国家間関係においては、二国間の関係が多国間関係よりも発展してきた。中でも、ＣＩＳの仕組みを避け、同じ地域を共有する国々が二国間もしくは独自の協力の仕組みを利用して関係をより積極的に深めてきた。これまでも述べたように、ＣＩＳ加盟国の経済の脆弱さ、大国や他国に利用されることへの懸念、ＣＩＳ自体の構造的・機能的な弱さなどは、ＣＩＳやその加盟国の互いに対する信頼不足につながった。いずれの加盟国も、自国の主権を限定すると思われる新たな連合や連邦といった仕組みへの回帰を否定してきた。このことから、ＣＩＳ設立当初の目的は、国家主権を守りながら相互の経済協力を維持しつつ、自国の経済に発展をもたらすことであった。

こうした目的のために独立当初から、中央アジア諸国を含む旧ソ連諸国間では地域協力や経済統合への動きは弱いながら見られ始めた。それは各国の指導部がある程度の協力がなければ、政治・経済的安定を維持することは困難と理解していたことの表れであった。同時に、このような理解は各国が独立多幸感から冷静な政策執行に戻りつつあることの証拠でもあった。中央アジア諸国の間でも、まだ行動は伴わないものの、このような認識は近年広がりつつある。

中央アジア諸国に関して、専門家は国家間協力への姿勢を以下のように評価している。

中央アジア諸国の指導部は非公式で明文化されない合意を結び、国境画定、民族アイデンティティ、コミュニケーション管理、人口構造の諸問題など、不和を生じる可能性のある問題について対立を避けることを前提にしてきた。そうすることで、彼らは息つく間を得ようとした。そのような彼らのリーダーシップは評価されるべきである(1)。

中央アジア諸国のリーダーの大半は国家間協力に前向きであり、とくに地理的に広い地域におけるものではなく、近隣諸国間を含むより限定された地域内の協力を好む。独立当初から、彼らにとってそのような中央アジアに限定した協力の仕組みは、ユーラシア全体を含む広い地域と多くの国々に及ぶものより効果的であり、参加国の政治・経済・社会状況がより近いことから、共通の取り組みに関する合意も得やすいと思われた(2)。

地域協力の仕組みを無視する研究者も少なくない。彼らは中央アジアが一つの地域を構成する潜在力がないと主張する。その理由として、中央アジアはロシア、スラブ世界、イスラーム世界などと緊密に関連しており、地域としての独自の特徴がないことをあげている(3)。同時に、中央アジア諸国が地域としてまとまり、様々な問題解決に向けて統一もしくは互いに調整しながら共通の政策を作り出す能力があるのかについて疑義を唱える研究者も少なくない。これらの国々が独立してから、中央アジア諸国間では水問題から領土問題まで多くの対立も存在している。

仮に、そのような共通の政策を作り出すことに成功しても、中央アジア諸国がそれらの政策を実施することができるのかについても疑問視する専門家は多い。そういう意味で、中央アジア地域内で発足した多くの仕組みはまたも議論と交渉の場にしかならず、良い試みが議論されてもそれらが実施されないという否定的な考え方が強まった。

以上のような懸念はＣＩＳや中央アジア諸国間の協力の仕組みの現状を表しているが、中央アジア諸国内の協力と統合過程を促進する要因も存在する。その一つとして、中央アジア諸国が単に周辺国であることのみならず、これまでの発展の経済・文化・歴史的背景を共有していることに加え、共通の問題意識やジレンマを持っていることがあげられる。そういう意味では、中央アジア諸国にとって、問題に接する際に同じ目線で様々な解決策を提案し議論し合うための条件はできている。さらに、近年中央アジア地域においてロシア、中国などが活発な外交政策を展開していく中で、これらの国々にとって大国との関係の中で自国の国益と国家主権を守るためにも何らかの地域協力の仕組みが必要と思われる。そのことから、各国にとって政策を調整し共通の見解を作り出すことは多数の選択肢の中の一つではなく、国家主権と国際社会における独自の発言力を保つ上で、重要で可能な選択肢であるといえる。

1　中央アジア諸国の域内統合への動機

二〇〇一年九月一一日以降、平和維持と経済発展のために様々な文化や社会間の対話とより親密な協力を呼びかける声が増えた(4)。このような呼びかけはとくに中央アジアの現状では重要である。中央アジア諸国間の協力の重要性を強調するいくつかの要因があるが、中でもこの地域において諸国間の協力なしに解決できない問題が多いことが注目される。

まず、そのような要因の一つは各国の民主主義、市場経済や安全保障に対する見解に共通点が多いことである。そのような共通点が多く存在することからこれらの国々の協力が成功するには安全保障の課題に対する共通の理解が不可欠とされる。同時に、中央アジア諸国において、安全の維持は経済発展と政治の安定を意味しており、それぞれを切り離して考えることは不可能である。

第二に、これらの国々の安全保障上の課題は多国間協力なしでは解決することができない。そういう意味では、これらの諸国が自国の主権の一部を犠牲にすることなく、国家としての独立と地域としての主権（この地域諸国の共通の利益）を（地域外の大国から）守ることはできないと思われる。現在の複雑な経済・社会・環境問題は国々の間に対立を引き起こしてしまい、最終的には各国の安定と安全保障を脅かすことになる。そういう意味でも、中央アジア諸国が様々な問題について、より近い見解を作り出す必要があると思われる[5]。それはとくに、中央アジア諸国の以下のような状況を視野に入れると明らかとなってくる。

(1)（一九九〇年代前半様々な事件が多発したことや二〇一〇年のキルギス南部におけるキルギスとウズベクの民族間衝突を一例として）中央アジアの多民族性と民族間対立・紛争発生の潜在的可能性との間に関連性があること。中央アジア諸国が多民族・多宗教社会であり[6]、そのような複雑な社会が苦しい経済発展の段階にあること[7]。

(2) 中央アジア地域全体で過去一〇年以上にわたりイスラーム原理主義が現れ、それがテロリズムの問題に発展していること。この点はとくに、ウズベキスタン、タジキスタン、キルギスにまたがるフェルガナ盆地において重要な問題である。

(3) この地域において、国境はソビエト連邦誕生の際に人工的に引かれ、それが様々な領土・国境画定の問題を生み出し、かつ未解決であること[8]。中央アジア諸国の間には、領土・国境に関していまだに解決されていない対立が存在すること。

(4) 中央アジアでは、資源環境問題と安全保障とが深く関連していること。とくに、水資源はしばしば各国が国家資源として争奪しあう対象になり、対立や紛争の原因となっている。

これらの問題に関して地域内のコンセンサスと協調が必要であることに対し、中央アジア諸国間には合意がある。これらの問題の解決を地域内の多国間の協力の仕組みをとおして解決しなければならないという認識も一致している。さらに、（二〇一〇年のキルギス南部における民族間衝突の例からも明らかなように）中央アジア各国内において問題が発生した場合、それが国境を越えて他の隣接する諸国に広がり、地域全体の不安定、難民・避難民の発生、宗教に基づいたもしくは民族間の対立、中央アジアの経済発展の低迷を引き起こす可能性がある。このような地域全体を巻き込む問題が存在することは、地域としての解決の仕組みを必要とする。これらの問題とその対策は各国政府の課題として認識されているが、実際には問題の重要性とそのスケールの大きさから一国では解決できないものが多い。

このことから、多国間の仕組みを設置し、その機能を効率よく利用していくことが中央アジアでは長く議論されている。そのような仕組みはいくつか存在するが、中でも中央アジア諸国独自の協力の仕組みとしては中央アジア協力機構（ＣＡＣＯ）の例があげられる。構成国はカザフスタン、キルギス、タジキスタン、ウズベキスタンであった(9)。それはとくに、水問題の解決や様々な分野における国家間協力において重要である。

二　中央アジア諸国間協力の歴史的背景

中央アジア諸国の何らかの協力の必要性は、ソ連崩壊に伴い国家間の経済関係維持と貿易が困難になり、ロシアの一方的な経済政策とＣＩＳの圧倒的な支配、そしてタジキスタンとアフガニスタン内戦への共通の対応の必要性が生んだものである(10)。中央アジア諸国にとって最も大きな経済面での打撃は、自らやＩＭＦからの反対があったにもかかわらず、ロシアのルーブル圏から追い出された一九九三年の七月に訪れた(11)。当時、ロシアはこれらの国々に対してルーブル圏に残るためには関係国が到底受け入れられない条件を要求した。中央アジア諸国のリーダーも後に述べたように、多くの国々は自国による紙幣の印刷、維持、金融政策のための準備のなさから、当時必死にルーブル圏に残ろうとした。このようなロシアの一方的なスタンスは、中央アジア諸国にロシアから自立する必要性とともにロシアから一定の距離を置く必要性を認識させることになった。

以上のことから、これらの諸国は地域内の協力の仕組みを発展させるために様々なイニシアティブの模索を始めた。たとえば、一九九三年一月、タシケントにおいて中央アジア諸国は共同市場形成に関する議定書に署名した。しかし、専門家によれば、このタシケント・サミットは行動よりも多くの言葉を作り出したにすぎない(12)。同時に、ネガティブな結果が出たにもかかわらず、通貨に関する何らかの調整の必要性はこれらの国々を協力させ、一九九三年のウズベキスタンとカザフスタンの間の通貨導入における調整に関する合意に至る背景となった(13)。なお、この会合は二国間の様々な協力の可能性にも言及したが、計画は実行に至っておらず、多くの専門家がこれらの合意を単に宣言にすぎないと評価するに終わった。

しかし、タシケント・サミットは次の年の一九九四年一月一〇日の中央アジア共同経済圏（ＣＥＳ）のタシケント会合に引き継がれた。ＣＥＳはもともとウズベキスタンとカザフスタンの間で提案され、モノとヒトの自由な行き来を可能にすることと、その移動をより容易にするために作られるよう計画された。キルギスも一九九四年一月一六日にＣＥＳに加盟する意向を示し、同じ年の四月二九―三〇日にキルギスのビシケクにおける会合で加盟国となった。これらの出来事は、かつて中央アジア地域に存在したトルキスタンとそのアイデンティティの再来を予言する人を増やしたが、現実はこれらの予言とは大きく異なることになった(14)。中央アジア諸国はトルキスタンというアイデアとは異なる協力の仕組みを選んだのである。

一九九四年四月二九―三〇日にキルギス（イッシク・コル湖の近くにあるチョルパン・アタという場所）で開催された中央アジア諸国の会合では、政治、文化、そしてとくに経済分野において協力の必要性が強調され、ＣＥＳを、ＣＩＳを含む加盟を希望する他国にも開かれた仕組みにしていくことで合意された(15)。続いて、一九九四年七月八日にカザフスタン、キルギス、ウズベキスタンの大統領がアルマトゥにおいて経済と防衛連合を形成することを宣言した。この仕組みを構築するために大統領で構成される国家間会議と国家首脳会議が立ち上げられ、連合形成のための法律の標準化が進められた。同様に、各国の経済政策と防衛を調整するために、外務大臣や防衛大臣の会議を開設することが決められた。

さらに、一九九四年八月にビシケク市で開かれた中央アジア諸国国家首脳会議において中央アジア協力開発銀行（CABCD）が作られ、その初めてのローンが一九九五年四月にサイマンという電気メーター製造会社に支給された。(16)この会合では、各国の財政政策関係者間の政策の調整の必要性を訴えた。

一九九四年のアルマトゥ・サミットでは各委員会の委員長の役割を加盟国で順番に務めることも決められた。カザフスタンはアルマトゥ・サミット時に各委員会の委員長を務め、その後キルギスとウズベキスタンが順番に同じ役割をそれぞれ一年間務めることが決まった。(17)第一回の会合の議長を務めたカザフスタンのナザルバエフ大統領は、中央アジアにおける地域統合の重要性を強調するとともに、中央アジア諸国で作られる「連合」がほかのCIS諸国にも開かれた仕組みにならなければならないと訴えた。この会合は定期的に行われるようになり、主なテーマは経済発展と安全保障の問題であった。たとえば、一九九五年四月二四日にビシケクで開催された会合は、中央アジア諸国による地域統合のための五か年計画を採択した。多くの専門家によると、ビシケクでの会合は中央アジア諸国の仕組みを形作り、国家間委員会の実行委員会、防衛大臣委員会、中央アジア文化会議、中央アジア諸国の部隊から成る中央アジア平和維持部隊（Centralazbat）を立ち上げた。(18)もう一つの興味深い合意はウズベキスタン、カザフスタン、キルギスの間で結ばれた永久友好関係に関する一九九六年五月三〇日の合意である。一九九四年から一九九六年の間にこれらの国々の協力を支える法的な基盤として一八〇の文書が合意されたが、最終的に、これらの効果と実用は非常に限定的なものとなった。(19)その次の会合はさらに複数の具体的な問題を取り上げた。その一つはアラル海問題である。アラル海問題に関する会議は、これまでも（一九九三年にカザフスタン、一九九四年にウズベキスタン、一九九五年にトルクメニスタンで）開催されてきた。しかし、一九九七年二月二八日の中央アジア諸国大統領による会合は、アラル海問題を強調した最高レベルの会議の最初のものとなった。それが、その後に署名されたアルマトゥ宣言に至り、国連の指導の下、一九九八年が「環境保護の年」として宣言されることにつながった。さらに、この会合では中央アジアの非核地域宣言も行われた。

しかし、環境問題とともに経済の立て直しの問題は、引き続き中央アジア諸国の注目を集めていた。一九九七年一二月にアクモラ（のちにカザフスタンの首都アスタナに名称変更）でカザフスタン、キルギス、ウズベキスタン大統領が会合を行い、CESに関する合意の実行について議論した。とくに、共同の水、食品、コミュニケーションと天然資源のコンソーシアムの設立に関する諸問題について話し合われた。この会合はその時点での中央アジア諸国の大統領が共有していた懸念も露わにした。それは次の一九九八年一月のアシガバード会合でも言及され、会合の宣言には国家間協力がとくに重要と思われる分野への協調の必要性が盛り込まれた。彼らがそうした理由の一つは、中央アジア地域諸国の政治体制の現状を認識したものであり、政治的な指導と大統領の言及がない分野での統合と協力は進まない現状を反映したものであった。一九九八年三月二六日には中央アジア連合（CAU）諸国の三人の大統領と加盟国ではなかったタジキスタンのラフモノフ大統領がタシケントで会合を開き、引き続き共同経済圏形成に関する問題を話し合った。同じ会合ではタジキスタンの連合加盟が了承され、タジキスタンもこの仕組みの加盟国となった[20]。このようなタジキスタンを歓迎する雰囲気と同時に、この仕組みが本当に効果的に課題を解決できるかについて疑問を抱く人も少なくはなかった。この会合の結果として、中央アジア諸国の大統領は以下の合意に達した。

(1) 中央アジア地域における株式市場の導入に関する原則。
(2) 共同軍事演習に関する合意。
(3) 中央アジア平和維持部隊の一九九八年の活動。
(4) 国連に対する中央アジア開発計画の立案に関する呼びかけについて。

また、大統領会議は農業分野、水とエネルギー供給、(国家間)交通、相互の国家債務の返済を最重要課題と認識し、これらの分野において協力を誓った。この会合の特徴はタジキスタンがその会合に参加したことにあった。国家間委員会の議長を務めたウズベキスタンのカリモフ大統領はタジキスタンの参加を歓迎するとともに、タジキスタンの参加は内戦後の経済の立て直しを促進すると評価した。タジキスタンの加盟が実現したこともあり、中央アジア諸国の大統領本会合ではトルクメニスタンの中央アジア連合への加盟も呼びかけられた。

同じ一九九七年に「中央アジア連合」がこれらの国々の関係を特徴とする仕組みとして機能していないことの表れとして、中央アジア諸国首脳は中央アジア連合を中央アジア経済協力(CAEC)に変更することを決めた。しかし、CAECはそれほど長く存在せず、二〇〇一年に中央アジア協力(CAC)になり、この仕組みの位置づけと役割は不明のままになっていた。カザフスタンのようにこの仕組みを実態を伴うものとみなす国もあれば、ウズベキスタンのようにこの仕組みを話題提供の場や意見交換のフォーラムとしてみるものもあった。最終的に、二〇〇二年二月二八日のアルマティ会合では中央アジア協力機構(CACO)に生まれ変わった。このように中央アジア諸国の協力に関する話し合いとその仕組みは経済統合の最高の段階である「連合」の仕組みから継続的に格下げされ続け、最終的にもっとも弱い「協力」まで引き下げられた。そのような過程はこれらの国が直面した状況とこれらの国の過剰な野心とキャパシティが完全に合致していないことを反映しており、中央アジア地域における連合体の形成に失敗した理由の一つとなった。

二〇〇四年にロシアがCACOの加盟国になった。そのことでこの機構は中央アジア諸国のみから構成される独自の仕組みではなくなった。そして二〇〇五年一〇月六日にロシアで開かれた会合ではCACOとユーラシア経済共同体(EvrAzES)の統合の可能性への言及があり、二〇〇六年にウズベキスタンがEvrAzESの加盟国(後に二〇〇八年にEvrAzES脱退)となったことで二つの機構の統合への壁がなくなった。そして、二〇〇六年一月二五日にミンスクにてＣＡＣＯとEvrAzESの統合が決まり、中央アジア協力機構は事実上なくなった[21]。前章で述べたように、EvrAzESの加盟国の一部が後に関税同盟を形成し、ユーラシア地域での統合体形成を目指した。

二〇〇七年にカザフスタンのナザルバエフ大統領は再び中央アジア諸国が構成し「安全保障、経済成長、政治的な安定と地域全体としての繁栄」を目指す連合案を公表した。それに対して、キルギスなどが支持を表明したが、中央アジア地域において戦略的に重要な地位を占めるウズベキスタンのカリモフ大統領はこのような案を拒否し、中央アジア諸国の置かれている経済的・社会的な状態が違いすぎることを理由にそのような案の実現は不可能と言い切った。カザフスタンのナザルバエフ大統領はその後においても地域主義を支持しており、様々な機会にユーラシア地域統合と中央アジア地域統合の提案を出し続けている。現時点ではロシア、ベラルーシとカザフスタンが中核を構成するユーラシア連合構想の方の実現の可能性が高くなっているが、ナザルバエフ大統領はユーラシア規模の仕組みと中央アジアの統合は互いに矛盾するものではないことを強調し、これらが共存する可能性についても言及している[22]。

このように、中央アジア地域において協力の仕組みを構築する試みはモノ、ヒト、資本の域内の自由な行き来から始まり、自由経済圏、関税同盟や共通通貨をとおして中央アジア諸国の経済を統合させるという結果に至るはずであった。しかし、国際環境と域内の様々な出来事が関係諸国の協力に対する姿勢を変えつつある。現段階では、各国が、建設的な協力というよりも、最低限の協力がなければ地域全体に不安定を引き起こしてしまう問題のみを最優先協力分野として位置づけている。関係諸国が宣言の上で協力が不可欠な分野と位置づけているのは水問題とその管理、エネルギー資源の交換と同使用、国境・領土問題である[23]。しかし、以下にもあるように、これらの分野においてさえ、各国の協力に対する姿勢、政策と狙いは大きく異なっている。

三　中央アジア各国の統合に対する姿勢

1　カザフスタンの統合イニシアティブとその狙い

カザフスタンは、ナザルバエフ大統領の下、独立後の時期をとおして、より親密な中央アジアもしくはユーラシア単位での統合を呼びかけてきた。そのような呼びかけがカザフスタンからなされてきた理由はいくつかあるが、その重要な要因の一つはナザルバエフが地域統合の支持者であることにある。彼はＣＩＳや中央アジア地域内で国々がまとまることのみが各国の問題解決を可能にし、結果としてカザフスタンの多くの問題の解決策ともなり、潜在力を生かす要因になると信じている。

興味深いのは、ナザルバエフ大統領の地域統合に対する支持はソ連崩壊以前から現れていたことである。たとえば、彼は旧ソ連を改革しなんらかの形で残すことを最も積極的に支持したリーダーの一人であった。ソ連崩壊が起こったときも彼はあきらめず、ユーラシア連合（ＥＡＵ）というアイデアを提案した。これはソ連時代に人権擁護のために活動した政治家のサハロフ氏のアイデアに似ていた。しかし、前章でも述べたとおり、ＥＡＵの提案はＣＩＳ諸国に支持されなかった。その理由の一つはタイミングが良くなかったことである。ソ連崩壊直後、ソ連を構成していた国々は、まだ自国が得た独立と国家主権を譲る精神的準備ができていなかった。しかし、ナザルバエフ大統領は新たな統合体を作る意義があることをねばり強く説き続けた。彼はＣＩＳの誕生を支持し歓迎したものの、ＣＩＳの仕組みは曖昧であり、合意などの実行を義務づける力がないことに不満を持っていた。また、ナザルバエフ大統領が統合派であることは、彼がウズベキスタンとカザフスタンのより緊密な経済協力に関する仕組みを支持したことからもわかる。さらに、他の旧ソ連諸国の大統領と違い、ナザルバエフ大統領の提案の多くには、単なる国家間協力だけでなく超国家機関の設立に対する支持が目立つ。彼がいち早くＣＩＳ共同経済圏に関する合意に署名したことも彼の考え方を象徴している。

ナザルバエフの統合論は、彼の個人的なスタンス以上の根拠もある。カザフスタンは旧ソ連諸国の中で最後に（一九九一年一二月一六日に）独立を表明した国である。また、大統領の支持以外にカザフスタンが統合や国家間協力を支持するもう一つの理由としては、国の複雑な人口構成があげられる。カザフスタンの人口は約一六〇〇万人であり、中央アジア地域の第二位の人口を誇る。しかし、カザフ人（民族）が六〇％を占めるものの、カザフ人以外も多く、彼らの支持が大統領にとって国内の安定を維持するために不可欠な要因になる(24)。独立直後、カザフスタンは中央アジアで唯一ロシア人などがカザフ人口を上回っていた(25)。このようなカザフスタンの人口構成は国の外交政策にも影響していると考えられる。

カザフスタンの地理的状況もこの国の地域統合に対する支持を促すもう一つの要因である。カザフスタンはロシアや中国という二つの大国に挟まれると同時に、中央アジア諸国とも国境を接している。そのような地理的状況はこの国の貿易や経済にも影響しており、カザフスタンにとってロシアは第一の貿易パートナーである。ストリャル（Oleg Stolyar）はロシアとカザフスタンの関係を以下のように説明する。

カザフスタン北部はロシアのエネルギーに頼っており、ナザルバエフの（ロシアの国益を無視した）自己の判断に基づいた政策への罰として、カザフスタン北部の多くの工場がたびたび電力の供給を止められたこともあった。カザフスタンの小麦の五五％がロシアからの輸入に頼っていることは、モスクワとの関係においてカザフスタンを不利な立場に追い込んでいる。

このような状況は、すでにロシアがヴォルガ・ドン水路をコントロールしており、それがカザフスタンの唯一の黒海と欧州への出口であることからもうかがえる(26)。

カザフスタンの地域統合への支持を促す要因として、その仕組みの経済効果もあげられよう。経済計画のモデルとしてカザフスタンは積極的な経済改革を受け入れ、そのモデルはロシアの改革モデルに近いものとなった。このような改革は成果をあげ、カザフスタン経済に競争力を与えた。カザフスタンは国外市場に進出しうる企業を育て、これらが近隣諸国などの市場へ参入する機会を模索している。経済統合はまさにそのような共同市場と近隣諸国の経済への参加の可能性を与えるものである。以上に加えて、カザフスタンはエネルギー資源を保有しているが、これらを欧米などへ輸出する際にはロシアのパイプラインに頼らざるをえない。

このように、カザフスタンのロシア依存はカザフスタン指導部の統合への考え方にも影響している。しかし、カザフスタンにとって、ＣＩＳ内の統合は優位に立つ選択肢ではなく、中央アジア諸国とも域内統合の可能性を探っている。こうした政策はカザフスタンの外交政策において重要課題の一つとなっている。

このような政策へのコミットメントは複数の機会に表れているが、その一つは二〇〇〇年四月二六日にアルマトゥで開かれた世界経済フォーラムである。その際にもナザルバエフ大統領は中央アジア諸国がそれぞれの主権と経済を強化しながらも、より広い地域統合を試みなければならないと述べ、地域統合を再び呼びかけた[27]。

カザフスタンのナザルバエフ大統領はユーラシア単位での協力と統合を支持しつつ、中央アジア地域における協力と統合もたびたび呼びかけている。以上にも述べたように一九九三年から二〇〇七年において、ナザルバエフ大統領は数回にわたり中央アジア地域において地域統合を呼びかけ、それが支持されないと二〇〇三年にキルギスとの統合国家を目指すことを表明し、同時に二〇一〇年にロシア、ベラルーシとともにユーラシア連合を目指すことを表明している。

2　キルギス

キルギスの地域統合への姿勢は非常に前向きなものである。カザフスタンと同様、この姿勢は地理、人口そして経済的要因に基づいている。キルギスはきわめて小さな国であり、土地と資源も限られている。そのことから、キルギスの指導部はCISや中央アジアにおけるあらゆる共同の仕組みを、自国の国益をより大きく強い国から守るための重要な手段と考えている。第1章でも述べたように、地域統合は大きな国よりも小さな国の国益防衛に効果的であり、それはCISや中央アジア諸国にも当てはまる。これが、キルギスが地域統合を支持する理由の一つである。

キルギスのCIS加盟は他の旧ソ連中央アジア諸国と同じ時期に行われた。同時に、キルギスはウズベキスタンとカザフスタンとの間に結ばれた中央アジア連合にも一九九四年に加盟した。キルギスの外交政策の特徴として、CIS内（CIS共同経済圏）や中央アジア内の協力の仕組みに素早く対応し、大半の例で加盟をしたことがあげられる。

キルギスの外交において「アカエフ・ドクトリン」と認識できるもう一つの特徴は、様々な大国の国益とバランスを保つことができるように外交を行うことである。たとえば、二〇〇一年九月一一日までキルギスはロシアの中央アジアにおける様々な仕組みへの参加を促進してきたが、九・一一以降は米国や欧州諸国の対アフガニスタン政策を支持した。また、キルギスはCIS共同安全条約の活動や仕組みに参加したが、もう一方で米国の軍事基地のホスト国として米国の中央アジアへの入り口となった。さらに、その直後、二〇〇三年一〇月にキルギスはロシアの軍事基地をカントに置き、米国とロシア双方の軍事基地のホスト国となった。さらに、ロシアや中国の希望を受け入れたかのように、二〇〇九年に米国の軍事基地の撤退を求めた。最終的にこの軍事基地は多国籍軍用のトランジットセンターに生まれ変わったが、二〇〇九年の空軍撤退要求への決断にはロシアからの多額の経済支援が役割を果たしたとされている。

キルギスは中央アジア地域における地域協力と統合に関しても積極的に参加しており、自国の最重要課題とする水管理問題とエネルギー供給をこれらの仕組みをとおして解決しようとしている。たとえば、キルギスは水やエネルギー、交通コンソーシアムの形成に積極的である。

二〇〇三年においてキルギスはカザフスタンと同盟関係に関する協定を結んでおり、その一環としてカザフスタンと経済統合を目指すと表明していた(28)。民族性、言語や生活様式が非常に近いこともキルギスとカザフスタンのこのような関係を後押しする要因となっている。この同盟によりカザフスタンがキルギスに必要とされる資本を提供し、キルギスはカザフスタンに自国内のリゾート地の開発権とキルギス国内で作られる商品を提供すると決められた。しかし、キルギス国内における政治的な安定のなさや二回（二〇〇五年と二〇一〇年）にわたる「革命」と政権崩壊、さらに二〇一〇年の民族間衝突はカザフスタンとの関係発展に悪影響を及ぼし、その成果は限定的なものにとどまっている。現時点でのキルギス政府の外交姿勢もこれらの国内事情に左右されており、キルギス政府としてCIS、ユーラシア共同体、関税同盟、上海協力機構といったあらゆる協力の仕組みに参加し、これらを支援提供の機会としてみている。

3　タジキスタン

タジキスタンも、他の中央アジア諸国と同様、ソ連崩壊とともに独立を手にした。独立はタジキスタンに政治・経済面での自由をもたらしたが、政府と地域を基盤とした政治勢力の間に対立を広げてしまった。その結果、内戦が発生した。しかし、CIS平和維持部隊などの貢献もあり、国内の暴力はある程度抑えられ、完全な平和ではなくとも安定が訪れた。ただし、内戦はタジキスタンの国内状況と対外関係を悪化させた。タジキスタン内戦時にアフガニスタンからの麻薬密輸やイスラーム原理主義勢力の介入などが恒常化してしまい、その影響は内戦後にも及んだ。

CIS諸国はそのようなタジキスタンの状況を警戒しつつ見守り、タジキスタンとアフガニスタンの国境を守るために多くの兵士と武器を配置した。ＣＩＳはこのような措置をとおしてタジキスタンの国境を防衛すると同時に、タジキスタン内戦の長期化を阻止し、他の中央アジアや旧ソ連諸国をイスラーム原理主義や麻薬の浸透などから防衛しようとした。とくに、ロシアは第二〇一師団をタジキスタンに展開した。ＣＩＳもロシア、カザフスタン、ウズベキスタンからなる平和維持部隊をタジキスタンに派遣した。タジキスタン内戦を終結させる和平合意が一九九七年夏にモスクワで承認されたことは非常に象徴的であり、ロシアのタジキスタンにおける影響力を示した出来事となった。

タジキスタン経済は内戦時に打撃を受け、経済セクターも多様化しなかった。また、タジキスタン経済はロシアや旧ソ連諸国からの輸入に頼る部分が多かった。そのことからも、タジキスタンはＣＩＳ諸国との関係維持を最優先し、ＣＩＳと中央アジア諸国の協力を支持し参加してきた。同時に、タジキスタンは中央アジア地域内において水資源を最も豊富に持つ国であり、そのアドバンテージを利用できる方法を模索している。

４　ウズベキスタン

ウズベキスタンの地域統合に対する姿勢は二つの側面を持つ。一方で、ウズベキスタンは特定のＣＩＳの仕組みに参加している。しかし、参加の動機は主に経済的なものである。ウズベキスタンの指導部はソ連崩壊直後からもっぱら経済協力に対する関心を強調しており、政治的統合やソ連に類似した国家構造を再現することには反対であると明言している。これまでのウズベキスタンの政策は共同経済圏と自由貿易圏形成を目標としてきた。ウズベキスタンはそれ以上の構造構築への参加を拒否しており、国家主権に強くこだわってきた。

しかし、一九九八年から、ウズベキスタンは経済協力に加えて、地域単位での安全保障を確保できるシステムを構築することも国家間協力の対象として認識し始め、ＣＩＳや中央アジア諸国とそのような問題意識について話し合うようになった。このようなウズベキスタンの認識は国内の政治情勢悪化やイスラーム原理主義組織の活発化が要因となっている。その最も象徴的な出来事としては、一九九九年に首都のタシケントで起きた爆破テロ事件や、近隣諸国からウズベキスタン国内に侵入を試みたウズベキスタン・イスラーム運動（ＩＭＵ）などがあげられる。さらに、侵入が阻止された後でウズベキスタン政府はその当事者がタリバンに支配されていたアフガニスタンに逃げ込んだことを知り、そのような勢力に対して地域全体での対応が必要であることを確信したと思われる。

深刻になっていた経済問題に加え、これらの出来事はウズベキスタンが直面する安全保障の問題の重要性を強調することになった。これらの問題解決はウズベキスタン一国ではできない現状も明らかになった。以下のように、カリモフ大統領は安全保障対策として地域協力を歓迎するが、それが地域外から押し付けられたり、国家主権を脅かしたりするものになってはならないと主張する。

旧ソ連諸国のいずれも統合には反対していない。しかし同時に、これらの国々は自国の独立（と国家主権）を捨てることはしない(29)。

カリモフ大統領はこのような考え方に立って、ＣＩＳを国家間協力の仕組みから新たな連邦や連合国家にする動きに反対してきた。また、中央アジア地域内の統合に関して、以下のような論理を述べている。

中央アジアに関しては、客観的な現実として、国々が互いに地理的に近く、コミュニケーションや経済の基盤を共有していることから、水、エネルギーや関連施設の共同開発と利用、そしてエネルギー資源交換のための協力は必要である(30)。

ＣＥＳに関する合意に関しては、カリモフ大統領は次のように評価する(31)。

この地域は昔からなんらかの形で統合されていた。独立を得てから、この地域の国民は再び共同で自分たちの将来を築いていく必要があることに気がついた。その具体的な措置としてカザフスタン、キルギス、ウズベキスタンの大統領の間でタシケントにおいて結ばれたのが共同経済圏形成に関する合意である。

このように、ウズベキスタンは統合に関して主に経済と安全保障課題における協力を支持する一方、超国家機関の形成には反対である。これはウズベキスタンの外交政策とも合致しており、ウズベキスタンがソ連崩壊直後から欧米諸国との関係強化を試みてきたことにも関連している。ソ連崩壊以降、ウズベキスタンはロシアが中央アジアを自国の裏庭であり「支配」圏であると見なすことを受け入れず、その考え方を否定してきた。ウズベキスタンは長年にわたりロシアと欧米諸国の影響力の間にバランスを求めながら外交政策を進めてきた。ウズベキスタンはある時期にはロシアを支持し、国際状況や自国の国益の認識が変わると米国や欧州諸国を支持してきた。そうすることで双方の対立から自国に最大の利益を得ようとし、複雑で予測困難な外交政策を進めている。ただし、ウズベキスタンは必ずしもこの地域におけるロシアの影響力を嫌っているわけではなく、これまでロシアのみを参考にしていた自国の外交政策の多様化を図ろうとしているように見受けられる。

四　地域統合を進める過程での課題

他の国家間の協力の仕組みと同様、中央アジア地域における統合にも課題が多い。その中でもいくつかの要因はとくに重要であり、これらの解決なしではこの地域における協力の成功はないといっても過言ではない。それらは、経済面と政治面の課題に大別することができる。

経済面では、第一に、中央アジア諸国の経済構造が非常に似ており、特化している産物も類似していることがあげられる。このような経済構造では、彼らが互いに貿易関係を促進する動機はそれほど見られず、互いが生産する商品を買い求めるニーズも生じがたい(32)。

第二に、経済構造が似ていることから、各国のリーダーは互いをパートナーではなく国際市場における競争相手と見なしてしまう。そして、そのような見方は、彼らが地域内ではなく地域外のパートナーとの関係を重視する傾向につながる。そして、互いの商品が自国の国内市場で競争相手にならないよう自国産業の保護に走り、商品の行き来を難しくするための措置をとる。それが地域全体の貿易を低迷させ、中央アジア諸国の相互の重要性を下げてしまうことになる。

第三に、中央アジア諸国の多くは貿易において石油やガスといった資源輸出に頼っており、主なパートナーは地域内というよりも域外の国である。そのような貿易は諸国が必要としている外国通貨を手に入れることを可能にし、国家予算の助けになる。しかし、そのような貿易構造は短期的には利益をもたらしても、長期的にはこの地域の産業構造の発展や国際的競争力の強化につながらず、むしろ各国の経済発展の潜在力を低下させるだろう。

第四に、そのような域外のパートナーを重視する経済・貿易構造は、最終的に地域内の水、エネルギーなどにまつわる競争をより激しくし、地域全体の発展を視野に入れた検討を促進しない。

そして第五に、中央アジア諸国の直面する経済改革の課題は似ているが、改革の進め方はそれぞれ異なっている。たとえば、カザフスタンとキルギスは欧米諸国が支持してきた経済のより積極的な自由化を進めている。これに対し、ウズベキスタンとトルクメニスタンは国家指導型の経済発展モデルを優先している。タジキスタンは内戦後の経済立て直しのためにロシアその他の国からの支援に頼っており、独自の経済改革モデルを持っているとはいえない。

政治面でも複数の課題が存在する。中央アジア地域内の協力促進にとって最も深刻な課題の一つは、ウズベキスタンとカザフスタンのリーダーシップをめぐる競争である。そのような競争は単に中央アジア地域を代表する地位のためのものではなく、経済発展、安全保障問題などに関する二国間の意見の違いの延長線上にある。

カザフスタンはロシアとの親密な協力関係を維持しており、それは経済から軍事協力にまで及ぶ。カザフスタンはロシアを中央アジア地域における安全保障システムの不可欠な一員と見なしている。カザフスタンは米国のアフガニスタンにおける作戦を支持し、支援する意向も示したが、それはカザフスタンのロシアを中心とした外交・安全保障確保路線に挑戦するものではない。

ウズベキスタンはカザフスタンと比べるとより複雑で、時期によって極端に変わる外交・安全保障政策をとってきた。まず、一九九〇年代半ばには、ロシアの中央アジア地域における安全保障へのコミットメントについてウズベキスタンが大きく失望する出来事があった。それはアフガニスタンがタリバンの支配下に陥った際、タリバンがウズベキスタンとの国境周辺まで攻め込み、ウズベキスタンの安全を脅かしたことであった。これに対し、ロシアは軍事支援を約束しながらもそれを守ることができず、ウズベキスタンの指導部にロシアに頼ることはできないというイメージを抱かせた。それに続いて、ロシアはウズベキスタン・イスラーム運動（ＩＭＵ）がウズベキスタン侵入を試みたときにもそれほど介入せず見守っていた。このことはウズベキスタン政府が米国との協力の可能性を模索する契機となった。

九・一一以降、ウズベキスタンは米国との関係を強化しており、米軍基地を受け入れていたが、二〇〇五年のアンディジャン事件以降、米国がウズベキスタンの人権問題を批判したことから同国との関係が悪化し、ウズベキスタンは再びロシアや中国との関係を重視し始めた。

九・一一以降のアフガニスタン作戦は、ある程度中央アジア諸国の立場を接近させ、地域全体の安全保障確保のための協力を促進した。しかし、それを達成する方法に関しては、いまだに諸国間で違いが見られる。

小結

中央アジアにおいて経済発展と安全保障は最重要課題と認識されており、これらの解決のために中央アジア諸国間ではある程度の協力が試みられた。ＣＥＳや安全保障の仕組みはその例である。中央アジア諸国の統合や協力促進への動機はいくつかあげられるが、国家主権を共同で守っていくことや、テロやイスラーム過激派対策などがとくに重視されている。中央アジア諸国の協力は域外アクターに対する地位を強化するが、そのためには中央アジア諸国間の見解が一致する必要がある。

中央アジア諸国間の統合は、潜在的な可能性として経済発展だけでなく各国経済の基盤の多様化にもつながる。同時に、タジキスタンの事例にもあったように、中央アジアの共同平和維持の仕組みは地域内の安定を確保し、安定的な政治環境下での経済発展の基盤にもなりうる。

しかし、このような中央アジア地域統合には課題も非常に多い。国家間になお対立が残り、競争意識が存在する以上、建設的な協力は当面難しいと考えられる。

注

（1） Tabasum Firdous, *Central Asia: Security and Strategic Imperatives* (Dehli: Kalpaz Publications, 2002), p. 18 参照。

（2） たとえば、Guli Yuldasheva, "Some Aspects of Political Integration in Uzbekistan/Central Asia," in Kimura Yoshihiro, ed. *Ethnicity and Political Identity in Central Asia* (Sendai: Tohoku University, 1999), p. 101 参照。

（3） Malashenko Aleksei quoted in Guli Yuldasheva, op cit., p. 102 参照。

（4） たとえば、Romano Prodi, "The Importance of Dialogue between Peoples," *Daily Star*, 21 September 2002. Available at: 〈http://www.dailystar.com.lb/opinion/21_09_02_d.htm〉 参照。

（５）中央アジア地域における紛争の原因に関する詳細な分析については、たとえば、Timur Dadabaev, "Resolving Social Conflicts in Multi-Ethnic Central Asia: From Rhetoric to Practice," *International Affairs* 4: 10 (2002): pp. 41–53 (Tashkent: University of World Economy and Diplomacy); "Chuo Ajia no funnsou no sennzaiteki kanousei" (Potential Conflict Formation in Post-Soviet Central Asia) *Ritsumeikan Journal on International Relations. Special Issue for Graduate Students*, Vol. 2: (April 2002), pp. 93–114 (Kyoto: Ritsumeikan University); "Preventing and Resolving Ethno-Nationalist and Identity Conflicts in Multi-Ethnic Societies: The Case of Post-Soviet Central Asia," *JCAS Newsletter*, Japan Center for Area Studies, Available at: 〈http://www.minpaku.ac.jp/jcas/english/newsletter/outsideview_1/20021105/〉参照。

（６）たとえば、"Extremists Plan Formation of Islamic State in Ferghana Volley," *Interfax News Agency*, 30 March 2000, Available at: 〈www.interfax-news.com〉参照。

（７）Guli Yuldasheva, "Some Aspects of Political Integration," p. 104 参照。

（８）領土紛争と国家間協力に関する詳細な分析については第４章を参照。

（９）本機構は最初の段階では中央アジア経済フォーラムであったが、次第に中央アジア協力機構に生まれ変わり、最終的にユーラシア経済共同体により吸収された。S. Frederick Starr, "Central Asia's Security Needs and Emerging Structures for Addressing Them," Central Asia-Caucasus Institute, Johns Hopkins University, Available at: 〈www.sais-jhu.edu/caci/Publications/〉参照。

（10）たとえば、Shireen T. Hunter, *Central Asia since Independence* (The Washington Papers: 168), (Westport: Praeger, 1991), pp. 101–103 参照。

（11）詳細な分析については、Michael Kaser, "Economic Transition of Six Central Asian Economies," *Central Asian Survey* 16: 1 (1997): pp. 5–26, pp. 5–8 参照。

（12）Gulnoza Saidazimova, "Regional Integration in Central Asia: Realities, Challenges and Potentials," *Central Asia and the Caucasus*, 3 (2000): pp. 68–79, p. 69 参照。

（13）同上。

（14）これについての言及は、Anthony Hyman, "Turkestan and Pan-Turkism Revisited," *Central Asian Survey* 16: 3 (1997): pp. 339–351 参照。

（15）以下の文言を参照。Communiqué of (Issyk-Kul), Central Asian Union Summit, *Radio Free Europe/Radio Liberty) Kyrgyz Service*, 4 May 1994.

（16） Shireen T. Hunter, *Central Asia since Independence*, p. 103 参照。
（17） Almaty Summit of the Heads of States of Central Asian Union, 8 July 1994, Almaty.
（18） Guli Yuldasheva, "Some Aspects of Political Integration," p. 108 参照。
（19） Robert Bernovskij, "Tsentral'naya Aziya tak i ostalas' Sredney Aziei i Kazakhstanom," *Central Asia Monitor*, 2012 年 10 月 12 日〈www.camonitor.com/archives/5509〉参照。
（20） "Central Asian Leaders Admit Tajikistan into Their Union," *BBC News Online (World: S/W Asia)*, 26 March 1998.
（21） Robert Bernovskij, "Tsentral'naya Aziya tak i ostalas' Sredney Aziei i Kazakhstanom," *Central Asia Monitor*, 2012 年 10 月 12 日〈www.camonitor.com/archives/5509〉参照。
（22） たとえば、Sydykova, E. B. ed., *N. A. Nazarbaev i Evrazijstvo: sbornik izbrannykh statei i vystuplenij Glavy gosudarstva*, Astana: Izdatel'stvo ENU, 2012 参照。
（23） 中央アジアにおける水問題や国境・土地問題の分析については、第４章、第５章を参照。
（24） Oleg Stolyar, "Geopolitics in the Caspian: Can Russia Keep Control In Its Own Backyard?," Available at:〈www.wws.princeton.edu/~wws401c/1998/oleg.html〉参照。
（25） 同上。
（26） 同上。
（27） "World Economic Forum Session Opens in Almaty," *Radio Free Europe/Radio Liberty News On-line*, 27 April 2000.
（28） "Stroim Soyuznoe Gosudarstvo: V Bishkek otkrylos' pervoe zasedanie SMID Kirgizii i Kazakhstana," *CA-News. INFO: Central Asia regional news digest*, 2007 年 11 月 19 日〈http://ca-news.info/2007/11/19/28/〉参照。
（29） Islam Karimov, *Uzbekistan na poroge XXI veka: Ugrozy bezopasnosti, uslovia i garanatii progressa* (Moskva: Drofa, 1992), p. 302 参照。
（30） Ibid., p. 311 参照。
（31） Ibid., p. 311 参照。
（32） たとえば、Shireen T. Hunter, *Central Asia since Independence*, p. 104 参照。

第4章　国境・領土問題

はじめに

水資源の分配に加えて、中央アジア諸国間の関係において国境や領土に関する問題も非常に重要である。ソ連崩壊後、国境画定や領土をめぐる対立に際して、各国の一方的な手段による問題解決の試みは非常に複雑な状況を生み出した。このような中、国境や領土問題への取り組みでは、これまでのような相手に損害を与える一方的手段ではなく、関係国の利害を視野に入れた解決を模索する必要がある。

本章は旧ソ連中央アジア地域における国境問題を取り上げ、そこでの国家間協力の可能性とその仕組みを検討する。とくに、中央アジア諸国の現在の国境がどのような経緯で誕生したのか、この地域の国境情勢について重要な問題は何か、その背景には何があるのか、などの点を中心に分析する。

本章は四つの節からなる。第一節は、中央アジア諸国の国境の歴史と、ソ連時代の共和国編成および飛び地誕生の経緯を、後続の各節における分析の背景として述べる。第二節でこの地域に存在する飛び地の地理的複雑さを説明した上で、第三節は現在の中央アジア諸国の国境政策における決定要因を分析する。第四節では、中央アジア諸国の一方的な国境政策を取り上げ、諸国間の信頼関係の不足と、問題解決の場となりうる仕組みの必要性を明らかにする。

最後に、具体的な事例から国家間に横たわる問題の本質の解明を試みた上で、結論を述べ、課題を指摘する。

一　ロシア革命と境界画定政策

ソ連（ソビエト社会主義共和国連邦）は一九二二年に形成され、一九二四年の中央アジアにおける民族・共和国境界画定により、現在のウズベキスタンがウズベク・ソビエト社会主義共和国として誕生した。

かつて、中央アジアには定住民と遊牧民の自立した諸政権が割拠していた。しかし、一九世紀に入るとロシアはカザフ遊牧民の地域に直接統治を導入し、それが確立すると、さらに南部オアシス地域に向かって侵攻を始めた。そこにはコーカンド・ハン国、ブハラ・ハン国、ヒヴァ・ハン国が存在した。しかし、一八六五―六六年にロシア帝国はコーカンド・ハン国を軍事力で圧倒し、さらにブハラ・ハン国とヒヴァ・ハン国に対しても軍事行動を開始した。その結果、一八六八年にブハラ・ハン国が、一八七三年にはヒヴァ・ハン国がロシアの保護領となった。コーカンド・ハン国は一八七六年にロシアによって併合されるに至った。また、一八九五年には、ロシア帝国と英国による協定の結果、パミール地方もロシア帝国の一部となった。こうして、中央アジアはロシア帝国に編入され、一八六七年、ロシア帝国はタジケントに総督府を設置し、その管轄する地域をトルキスタン地方と名づけた。トルキスタンは、一九一七年のロシア革命まで帝政ロシアの植民地として統治されることになる。

ロシアで起きたボリシェヴィキ革命は中央アジア全体に多大な影響を与えた。この地域の民族関係や境界設定もこの革命がもたらしたところが大きい。ロシア革命の影響を受け、中央アジアにも革命運動が広がった。一九一八年、ソビエト政権はトルキスタン・ソビエト社会主義自治共和国を樹立した。そして、一九二〇年には、ソビエト政権の

表1　ソビエト社会主義共和国の誕生

年	名前	含まれた地域	その後の生じた変更
1918	ロシア・ソビエト社会主義連邦共和国	カザフ・ソビエト社会主義自治共和国とカラ・キルギスソビエト社会主義自治区	以下のようにソビエト社会主義共和国が形成された
1924	ウズベク・ソビエト社会主義共和国（UzSSR）の誕生	現代のウズベキスタンと（当時）タジク・ソビエト社会主義自治共和国（Tajik ASSR）	1929年にTajik ASSRはタジク・ソビエト社会主義共和国に格上げされた カラカルパク・ソビエト社会主義自治共和国は1936年にUzSSRの構成自治共和国になった
1924	トルクメン・ソビエト社会主義共和国（TSSR）の誕生		
1929	タジク・ソビエト社会主義共和国の誕生	タジク・ソビエト社会主義自治共和国	タジク・ソビエト社会主義共和国に格上げされた
1936	カザフ・ソビエト社会主義共和国（KazSSR）の誕生とキルギス社会主義共和国（Kyrg. SSR）の誕生	カザフ・ソビエト社会主義自治共和国とカラ・キルギスソビエト社会主義自治区	ソビエト連邦の憲法採択により新共和国が誕生した

介入により、両保護領に代わってホラズム人民ソビエト共和国とブハラ人民ソビエト共和国が成立した。同時に、ロシア・ソビエト社会主義共和国（以下、ロシア共和国）の一部としてキルギス・ソビエト社会主義自治共和国も設立された。

一九二四―二五年の民族・共和国境界画定により、中央アジアの社会主義共和国の名称と領域はさらに変化した。たとえば、一九二四年にはウズベク・ソビエト社会主義共和国が誕生した。それは、タジク・ソビエト社会主義自治共和国を自国の中に包含していた。同年末に、トルクメン・ソビエト社会主義共和国も設立された。一九二五年にはカラカルパク自治区がロシア共和国内に設立され、その後一九三二年にロシア共和国の一部としてソビエト社会主義自治共和国の名を与えられた。そして一九三六年にはウズベク・ソビエト社会主義共和国の一部となった。これに並行して、一九二九年にタジクおよびカザフの両自治共和国が、一九三六年にはキルギス自治共和国がそれぞれ連邦を構成する社会主義共和国という地位を与えられた（1）。

このようにして、中央アジアにはソ連を構成する五つのソビエト社会主義共和国（ウズベク、トルクメン、タジク、カザフ、キルギス）が編成された(2)。ある見方によると、このような境界画定政策は各共和国の主要民族の一部を意図的に共和国外に残すことも視野に入れていたという(3)。その目的は、必要に応じてモスクワからの介入を可能にすることであったが(4)、モスクワの立場を意図的に強化するよう計画された政策だったのかどうかは明らかでない。ただし、一つはっきりしているのは、このような境界の決め方によって共和国間の国境は非常に複雑となり、それに関連する問題も解決が困難になったことである。

ソ連時代における共和国間の境界はあくまでも行政上の機能を意図したものであり、重要性はほとんどなかった。その理由は、これらの共和国がソ連という一体の国家を構成しており、ソ連からの分離や独立を現実的な選択として想定してはいなかったからである。一九四〇年代に共和国間や民族間の境界を明確化する試みはあったが、いずれも成果を残していない(5)。さらに、境界をめぐる状況は、ソ連政府がその効果を強調し頻繁に実行していた共和国間の土地交換や一時的な土地の貸出しによって悪化した。

各共和国の知識人の間にはそのような政策について議論や異議が生まれた。ペレストロイカ時代になると、他の共和国に対する境界変更や土地の返還に関する要求をやめさせることはできなかった。興味深いのは、ウズベク人とタジク人の共産党員間の議論であり、中でもサマルカンドとブハラの帰属については議論が白熱した。同じような問題はウズベク、キルギス、カザフの共産党員や知識人の間でも記録されている(6)。こうした議論は具体的な結果を生み出さなかったが、いずれもこの地域の歴史と伝統、土地に対する感情や民族構成をさほど重視しなかった境界画定に対する不満が招いたといえる。

二　中央アジアの境界と飛び地

境界の再画定や飛び地の問題は、中央アジア諸国間でなお多くの禍根を残している領域である。ウズベキスタン、キルギス、タジキスタンは領内に互いの飛び地を持っている。たとえば、キルギス領内にはタジキスタン領であるヴォルフ（Vorukh）、チョルフ（Chorukh）、スルフ（Surkh）と、ウズベキスタン領であるソッフ（Sokh）やシャヒマルダン（Shakhimardan）などがある。ウズベキスタン領内にも、比較的小さい（六二七世帯が在住）もののキルギスの飛び地であるバアラク（Baarak）がある。ヴォルフ（四万人のコミュニティ）にはタジク人が多く住み、ソッフは中央アジアで最も大きな飛び地の一つであり、五万二〇〇〇人が住む一九のコミュニティで成り立っている。民族構成面ではソッフの人口のうち九九％がタジク人、〇・七二％がキルギス人である(7)。中央アジアの道路インフラや輸送ルートが国境を越えて展開していることや、飛び地がその管轄権を持つ本国から物理的に離れていること、飛び地が相手国の領域を分割していることなどが、現在の国境地帯をさらに複雑にしている。

たとえば、旅行者がウズベキスタン領内からソッフまで行くにはキルギス国境を数回渡らなければならない。そのような飛び地は単に国家間関係を複雑にするだけでなく、国境周辺や飛び地の国民生活を困難にしている。とくに、労働者の移動、物資の輸送や親戚関係を直撃している。以下の説でも述べるように、近年の傾向としてソッフとその他の飛び地の管理に関連する問題は、中央アジア諸国の関係においてその深刻さを増すものになっている。

タジキスタン領内の飛び地も同じような問題を生み出している。たとえば、商品をタジキスタンのドゥシャンベからフジャンドへ運ぶにはウズベキスタン領を渡る必要がある(8)。別の例としてキルギス南部のオシュとジャララバードという二都市間を行き来するにはウズベキスタン領を越えなければならない。ウズベキスタンでも、タシケントとサマルカンドやブハラを行き来するにはソ連時代からカザフスタン領を通るしかなかった。その問題を解決するべくカザフスタン領内を避ける回り道が建設されたものの、所要時間が大分長くなる結果となった。

以上の例は中央アジア地域の国境情勢の複雑さを物語っており、国家間の緊張のもとになっている。中央アジア諸国間の国境画定が進む中、以上のような現状は国境に関する協力の課題を浮かび上がらせるとともに、その解決には一方的な対応が不可能であることを強調している。

実際、一方的な解決策は以下に述べるように失敗してきた。また、飛び地の交換などに関して二国間交渉が行われたが、国家間の相互不信のため、交換地として提示された土地が相手国に拒否されることもあった。それがさらに国家間の相互不信を強め、状況を悪化させているのである。

三　中央アジア諸国の国境設定

ソ連崩壊に伴う独立直前から、国境や領土に関する議論は中央アジア諸国の国家間関係において中心課題となってきた。これらの諸国が独立を得た後、旧ソ連地域全土が一つの統合された安全保障制度を構成しているとの論理から、国境を「透明」でヒト・モノなどの移動の自由が確保されたソ連時代の姿のままにしておく合意が形成された。

国境に関するソ連崩壊後の主な協定の一つは一九九一年一二月八日に締結されたミンスク合意である。一九九一年一二月二一日のアルマトゥ宣言と一九九二年七月二二日の独立国家共同体（ＣＩＳ）憲章も、ソ連崩壊後の国境およびその「透明性」の維持を呼びかけた。そういう意味では、ＣＩＳがソ連崩壊後の初期の段階では国家間関係の移行の協議の場として一定の役割を果たしたといえる(9)。

以上に加えて、一九九二年三月二〇日の「ＣＩＳ参加国の国境と海上経済領域の防衛について」や、一九九二年五月一五日にタシケントで締結されたＣＩＳ共同安全保障に関する協定の締結も、ＣＩＳ諸国間の国境の現状維持と透明性の確保を訴えた。そのような姿勢は当時の国際情勢や各国の経済状態を反映したものであり、国境の厳密な設定、チェックポイントと防衛ラインの建設、そして国境警備部隊の維持コスト増加を避けるための措置だった。また、国境の厳密な画定と管理を試みる過程では、それまで問題視されてこなかった領土に関する国家間の見解の相違が現れる可能性が高く、最終的には対立や政治的緊張につながる可能性があった。中央アジア諸国を含む旧ソ連諸国のリーダーは、国民をまとめるための道具として民族主義を利用する一方、ＣＩＳ諸国との関係においては国家間関係の安定を重視した。それにより、一時的ではあったが、中央アジア諸国間の国境はそれほど厳しく管理されず、ソ連時代のようにあまり意味を持たなかった。国境に関する問題点もＣＩＳ諸国サミットなどで検討されることはなかった。

四　安全保障と国境

しかし、中央アジア諸国の直面する問題が深刻化するにつれて、次のような問題が警戒され始めた。まず、一九九二年から始まったタジキスタン内戦と長年続くアフガニスタン内戦の悪影響、これらの紛争の国際化、そして両国の社会に見られた緊張・対立が近隣諸国に飛び火することに対する懸念である。第二に、以上の紛争のために発生する大量の難民およびその近隣諸国への移動が警戒された。第三に、国境を越える宗教原理主義の運動が警戒されるとともに、第四の要因として麻薬密輸の増加が問題視された。そして第五に、資源獲得をめぐる競争が高まり、それが段階的に国家間関係へと影響し始めた。

これらが警戒された理由として、国家間の理解不足、人工的に作られた国境線、この地域における様々な人的なネットワークが国境をまたがって存在すること、これらを調整できる関係諸国間の危機管理能力の不足があげられる。これらが経済発展を遅らせるだけでなく、より大きな国家間関係の危機に発展する可能性も懸念された。以上の不安定要因が契機となり、旧ソ連諸国は国境管理とそれに対する姿勢を変え始めた。これまで旧ソ連地域内の協力関係を維持するために不可欠であった開かれた国境政策は、各国の政治経済に悪影響を及ぼす可能性があり、厳密に画定・管理された国境こそが内戦の拡大や宗教原理主義、麻薬密輸などへの歯止めとなると考えられたのである。また、国境線を明確化することで、中央アジア諸国の間に資源、領土、飛び地をめぐる対立は抑えられるはずであった。

これらの諸課題の中でも、中央アジア諸国の政権が最も恐れ、その国境管理政策を決定づけた要因の一つは安全保障であった。具体的にはまずタジキスタン内戦とアフガニスタン内戦があげられる。それに関連しているのが、一九九〇年代後半から現在にかけて中央アジアの安全保障に対する新たな挑戦として姿を現したイスラーム原理主義と、その論理に基づいたテロ事件である。一九九九年にはウズベキスタンでタシケント爆弾テロ事件が、同年キルギスでも（日本人も被害にあった）人質事件が発生した。また、この時期には、アフガニスタンで長年続いた紛争とそれに伴う混乱が中央アジア諸国に脅威を与えた。それが顕在化したのは、ウズベキスタン・イスラーム運動（ＩＭＵ）と名乗るイスラーム原理主義テロ集団が、一九九九年から二〇〇〇年にかけて、タリバン政権下にあったアフガニスタンからウズベキスタン、キルギス、タジキスタンにまたがるフェルガナ盆地へ侵入した事件であった。また、アフガニスタンからの麻薬と武器の密輸が明らかになり、中央アジアにおける安全保障が不安定化した(10)。

これらは、いずれも中央アジアが抱えてきた問題の表面部分にすぎない。独立初期のタジキスタンにおける内戦や地域主義は社会内・地域間の経済格差拡大が原因である。そして、現在に至るイスラーム原理主義とテロ事件の発生には、確かに中央アジア諸国の対宗教政策の失敗という側面が存在する。しかし、根本的な理由は、やはり社会制度の劇的な変化に伴う生活水準の低下、貧困、将来への不安、安全保障の不足である。これらは国家への不信を生じさせ、原理主義が影響力を拡大する背景となった。しかし中央アジア諸国のリーダーは原理主義や内戦の拡大はあくまでも国境管理の甘さのために近隣国からもたらされるものと見なし、国境の管理をより厳しくした。このような展開は、中央アジア諸国間に不信を生み、人々の移動、諸国間・国民間の関係を制限し、中央アジア地域としてのアイデンティティ形成を遅らせることとなった。

五　信頼の不足、一方的な手段と国境情勢

1　タジキスタン内戦、ウズベキスタン・イスラーム運動（IMU）の侵入と国境に関するジレンマ

中央アジアの人工的に引かれた国境は、歴史的に緊張と対立の潜在的可能性を持っていた。国境問題に衝撃的な影響を及ぼし、情勢を悪化させたのはタジキスタン内戦である。タジキスタンと他の中央アジア諸国との国境は、一九九二年から一九九七年にかけて安定と混乱を分ける境界線だった。中央アジア諸国とアフガニスタンの国境も同様であった。

タジキスタン内戦に関しては多くの研究成果があるため、その詳細や分析を本章で繰り返す必要はないが、タジキスタンの境界線は内戦時に最も強い緊張を生み出した。とくに、内戦当事者は国境を越えて近隣諸国の国境周辺で活動し、タジキスタン政府は近隣諸国（とくにウズベキスタン）がそれらの活動を支援していると宣言した。近隣諸国はタジキスタン政府が国境の安全を確保できず、武装集団が各国の安全を脅かしていると反発した(11)。

証拠は多くなかったが、そのような疑惑の一つは、（ウズベク人に指導され）一九九五年、一九九七年、一九九九年

にタジキスタン中央政府に挑んだボイマトフとフダイベルディエフの武装集団に対し、ウズベキスタン政府が支援したというものであった(12)。タジキスタンとウズベキスタンの国境地帯でタジキスタンの国境防衛隊と武装集団の間に衝突が起きた際、ウズベキスタンが自国の領内から武装集団を支援したか、少なくともその活動を黙認していたという。タジキスタン政府によれば、フダイベルディエフは一九九八年一〇月にタジキスタン中央政府に挑んだ際、ウズベキスタン領内から侵入し、タジキスタン北部で独立政府を樹立しようとしたという。しかし、その疑惑を証明することはきわめて困難であった。

ウズベキスタンはタジキスタンの主張を強く否定し、逆にタジキスタン政府が麻薬の密輸、宗教原理主義の拡大や国境を越えるテロ活動の阻止に努力していないと強調した(13)。ウズベキスタンの主張によれば、タジキスタン政府内の対立や政府の無力が地域全体の平和と安全を脅かしていた。

一九九七年に和平協定が成立しタジキスタン内戦が終結すると、タジキスタン国内の情勢は安定し、このような疑惑と国家間対立も減少すると思われた。しかし、一九九九年にウズベキスタンの首都タシケントで起きた爆弾テロ事件（ウズベキスタン政府によればクーデタ）が国境情勢をさらに複雑にした。ウズベキスタン政府は、事件の首謀者がタジキスタンに逃げ込んだか、タジキスタン領内を通ってアフガニスタンに逃亡したと主張した。

それに関連して、ウズベキスタン国内にイスラーム国家の建設を目指すウズベキスタン・イスラーム運動（ＩＭＵ）が誕生したが、その活動と訓練の拠点はタジキスタン、アフガニスタン領内だったこともあった。ウズベキスタン政府から見れば、以上のようなテロ事件やＩＭＵの活動を可能にしたのは、タジキスタン内戦やアフガニスタン内戦で発生した混乱とタジキスタン政府の国境管理の甘さにほかならなかった。それが武装集団やテロ事件首謀者の国境通過を容易にし、彼らが自由に活動することを可能にしたという見方である。

さらに、一九九九年と二〇〇〇年にはＩＭＵのメンバーがキルギスとウズベキスタン領内への侵入を繰り返した。

このことは、中央アジアにおける国境管理の難しさとその課題を浮き彫りにした。一説によると、これらの事件にはタジキスタン政府の関係者が関与しており、武装集団がキルギスとウズベキスタンの国軍によって両国の領内から追われた際にも彼らを支援したという。この説には確固たる証拠がないため今も議論が続いている。ただし、二〇〇一年の段階でテロや麻薬の密輸が地域全体の安全を脅かしていた中、タジキスタン政府はＩＭＵの自国領内における活動を黙認していたという(14)。

このようなタジキスタン政府の行動を分析する専門家は、タジキスタン政府の黙認をタジキスタン内戦時にウズベキスタンがタジキスタン政府に敵対的なフダイベルディエフの武装集団がウズベキスタン領内で活動することを黙認していたことと比較している。ＩＭＵの侵入に関するタジキスタン政府の黙認はウズベキスタン政府に対する復讐と解釈する分析もある。

一方、タジキスタン政府はそのような疑惑を公式に強く否定し、逆にウズベキスタン政府などを非難した。たとえば、二〇〇一年、タジキスタンの欧州安全保障協力機構（ＯＳＣＥ）代表は、ウズベキスタン政府が中央アジア地域全体を影響下に置こうとしていると牽制し、タジキスタン政府はウズベキスタン政府に対してＩＭＵの活動撲滅に関する協力を行わないと宣言した(15)。

以上のことからも明らかなように、中央アジア地域には国家間の信頼が不足している。これこそが国境管理を国家間で協力して行う際の最大の課題であり、ウズベキスタン、タジキスタン両政府にはその解決に関する責任があるといえよう(16)。

国家間の信頼不足は国境周辺で事件が起きた際にその姿を見せるとともに、ソ連時代から明確に決定されず残っていた国境の再画定に関し、各国が一方的な手段でその国境を決めようとしたことにつながった。

たとえば、一九九九年にウズベキスタンはビシケク・ビザなし交流協定から脱退し、ＣＩＳの多くの国との間でビザによる入国制度を導入した[17]。また、ウズベキスタン側はタジキスタンとキルギスとの国境管理が困難な山沿いなどに地雷を埋め、それが国境周辺在住の一般住民の生活を脅かしたとしても、国境を武装集団やテロ集団から守る唯一の選択肢だと主張した。さらに、ウズベキスタンはキルギス領内に食い込むような飛び地（シャヒマルダンとソッフ）の国境地帯にも地雷を埋設した[18]。ウズベキスタン政府は飛び地がウズベキスタン本土から離れていることが武装集団の標的になりやすいと危惧しており、一方的な手段で国境を防衛しようとした。しかも、すでに述べたとおり国家間での信頼が低下していたこともあり、ウズベキスタン側は埋めた地雷数とその位置を示した地図をキルギス側に渡すことを拒否した。その理由としては、地図がキルギス政府から流出してテロリストの手に渡る危険性があげられた。

ウズベキスタン側から見るとこれらの飛び地は、テロ容疑者にとって容易なテロ対象になりうるという恐れからその防衛の強化を試みた。そのような恐れの一部が現実となり、近年ウズベキスタンのフェルガナ盆地で発生し、それら容疑者がキルギスとタジク領からウズベキスタン国内に侵入したと疑われるテロ事件がそれを物語っている。その一例として二〇〇九年にウズベキスタンのタジキスタンとの国境付近で起こった事件であり、その際にウズベキスタンがこの地域に多くの軍人を動員し周辺国との緊迫状況を引き起こした[19]。

さらに、ウズベキスタン政府は地雷が埋められた地図をタジキスタンとキルギス政府に引き渡すことを拒否した。その理由として地雷が埋められた地域はウズベキスタン領内であり、周辺国に地雷が埋められた地域に関する資料を引き渡す理由はないと主張した。同時にこのような行動はウズベキスタン政府の近隣諸国に対する不信も明らかにしており、これらの国から資料がテロ容疑者へ渡ることを恐れた行動でもある。しかし、このような近隣諸国とのお互いに対する主張の対立は建設的な結果に至らず、国境周辺に埋められた地雷は一般市民の間から多くの犠牲者が出てくることに至っている。二〇〇〇年から二〇〇八年の間のデータによると、そのような国境防衛のために埋められた地雷は七〇回爆発しており、一五五人がその犠牲になり、その内七〇名が死亡し、八五名が負傷した[20]。

このような信頼不足はウズベキスタン側のみにあったわけではなく、キルギス側もウズベキスタン政府を信頼していなかった。このことは、両国の大統領が二〇〇〇年九月二七日に署名した潜在的なテロリストによる攻撃から両国の防衛を共同で行うことに関する軍事協力協定を、キルギスの国会議員が拒否することにつながった(21)。その協定によると、地域全体に対する脅威が存在する状態が発生したと見なした場合、両国は互いの領域に国軍を配置することができる。しかし、キルギスの国会議員はそのような協定はウズベキスタンに有利であり、ウズベキスタン国軍のキルギス領内への配置がより容易になることを恐れ、協定容認を拒否した。議員の間には、この協定によりキルギス国軍が国境周辺でテロ集団撲滅作戦を行う自由度が増し、国境を越える国家間協力も可能になるという意見もあった。しかし、大半の議員は協定がキルギスの国益を脅かすとして否定的な姿勢をとったのである(22)。

キルギスはウズベキスタンの国境周辺の地雷埋設を慎重に見守り、ウズベキスタン側が自国領内のみならずキルギス領にも地雷を埋設したと抗議した。このような地雷の埋設をウズベキスタンが自国の影響力拡大に向けた試みと見なす専門家もいる。しかし、キルギス領内にまで地雷が埋設された理由としては、中央アジア地域に未画定の国境が多く、現状を正確に反映する地図も少ないことがあると思われる。そのような状態が結果的に国家間の主張が食い違う事態を生じさせている。一方的な手段を使って国境管理を実施しようとする国は、ウズベキスタン以外にも存在する。キルギスもタジキスタンとの国境地帯に地雷を埋め、その位置をタジキスタン側に伝えなかった。さらに、キルギスは山沿いのルートを爆破し、ＩＭＵのようなテロ集団が通過できないようにした(23)。

このような国境防衛に関する一方的な手段に加えて、ウズベキスタンとタジキスタン両国はお互いに対し領土の返還要求も持っているといわれている。このような領土に対する食い違う見解は各国内の政策にも反映されており、たとえば、ウズベキスタンとの国境周辺にあるタジキスタンの村（ペンジケント郡のトルクシュルナヴォ村の場合）ウズベク人住民はしばしばタジキスタン政府の行政機関からパスポートに掲載される民族をウズベクからタジクに変えることを要求したと報道されている。そのような行動をとおして将来的にウズベキスタンによるこれらの村の返還要求を阻止する目的があると思われる(24)。両国は二〇〇二年一〇月五日に調印した国境設定に関する協定を適用しているにもかかわらず、領土問題はしばしば両国の関係において対立の原因になっている。そのような対立は公式な政府発表の形で姿を現しておらず、国境周辺における両国政府の動きから読み取れる。そのような国境周辺地域の一つはタジキスタンのソグドであり、その周辺で様々な対立がよく報道される(25)。

タジキスタン内戦やそれに伴う混乱は国家間の信頼を損ない、国家間関係に打撃を与えた。その結果、多国間の仕組みよりも一方的な解決策が優先されるようになった。相互理解が不足し、協力し合う仕組みが存在しない、もしくは非効率的なものであったため、以上に述べたような一方的な問題解決の手段が優先された。そのような姿勢は国境に関する交渉においても顕著であった。

2　ウズベキスタン・キルギス関係と国境問題

ソ連崩壊後の中央アジアにおいて、水やエネルギーなどに加え国境も国家間交渉のテーマとなった。ウズベキスタンとキルギスの間の交渉はその一例である。

両国の間にはＩＭＵの活動阻止に関してある程度の合意があるため、国境に関する二国間協力もうまくいくと思われた。しかし、国境管理への両国のアプローチは異なっており、効果的に調整されたとはいえない。ＩＭＵの侵入に際して両国がＩＭＵを追い詰める作戦を実施したときでさえ、キルギスはウズベキスタン空軍がＩＭＵ撲滅という名目でキルギス領内を爆撃したと抗議した。それに対し、ウズベキスタン政府はキルギスがテロリストの活動を黙認し彼らと交渉を行ったと反発した(26)。これらが、すでに述べた地雷の埋設やビザ導入といった厳しい国境管理につながったのだった。

一九九九年の地雷埋設への対応として、キルギスは境界線の明確化を提案し、とくに両国で主張が食い違っている国境に関する交渉を求めた。最も課題が多かったのはキルギス領内にあるウズベキスタンの飛び地であるソッフ、シャヒマルダン、および二つの小さな飛び地であった。

二国間の国境画定における最大の課題は、どのようにして境界線を決めるかだった。共同委員会が作られ、活動を開始したが、境界線を決める根拠としてどの文書を使用するかが議論の的となった。ウズベキスタン側は一九二四年から一九二八年の間に作成された文書を利用するとの案を出した。これに対し、キルギス側は一九五五年の文書を使うことを提案した(27)。

ウズベキスタンが提案する文書とは一九二四年から一九二八年に行政単位として各共和国が作られた際のものである。具体的には、中央アジア共和国間の境界線を明確にするべくロシア連邦の中央委員会が採択した一九二五年一一月九日決議、同じく一九二六年と一九二七年にロシア連邦中央委員会が採択した中央アジア共和国の国境に関する決議である(28)。これらにはソビエト連邦共和国の形成時にその境界線を決めた際の詳細が含まれている。

キルギス側は、これらの文書は国境線の厳密な説明を含んでおらず、二国間の国境線の確認の根拠にはなりえないと主張した。代わりに、キルギスは一九五五年一〇月二二日のキルギス・ソビエト社会主義共和国大臣会議決議四九七号と一九五五年八月三日のウズベキスタン・ソビエト社会主義共和国大臣会議決議五三四号を使うべきだと主張した。これらはかつて存在し活動していた共和国間の境界線の検討会議の決定を容認したか、それらに触れているものである。しかし、ここには複数の問題がある。その一つは、一九五五年にキルギス・ソビエト社会主義共和国の人民代表会議の中央部会が会議の決定を容認したのに対して、ウズベキスタン・ソビエト社会主義共和国の同機関は北ソッフ（Severnyi Sokh）の境界線に関して異議を表明していたからである。また、ソビエト連邦人民代表会議の中央部会もキルギス・ソビエト社会主義共和国の決議を容認しておらず、決議そのものを無効にした。キルギス側としては、そのような経緯があっても、一九五五年の文書が二国間の明確な国境線の説明を含んでいるとし、今日の国境線を決める上で有益だと主張した[29]。

以上の食い違いに見られるとおり、両国は過去の文書をそれぞれの意向に合わせて使用し、自国に有利な国境線の説明を含む文書を使おうとしていた。それに加えて、両国は互いに非難し合った。たとえば、ウズベキスタン政府の見解を代弁する *Narodnoe Slovo*『国民の声』紙は、キルギスの姿勢について、議員が国境問題を売名行為のために利用しているとか、間違った愛国主義だと批判した。また、国境問題を話し合う委員会のキルギス側のメンバーが政治的な取引のために頻繁に交代させられ、委員会の作業が進展しないことや、共同委員会への外部者の介入が多いことも強く非難した[30]。これに対し、*Slovo Kyrgyzstana*『キルギスの声』紙は、そのような批判は根拠のないものだとした[31]。むしろ、ウズベキスタンこそが国境問題の解決においてキルギスに圧力をかけ、何が何でもウズベキスタンに有利な結果を引き出そうとしていると反発した[32]。

このような状況は国境周辺に住む双方の住民に損害を与え、国境画定を遅らせ、旅行者を減少させた[33]。それでも、そのような考え方の違いがあったにもかかわらず、共同委員会は一定程度の成果をあげた。たとえば、二〇〇一年二月二六日、ウズベキスタン首相のスルタノフが当時のキルギス首相バキエフ（後に大統領　二〇〇五―一〇年）と協定を締結した[34]。この協定は両国の安全保障問題への対応として国境問題の早期解決が急務であるとした。

また、この協定には「国境画定の法的根拠の調整について」という非公開の覚書が存在した。それによると、両国の安全保障を視野に入れ、ウズベキスタン本土とソッフの飛び地を合体させるために、キルギスは自国の四〇平方キロメートルの土地をウズベキスタンの同面積の土地と交換する。それにより、ウズベキスタンがテロリストや武装集団からのソッフの防衛をより行いやすくする。代わりに、キルギスは自国本土から離れていた飛び地のバラクを本土に合体できるよう、ウズベキスタン側から別の土地を提供される。この協定は首相レベルで締結され、両国議会の容認を前提としていた。

しかし、キルギス議会での検討の際に非公開の覚書が公表され、マスコミにも漏れてしまった。キルギスの議員はその協定による土地の交換はキルギスにとって不利なものであり、ウズベキスタンから提供された土地の価値はキルギスが提供したものと同等とはいえないとし、協定承認を拒否した。

議員が拒否反応を起こしたもう一つの理由は、キルギスの憲法によると、政府には他国と土地の交換や国境線の変化などに関する協定を締結する権限がないことであった(35)。さらに、キルギスの議員は彼らの姿勢を説明する際に、以下の二つの理由をあげる。すなわち、①土地の交換が行われると、事実上バトケント州はキルギス本土から分離されてしまい、バトケント州そのものが飛び地になってしまうこと、②交換対象の土地がソッフ川沿いにあり、そのような土地をウズベキスタンに譲ることはキルギスのソッフ川へのアクセスとその水の管理を阻んでしまうこと、である(36)。これに反応し、ウズベキスタンは自国領土のうちキルギス政府が求める土地との交換を検討する余地があると提案した。しかし、すでに述べた両国間の信頼不足のため、キルギス議員はこれがキルギスの領土権を奪うためのウズベキスタンの陰謀であると解釈した。

そのような中、飛び地周辺の国境地帯は地雷が埋まったままになっており、住民も両国の本土と飛び地の間の行き来ができなくなっていた。このことは、飛び地の住民の移動を難しくし、多くの人が地雷を踏み犠牲になるだけでなく、国家間や民族間に緊張関係を生み出した(37)。具体的には、移動ができなくなった労働者の失業問題、飛び地の住民の文化的・言語的孤立や医療・教育サービスの不足につながる可能性が出てきた(38)。そのような状況に対し、バトケント州長のアイバラエフ（Aibalaev）が、ウズベキスタンによって埋設された地雷撤去作業をキルギス側から一方的に始めると感情的な発言をした(39)。そのような意向が実現することはなかったが、発言は現地の住民と政治家の不安を明らかにした。似たような発言も相次いだ。たとえば、二〇〇二年、キルギス副首相のメムベトフ（Membetov）が国境警備隊同士の銃撃戦に怒り、ウズベキスタンの飛び地であるソッフは本来キルギスの領土であるとすら宣言した(40)。

　ウズベキスタン側もキルギスとの国境問題解決の糸口が見えないことに苛立ちを隠さなくなった。二〇〇二年一二月の中央アジア協力機構サミットでは、ウズベキスタン大統領がキルギスとの交渉が長く続くわりに成果をあげないと怒りを表し、キルギスのアカエフ大統領に交渉過程を早めるよう要求した(41)。

　二〇〇三年五月一五日にキルギスとウズベキスタンの国境地帯で起きた事件は、ウズベキスタンが厳しい国境管理を維持し、地雷撤去を遅らせることにつながった。その日、キルギスの若者の集団がジャララバードの警察署を襲い、拳銃三〇挺を盗んで逃走した(42)。彼らはリーダー役のアディル・カリモフ（Adyl Karimov）の下でキルギスタン南部の国家行政機関の打倒を目指していた集団であった。彼らは数時間後に捕まったが、この事件は国境周辺の安定が脅かされていることを示した。ウズベキスタンの政治家は国境警備を厳しく実行しなければならないと解釈するようになった。実際、ウズベキスタンはこの事件の発生時も国境警備隊を配置していた。その後もキルギスの山沿いでは同様の事件が起き、ウズベキスタンが空軍を配置し、キルギス国境を越えて情報収集活動を行った(43)。

　キルギス側はそのような出来事がウズベキスタンに地雷撤去を遅らせるもしくは地雷を撤去しないことの正当性を与える材料だと考えていなかった。二〇〇三年七月一一日、タナエフ（Nikolai Tanaev）首相はウズベキスタンの主張を無視し、ウズベキスタンが地雷を埋めた地帯で一方的に撤去を行うよう命令した(44)。しかし、キルギス側にはその命令を実行するだけの能力がなかった。そこでキルギスはロシアに地雷撤去の専門家教育につき協力を求めた。地雷撤去の問題はなお深刻であり、国家間の主張は食い違ったままである。

　以上のような政治的側面に加えて、国境問題や飛び地の問題には経済的側面もある(45)。石油が豊富とされ、キルギス本土の一部でありながらソビエト政権下でウズベキスタンに貸し出された土地はその一例である。

具体的な事例としては北リシュタン、サリ・カミシ、チャウル・ヤルクタンなどがあり、一九四の油田が毎日六〇トンの石油と三万四〇〇〇立方メートルのガスを生産している(46)。二〇〇〇年七月、ウズベキスタンはこれらをキルギスの国有石油会社キルギス・ネフチガス（Kyrgyzneftegas）に返還した。しかし、それはキルギス側が期待していた形のものではなかった。返還の準備段階で、ウズベキスタンの石油・ガス会社ウズベク・ネフチガソ・ドビチャ（Uzneftegasodobycha）が、長年にわたって投資し設置した機材を撤去したからである(47)。

このような予測外の出来事はキルギス側の石油・ガス生産再開を遅らせるとともに、莫大な投資を必要とした。しかも、そのような返還の結果として両国とも新たな課題に直面した。ウズベキスタンは油田とガス田を失う一方、キルギスも数少ないエネルギー資源開発を早期に再開したり、それを国内経済の活発化のために活用したりすることができなかった。このような状況の論理的な解決策はウズベキスタンとキルギスが共同開発を進めることだったが、相互不信とゼロサム・ゲーム的な考え方の影響で両国の国益は打撃を受けた。

同様のことは二〇〇三年七月のウズベキスタン・キルギス委員会でも浮上した。キルギス側は石油とガスが豊富とされた北ソッフとチョンガラ・ガルチャ（Chongara-Galcha）の返還を提案した。また、キルギス側は地下にあるガス保存施設の返還とキルギス領を通る五つのガスパイプラインに関する技術的資料の引渡しも要求した(48)。このような問題を検討する過程では建設的かつ協力的なアプローチが不可欠である。

以上のような事件が国境地帯に数回起こってから、両国は国境周辺における行動と政策の調整の必要性について合意した。しかし、ソッフ周辺にあるヴアディリ国境検問所接近でウズベキスタンの国境防衛隊がキルギス防衛隊員を逮捕するなど事件は後を絶たない(49)。似たような事件は違法に国境を渡ろうとし射殺されたキルギス防衛隊員の場合も報告されている(50)。さらに、二〇一三年四月にキルギス防衛隊の隊員が自国と思われた領内にウズベク側と調整なく国境線を設定しようとしたときに起こり、ウズベク領内に居住する住民と衝突となり、キルギス国境隊とウズベク側の住民両側に被害がおよんだ(51)。このような事件を予防するため関係諸国間の対話が必要であり、これらの国もそのような対話の必要性を理解している[52]。しかしそのような理解があるにもかかわらず、交渉が進まず、その間一般の住民の犠牲者が増えつつある[53]。キルギス外務省によると、二〇一一年から二〇一三年の間にキルギス側はウズベキスタンに対し国境における事項に関して二一回の抗議文を送った[54]。対応策として、両国側は夜間以外の時間帯において国境を違法に越えることが疑われる人に対し拳銃を使わないことと、国境線付近に居住する住民の間に国境線を違法に渡らないことに関しての教育活動を促進していくことについて合意に至った。似たような合意はウズベキスタンとタジキスタン間の国境地帯においても結ばれた。しかし、その後においても国境地帯における発砲事件などは減らず、両国の住民の間に多くの犠牲者が出ている[55]。

以上のように、ウズベキスタンとキルギスの間の国境に関する交渉では一方的な主張やゼロサム・ゲームの論理に基づいた提案が少なくない。それが両国の国益を脅かし、いずれの国も最終的に損をする結果に至っている[56]。しかし、両国が協力し合うことで双方が得をする仕組みを構築することは不可能ではない。そのためには、信頼関係の回復と強化に加えて国益や国家主権の再検討が必要だと思われる。中央アジアには、一国の国益や国家主権を守るために地域全体の協力が不可欠であり、地域主権をとおして初めて一国の主権確保が可能になる場合が非常に多いからである。

専門家のデータによると、二〇〇八年の段階では一三八五キロメートルにわたるウズベキスタンとキルギス間の国境において九九三キロメートル分の国境線しか合意されておらず、それ以外の分に関しては合意に至ってないという[57]。キルギスの大統領府国境再設定・開発部のデータによると、二〇一三年の時点ではウズベキスタンとキルギスの国境の一〇〇七キロメートルに関して合意が達されており、残りの（五八の地域からなる）四〇〇キロメートルが国家間の交渉の対象として残っていた。それに加え、このような状況はウズベキスタンとキルギスの国境線においてのみならず、他の中央アジア諸国の国境においても見られる。たとえば、キルギスとタジキスタンの国境の場合、九〇七キロメートルの国境線のうち五一九キロメートルに関してしか合意がなされておらず、これらに関する交渉はいまだに継

続中である。(58)

3　ウズベキスタン・カザフスタン関係と国境問題

ウズベキスタンとカザフスタンの間にも国境をめぐる交渉や誤解が多い。両国の国境政策に決定的な影響を及ぼしたのは自国領内の安全確保であった。すでに述べたとおり、ウズベキスタンにとって安全保障上の課題はＩＭＵの活動とヒズブ・タフリール（イスラーム解放党）のような宗教原理主義組織の脅威である。ウズベキスタン・カザフスタン国境における状況もこれらを反映するものであった。

一九九九年の五月から六月にかけ、ウズベキスタンは自国領であるもののカザフスタンとの国境地帯にあるナザルベク（Nazarbek）という村に軍部隊を派遣した。そして、国境周辺に一方的に管制塔などを設置し国境を画定し始めた。当然のことながら、カザフスタンはそのような行動に抗議し、共同の国境画定検討委員会設立を呼びかけた。一九九九年一〇月、ウズベキスタンはその設置に合意し、国境警備隊の指揮官が国境周辺を飛行機から観察した。(59)

しかし、両国間の緊張はそれで終わったわけではない。たとえば、二〇〇〇年にはウズベキスタンが当時ウズベキスタン領だったバギス（Bagys）村周辺に一方的に国境を設定しようとしたと報告された。それは、ウズベキスタンにとっての国境画定の重要性と国境を越える安全保障への脅威に対する認識の表れであった。

共同国境画定検討委員会は二〇〇〇年九月までに三回会合を開き、二〇〇〇年半ばまでに双方が九六％の国境線に関して合意に達した。二〇〇一年一一月一六日にはカザフスタンのナザルバエフ大統領とウズベキスタンのカリモフ大統領が両国間の国境線の九六％が画定したことについて協定を締結した。両者は残りの四％に関しても協議を続けるとの結論を出した。

しかし、まだ国境周辺の対立は終わらなかった。国境周辺の住民の多くは国境という概念に慣れておらず、歴史的にそうしてきたように餌を求める家畜とともに国境周辺を自由に行き来した。そのため、彼らは地雷を踏んだり国境警備隊にテロリストと間違われて犠牲になったりした[60]。このような市民の犠牲が国家間関係をさらに悪化させた。

カザフスタンのマジリス（国民議会）のトヤクバイ（Jamarkan Tuyakbai）によると、「国境の両側において住民に対する暴力や家畜の盗みが発生しており無差別な暴力も多い[61]……（以下略）」。国境警備隊が武装した麻薬の密輸者や運搬者に攻撃されることも多くなった[62]。多くの場合、このような事件やそれに伴う国家間の緊張は国境画定が終わっていない残り四％の国境地帯で起きた。

こうした問題の象徴的な例として、バギスとトルキスタネツ（Turkestanets）というウズベキスタンとカザフスタンの国境にあった村の例があげられる。二つの村には主にカザフ人が居住していたが、地理的にはウズベキスタン領を構成していた。バギスは国境にまたがっており、村の一端がウズベキスタン領でもう一端がカザフスタン領だった。これらの村がある土地は一九五六年にソ連共産党中央委員会がウズベキスタンに貸与した。この土地はウズベキスタンに司令部を置くトルキスタン軍管区（TURKVO）の食料補給に使われていたからである。ソ連崩壊後TURKVOはウズベキスタン国軍の管轄下に移行した。しかし、問題は二〇〇〇年末に始まった。

これらの村の住民は国境画定がなかなか進まないことに不満を表明したのである。カザフ人が多いこれらの村の住民は、自分たちのウズベキスタン領とされている村がカザフスタンに返還されないことを恐れ、カザフスタンへの返還をウズベキスタン政府に強く求めた。このような姿勢は、とくにカザフ人でありながらウズベキスタンのパスポートを持たされた人々の間に広まっていた。状況がさらに悪化したのは、住民がウズベキスタンとカザフスタン双方から いわゆる「独立」を宣言したときであった[63]。この時期にはウズベキスタン国軍と住民間の緊張も報告されている[64]。

すでに述べたウズベキスタンとキルギスの関係と同様、ウズベキスタンとカザフスタンの国境線を決める際にも、どの文書を根拠として用いるのかが焦点となった。バギス村の国境周辺の場合、ウズベキスタンは一九六三年の地図を使うことを提案した。その地図によると、バギスはウズベキスタンのボスタンディク（Bostandyk）郡の一部である。これに対し、村の住民は境界線を決める根拠は一九四一年の地図と文書であると主張した。それによると、村はカザフスタンのサルヤガシ（Saryagash）郡の一部である。[65]

この問題の解決策は国家間協定の締結によって達成された。それにより、バギスはカザフスタンに返還され、[66]トルキスタンネツはウズベキスタン領に残った。この協定によると、トルキスタンネツの住民でウズベキスタンからカザフスタンへ転居したい住民には両国が支援を行うとされた。類似した状況は一九六三年にウズベキスタンに引き渡されたアルサナイとアマンゲルディィの村の事例で見られる。これらの村の住民の大半はカザフ人であり、管轄権はウズベキスタンにある。一九九五年から国境をまたいだカザフ側の議員がカザフスタン政府に働きかけをし、これらの村の土地をウズベキスタンとの間で他の土地と交換するように要求し始めた。しかし、この問題の最終的な解決は二〇一〇年に合意され、それによるとカザフスタンはこれらの土地をウズベキスタンの領土として認め、その代わりにこれらの村でカザフスタン領内へ移住を希望する住民に対して、移住にかかわる費用と新しい土地での定住に必要となる費用などの支援を行った。[67]

このような歴史的に紆余曲折を経てきた国境問題に加え、より新しい対立を生み出したのは国境周辺における人々の商売や活動である。その一例は二〇〇二年から二〇〇三年にかけての出来事である。この時期、ウズベキスタンの主な市場の三つが同時に閉じられ、多くの人は近くのカザフスタンまで足を運び買い物をしていた。それがカザフスタン国境地帯の経済に大きな影響を及ぼした。ウズベキスタン国民は毎日四〇〇万ドルをカザフスタン領内の国境周辺の市場に落とした。[68]このことはカザフスタンの市場の販売状況にプラスの影響を与えた半面、ウズベキスタンの市場への影響は深刻だった。ウズベキスタンの通貨であるソムのレートにも影響し、ドルに対しソムは弱くなっていった。このような状況は長続きせず、二〇〇二年一二月二七日にウズベキスタンは国境を閉じた。[69]ウズベキスタン政府は国境を閉じることでソムのレートを上げようとしたという説もある。その意図があったかどうかは不明だが、国境が閉じられてからソムのレートはドルに対し再び強くなった。

二〇〇三年一月に行われた国境通過の再開に関する交渉の中で、ウズベキスタンはカザフスタン国境周辺の市場などの活動停止とウズベキスタン・ソムの両替取引停止を求めた(70)。また、ウズベキスタン側は国境を閉じた理由として、当時流行していたＳＡＲＳ（新型肺炎：Severe Acute Respiratory Syndrome）の阻止をあげ、それが終わるまで国境通過の再開はできないと説明した。

以上のように、ウズベキスタンとカザフスタンの間の国境問題は、歴史的経緯を持つ国境線の画定だけでなく、経済活動や各国の国益にもつながっている。また、両国にとって、国境画定とそれに伴う問題は、新しいアイデンティティの確立だけでなく各国の安全保障と密接に関連している。しかし、そのような安全を求めて国境画定と厳密な国境管理を求める両国は、結果的には安全と安定ではなく、経済関係の停滞や人々のつながりの断絶をもたらすことになった。国境管理の実行をとおして達成されるものと想定していた効果とは正反対の結果に直面したといえよう。

4　ウズベキスタン・トルクメニスタン関係と国境問題

ウズベキスタンとトルクメニスタンの緊張関係には、水資源に加えて民族と国境をめぐる側面もある。両国はその露呈を避けてきたが、いずれも二国間関係において重要な位置を占めている。トルクメニスタンの市民にはウズベキスタン領内のホラズム州に歴史的なつながりを認める人が多い。ウズベキスタンでも、ウズベク人が多く居住するトルクメニスタン領内のタシャウズやトルクメナバドに対し同じようなつながりを感じる人は少なくない。

しかし、トルクメン政府はウズベク人居住地域が分離主義の原因になりかねないと長い間警戒してきた。また、両国はそのような分離主義や土地に関する争いが地域全体の安定を脅かしかねないとも認識している。そのため、二〇〇三年まで対立や緊張は表面化せず、他の政治・経済的対立が目立った。

具体的には、一九九五年、トルクメニスタンは領内にある石油加工工場や水関連施設のウズベキスタン保有権を認めなかった[71]。当時のトルクメニスタンの主張によると、これらはトルクメニスタン経済の犠牲のもとウズベキスタンに多大の利益をもたらしたからである。この対立は一九九六年にウズベキスタンとトルクメニスタンの大統領が会合した際に、部分的にではあるものの解決した。その際、ウズベキスタンはこれらの施設を借り受け、水施設の使用料を払うとともに、生産されている石油の一部をトルクメニスタンに引き渡すことに合意した[72]。しかし、それがすべての問題解決にはならなかった。トルクメニスタン政府がウズベキスタンからの輸入品に対し二〇％の税金（VOT）をかけ、トラセカ（TRASECA）という輸送ルート・プロジェクトの商品の通過に対してかけられる税金の五〇％の割引を実施しなかったことにウズベキスタン政府は不満を持った[73]。

一九九八年になると、トルクメニスタンはウズベキスタン国籍の旅行者に対しビザ取得を義務づけ、それが貿易、旅行と国家間関係を制限した。加えて、国境画定に関し二〇〇〇年に二国間で合意がなされたにもかかわらず、その作業は進展しなかった。結果として、国境警備隊が発砲したり、国境周辺に住む民間人に犠牲が出たりした。たとえば、親戚の訪問や貿易のためにトルクメニスタンに渡った住民が帰りにトルクメニスタンの国境警備隊に発砲され死亡した例が多々あった[74]。

二〇〇二年、ウズベキスタンとトルクメニスタンの関係はさらに悪化した。一〇月に世界銀行の資金で、トルクメニスタン領内にありウズベキスタンが使用する水関連施設（カルシ水ポンプ）の修理が提案されたが、この事業について二国間で意見の違いが浮上した。

ウズベキスタンは修理された施設によってカシカダリヤ地方への安定的な水の提供を確保し、トルクメニスタンは国内の農業セクターへの安定的な水の提供を可能にするはずだった。このように、プロジェクトは両国の国益と合致していたにもかかわらず、二国間で妥協が成立しなかったため事業は失敗した。報道によると、当初トルクメニスタンは自国の専門家のみが作業を行うよう働きかけたが、ウズベキスタンはトルクメニスタンの専門家には十分な技術がないことを理由にその要求を断った。それに加えて、トルクメニスタンは世界銀行の資金の一八〇〇万ドル（180 million）をひとまずトルクメニスタン中央銀行の口座に入金し、そこからプロジェクトのために引き落とすことを主張した[75]。それに対し、ウズベキスタン首相のスルタノフはそのような仕組みは作業を遅らせ、不便であると主張した。

また、同年、資源をめぐる二国間の関係に緊張が走った。トルクメニスタンのニヤゾフ大統領は、トルクメニスタン領内を渡るウズベキスタン所有（リースされた）のガス用パイプラインについて、その使用料が適切ではないとしてウズベキスタンによる使用停止を宣言したのである[76]。

しかし、両国の関係が最も悪化したのは同じく二〇〇二年のニヤゾフ大統領暗殺未遂事件であった。二〇〇二年一一月二五日、ニヤゾフ大統領は大統領専用車が市内を走行中、何者かが車に向かって発砲したと主張した。容疑者は国外からトルクメニスタンに入国しニヤゾフ大統領の暗殺を計画したとされた。

二〇〇二年一二月一六日、トルクメニスタン公安省の一五人の捜査員が、アシガバードにあるウズベキスタン大使館で外交特権を無視して捜査を行った[77]。その結果、トルクメニスタンは駐トルクメニスタン大使であったカディロフ（Abdurashid Kadyrov）が大統領暗殺に関与しており、暗殺未遂者に関係のある人物をウズベキスタン大使館がかくまったと主張し、カディロフ大使を国外退去にした[78]。

このような出来事はウズベキスタンとトルクメニスタンの間の緊張をこれまで以上に高めた[79]。トルクメニスタンはウズベキスタンとの国境に軍部隊を配置し、ウズベキスタンは国軍の兵士をアシガバードのウズベキスタン大使館と両国にまたがるカルシ灌漑水路の防衛のために配置した。それに加えて、複数のウズベキスタン国軍部隊が国境の近くに配置された。そのような緊張は軍事対立には至らなかったが、厳しい国境管理制度の構築と住民の移動の制限につながった。

5　キルギス・タジキスタン関係と国境問題

キルギスとタジキスタンの関係において土地や国境をめぐる緊張は少なく、暴力を伴う緊張を引き起こしてはいないが、未解決の問題が二国の接するフェルガナ盆地に集中している。

緊張を生み出す地域の一つは、キルギスのバトケント（Batkent）である。ここは現在キルギスの統治下にあり、タジキスタンがそれに対し公式に意義を申し立てたことはない。しかし、一九八九年にはこの地域がキルギス人とタジク人の土地をめぐる民族間対立の場となった。その記憶は今もなお多くの人々に残っている。また、タジキスタンの飛び地のヴォルフも緊張の火種になることがある。ヴォルフはタジキスタン国境から二〇キロメートルほど離れており、水や緑が豊富である。[80] この土地は境界について両国間に協定が存在しなかったため、複数の事件現場になった。

二〇〇二年、タジキスタンは一方的にキルギスとの国境に通過ポイントを設置し始め、それらの多くはキルギス領を含んでいた。一方的に設置された国境管理施設や国境線はキルギス政府と国境周辺に居住する住民の怒りを買った。とくに、国境周辺の住民による移動の制限への反発は非常に強かった。

たとえば、二〇〇二年一〇月、タジキスタンの国境警備隊は高速道路の通行を止め、複数の商品を積んでいたトラックに税金漏れや通過許可書の必要性を指摘し、タジキスタン領内のイスファラ州に引き返させた。[81] キルギス側の主張は無視され、キルギス側の現地住民は反発した。タジキスタンは自国の領内で取調べを行ったと強調し、キルギス領内に侵犯したことも否定した。これに対し、キルギスも国境管理施設を建設し、国家管理を厳しく実施し始めた。

二〇〇三年一月三日にはタジキスタンのソグド州の住民二〇〇人がキルギスとの国境を突破し、キルギスの税関・国境管理施設を壊した。これに対し、キルギスのバトケントの住民はタジキスタン側の国境管理施設を壊し、仕返しをした[82]。そのような事件は一九八九年の民族間対立を再び引き起こす可能性があるとの指摘もあった[83]。これに対し、二〇〇三年四月、両国政府は状況の打開を図るために共同の国境画定委員会の作業を開始する合意を行った[84]。それにもかかわらず、国境地帯における事件がいまだに続いており、多くの犠牲者を出している。その最新例として、二〇一四年一月にタジキスタンとキルギスの国境防衛隊員間で起こった軍事衝突があげられる[85]。これらの事件が水の使用権、灌漑施設などに関しても多く起こり、そのような対立はバトケント（キルギス）―イスファラ（タジキスタン）国境周辺でとくに多く起こっている[86]。水の使用権に加えて、土地の違法な使用などもう一つの問題として表れている[87]。キルギスとタジキスタンの領土問題の深刻さと解決の実現の可能性について、両国の高官の間に疑問を持つ人は少なくない[88]。これらの問題は両国の安全保障委員会委員長間でも話し合われたが、その際に交渉の対象は領土問題のみならず水の使用権、エネルギー供給施設やそのエネルギーの使用などに関する総合的なものとなった[89]。しかしこれらの交渉はいまだに成果を出していない。

小　結

1　国境に対する姿勢

国境という概念は中央アジア地域において非常に新しいものである。ソ連時代の国境は行政的なものであり、住民の生活や移動への影響はほとんどなかった。ソ連崩壊以降、国境のある生活の現実は多くの人にとって衝撃的であり、中央アジア諸国もそのような現実に対応する能力を持ちあわせていなかった。その結果、国境画定の作業も進まず、多くの場合、一方的な取り組みをとおして国境問題を解決しようとすることが少なくなかった。それは国家関係を悪化させるとともに、住民の生活も直撃した。それはとくに、フェルガナ盆地のように国境が複雑で、飛び地なども多く存在し、国境が網の目のようになっている地域に顕著である。

中央アジアの国境問題を解決するには複数の方法がある。一つは、その協議過程が平和的に進展するよう地域外から技術支援を行うことである。もう一つは、地域内に存在する地域機構などをとおして国境画定とその問題を話し合う仕組みを構築することである。

2　地域外からの支援

米国が対アフガニスタン作戦を開始する前は、ロシアが唯一中央アジア地域に安定をもたらしうる国だと主張する人が多く、欧米がこの地域に介入する可能性は低かった(90)。しかし、このような認識は必ずしも正しくない。中央アジアにおける米軍基地の存在は地域全体の安定と一見関係なく見えるが、中央アジア諸国の安全と国家主権を守る上で一定の役割を果たしたといえる。それはとくに、タリバン掃討作戦でも明らかであり、長年中央アジア諸国の南部国境を脅かしていたタリバンを追い詰めたのは米国である。それに加えて、米国は、アフガニスタン国内の訓練キャンプからキルギス、ウズベキスタン、タジキスタンにまたがるフェルガナ盆地へ侵入を続けたウズベキスタン・イスラーム運動IMU（のちのトルキスタン・イスラーム運動、IMT）も攻撃し打撃を与えた。すでに述べたとおりIMUは地域内の国境管理強化の根拠の一つであり、重要な安全保障課題の一つだった。そのことから、米国のアフガニスタン作戦は中央アジア諸国にとって重要な成果をもたらしたといえる。

中央アジアでNATO・米軍支援のために領土の使用を許可したのはキルギスとウズベキスタンである。キルギスはビシケク（首都）にあるマナス国際空港を対アフガニスタン作戦の物資支援を行う上で使用することを認めた。ウズベキスタンも同国南部にある旧ソ連時代の軍事施設を開放した。

しかし、米国と中央アジア諸国間の協力は様々な問題に直面し、二〇〇九年ともなるとその関係はかなり減退している。その上、米国政府と各国の関係悪化も見られる。たとえば、二〇〇五年にキルギスで反政府暴動が起こり、最終的にはアカエフ大統領のロシア逃亡と反大統領・民主勢力の政権奪取に至ったが、この件に関しては、米国政府の介入があったのではないかという疑念が生まれた。また、その直後、ウズベキスタンのフェルガナ盆地アンディジャン市で反政府暴動が起こり、ウズベキスタン政府軍が市民に武力を行使する事態となった（アンディジャン事件）。ウズベキスタン政府はこの事件には国外のイスラーム原理主義者が関与したと主張した。しかし、そのような解釈と、ウズベキスタン政府軍の市民に対する軍事対応は米国政府から理解を得られず、ウズベキスタン政府と米国を含む欧米諸国政府との関係悪化につながった。

結局、ウズベキスタン政府は米軍に対しウズベキスタン国内の軍事基地からの撤退を求め、二〇〇五年秋に米軍は撤退した。その後、ウズベキスタンと米国の関係は悪化し続けただけでなく、ウズベキスタンとロシア、中国との関係が強化された。

ただし、昨今では米国政府のウズベキスタンにおける人権・民主主義に関する批判が弱まってきている。ウズベキスタンが再びロシア離れをし、米国との関係を改善する可能性も出てきたといえる。

キルギス政府も米国のビシケク空港使用料に関して次第に不満を表明したことから、米国政府としばしば対立した。政府間の関係悪化以外にも、米国軍人の滞在国における行動が問題となった。キルギスではキルギス人が米軍によって射殺される事件が発生した。米軍は捜査を十分に行わなかったため、キルギス政府や一般国民から反感を買った。

二〇〇九年二月にはキルギス政府は米国によるビシケク空港使用を禁じ、軍事基地からの撤退を求めた。しかも、このキルギス政府の決意は、同国大統領のロシア訪問中に、ロシアからキルギスに対する経済支援の表明と同時に発表された。そのため、ロシアがキルギス政府に米軍への撤退要求を働きかけたのではないかという疑いも生じた。確かに、そのようなロシアの働きかけがあったならば、キルギス政府の決断に重要な影響を及ぼしたことは間違いない。最終的に、二〇〇九年七月に、米軍を中心に利用されていた空軍の基地を廃止する代わりに、マナス空港にトランジットセンターの名前で米軍や多国籍軍用貨物の運搬などを行える施設などが設置されたが、キルギス政府には米軍に対する不満が存在し続けていると考えられる。

3　中央アジア地域内の国境管理

国境管理に影響を及ぼす要因は中央アジア地域内にも存在する。とくに、一九九〇年代後半以降、中央アジア地域内の国境管理の効果をあげるとともに、国境を越える犯罪を阻止する必要性が認識され始めたことは、キルギス国民議会国際関係委員会のアリシェル・アブドモムノフの次のような言葉からもわかる。

独立から一〇年経った今でも、我々が近隣国のカザフスタンやウズベキスタンと親密な関係を構築することに失敗したことは事実である。ビザ（導入）政策は、そのようなすでに複雑な状態のさらなる悪化を招くものでしかない(91)。

当時のキルギス外務大臣アスカル・アイトマトフも、中央アジア地域内の協力の重要性を強調するとともに、国境管理に関する問題解決を訴えた。とくに、キルギスとウズベキスタンの国境における緊張関係について彼は次のように述べた。

国境（を守るためにウズベキスタン国境警備隊によってその）周辺に埋められた地雷の除去に関する（国家間）交渉は失敗した。しかし、どのような状態にあっても、我々はウズベキスタンを敵視してはならない(92)。

同様の主張はカザフスタンでもなされていた。たとえば、カザフスタンとウズベキスタンの国境における緊張関係の影響を最も強く受ける南カザフスタン州副知事のヌルラン・セイトジャパロフによると、我々は我が国民の権利を侵害することを許さないが、カザフスタンとウズベキスタンの国境は二つの友好国の国境としてあり続けなければならない。我が国民の関心と利益を考えれば、ウズベキスタンとの友好関係を維持しなければならない。妥協を見出すことは我々の役目である。我々は現地（国境周辺）に住む人々の意見を聞くが、それだけがガイドラインになるわけではない[93]。

このような認識は限定的ながらもある程度の成果を生み出した。たとえば、二〇〇三年一一月一六日、国境管理を担当するカザフスタンとウズベキスタンの国境管理委員長が、国境警備隊は国境における事件が発生した際に原則として自らの命に危険を感じたとき以外に銃の使用を避けることを定めたプロトコールに署名した[94]。また、タジキスタン、キルギス、ウズベキスタンの国境周辺に共通貿易圏を作ることについてタジキスタン政府が決議を採択した。それには以前から国家間緊張のもとであったイスファリン、マットチン、ナウスク、カニバダム、ソグドとムルガブ、ゴルノバドフシャン自治区、トルスンザデ市が指定された[95]。しかし、これら以外にも、国境周辺における協力への試みについて情報が流れたが、いずれもそれほど成果をあげず、各国の希望を表す「絵に描いた餅」と化してしまった[96]。

（1）中央アジアにおける国境画定の歴史については、小松久男「試練の中の中央アジア五カ国」百瀬宏編『下位地域協力と転換期国際関係』有信堂、一九九六年、一五八—一七五ページを参照。

（2）“Central Asia: Border Disputes and Conflict Potential,” International Crisis Group (Asia Report no. 33) (Osh/Brussels, April 4, 2002), p. 1.

（3）この政策およびそれが直面した困難に関する詳細な分析については、Anita Sengupta, *Frontiers into Borders: The Transformation of Identities in Central Asia* (Kolkata: Hope India Publications, 2002), pp. 71–98 参照。

（4）Randa M. Slim, “The Ferghana Valley: In the Midst of a Host of Crises,” in Paul van Tongeren, Hans van de Veen and Juliette Verhoeven, *Searching for Peace in Europe and Eurasia: An Overview of Conflict Prevention and Peace-Building Activities* (Lynne Rienner Publishers, Inc: Boulder, 2002), p. 490 参照。

（5） 例えば、Hisao Komatsu and Stéphanie A. Dudoignon, eds., *Islam in Politics in Russia and Central Asia: Early-Eighteenth to Late-Twentieth Centuries* (London, New York, Bahrain: Kegal Paul, 2001) 参照。

（6） サマルカンドとブハラの管轄権に関するウズベキスタン、タジキスタン知識人による論争を的確に論じたものとして、小松久男「二つの都市のタジク人――中央アジアの民族間関係」原・山内昌之編『スラブの民族――講座スラブの世界2』講談社、一九九五年、二五〇―二七四ページを参照。

（7） A. Panfilova, "Tsentral'naia Aziia: territorial'nye miny zamedlenogo deistviia," 7 May 2003 〈www.centrasia.ru〉 参照。

（8） Esenkul Usubaliyev and Asen Usubaliev, "Problemy Teritorial'nogo Uregulirovania i Raspredeleniia Vodno-Energiticheskikh Resursov v Tsentral'noi Azii," *Tsentral'naia Aziia i Kavkaz* 19: 1 (2002): p. 72 参照。

（9） たとえば、Necati Polat, *Boundary Issues in Central Asia* (Ardsley: Transnational Publishers, 2002), p. 172 参照。

（10） たとえば、Dmitryi Trofimov, "K Voprosu ob Etnoter'itorial'nykh i Pogranichnykh Problemakh v Tsentral'noi Azii," *Tsentral'naia Aziia i Kavkaz* 19: 1 (2002): p. 62 参照。

（11） たとえば、Stuart Horsman, "Uzbekistan's involvement in the Tajik Civil War 1992–97: domestic considerations," *Central Asian Survey* 18: 1 (1999): pp. 37–48; Or Trofimov, ibid., p. 70 参照。

（12） 同上。

（13） Muzaffar Yunusov, "Uzbek Border Guards Anger Tajiks," *Reporting Central Asia* no. 205, Institute for War and Peace Reporting, 20 May 2003 〈www.iwpr.net〉 参照。

（14） たとえば、"Border Disputes," ICG (Report no. 33), p. 13 参照。

（15） たとえば、Trofimov, "Kvoprosu ob. . .," p. 70 参照。

（16） "Border Disputes," ICG (Report no. 33).

（17） 二〇〇七年二月にウズベキスタンとキルギスの間にビザなし交流が再び導入された。

（18） ソッフに関する国家間交渉については後節を参照。

（19） *Ferghana.ru.* (News portal), 'Kyrgyzstan: Parliament prinial obraschenie k Uzbekistanu v sviazi s intsidentom v sele Chek,' May 29, 2009 〈www.ferghana.ru/news.php?id=12076〉.

（20） Matveev A. (2008), 'Druzhba druzhboi, a pogranichnye problem ne resheny,' *VPK*, N. 21. May 28-June 3 〈www.centrasia.ru/newsA.php?st=1211958660〉 (May 30, 2009).

（21） Sultan Jumagulov, "Bishkek Deputies Reject Uzbek Treaty," *Reporting Central Asia* no. 70, Institute for War and Peace

Reporting, 21 September 2001〈www.iwpr.net〉参照。

(22) 同上。

(23) たとえば，Randa M. Slim, "The Ferghana Valley," p. 494 参照。

(24) Aliaev D., 'Tazhikistan-Uzbekistan: izvilistaia granitsa,' *Nemetskaia Volna*. April 30. 2009,〈www.centrasia.ru/newsA.php?st=1241068620〉(April 30, 2009).

(25) Aliaev D., 2009, ibid.

(26) たとえば，Necati Polat, *Boundary Issues in Central Asia*, p. 56 参照。

(27) "Uzbek-Kyrgyz Border Delimitation Process Threatened with Breakdown-Paper," *Uzbekistan Daily Digest*, 12 December 2002〈www.eurasianet.org〉参照。

(28) 詳細は，"Postanovlenie Kyrgyzskogo parlamenta o peredache severnogo Sokha ne imeet yuridicheskoi sily," *12. Uz*, 2012〈http://www.12.uz/ru/news/show/comments/8307/#〉参照。

(29) For details, S. Samadov, "Komu prinadlezhit anklav Sokh?," *Tsentral'naia Azia*, April 1, 2008〈www.centrasia.ru.newsA.4?st=1207062000〉.

(30) "Uzbekistan blames Kyrgyzstan for Failed Border Talks," *Uzbekistan Daily Digest*, 12 December 2002〈www.eurasianet.org〉参照。

(31) N. Kerimbekova, "Factam vopreki. Kto tormozit process delimitatsii kyrgyzo-uzbekskoi granitsy?," *Slovo Kyrgyzstana*, 14 January 2003〈www.centrasia.ru〉参照。

(32) 同上。

(33) たとえば，Alena Kim, "Uzbekistan blames Kyrgyzstan for Failure of Border Talks," *Radio Free Europe/Radio Liberty: News-on-line*, 12 November 2002〈www.eurasianet.org〉参照。

(34) たとえば，A. Panfilova, "Tsentral'naia Aziia: teritorial'nye miny zamedlenogo deistviya," 7 May 2003〈www.centrasia.ru〉参照。

(35) Sultan Jumagulov, "Kyrgyz PMs Rail Against Border Deal," *Reporting Central Asia* no. 50, 4 May 2001〈http://www.iwpr.net〉参照。

(36) Ibid.

(37) たとえば，"Tension Flares on Kyrgyz-Uzbek Border," *Eurasia News*, 14 January 2001〈www.eurasianet.org...e/

kyrgyzstan/hypermail/news/0036.shtml〉参照。

（38）たとえば，Sultan Jumagulov, "Locals Suffer in Enclaves Impasse," *Reporting Central Asia* no. 57, Institute for War and Peace Reporting, 22 June 2001. または，Ulugbek Babakulov, "Kyrgyz-Uzbek Border Tensions," *Reporting Central Asia* no. 96, Institute for War and Peace Reporting, 3 January 2002〈www.iwpr.net〉参照。

（39）"Border Disputes," ICG Report no. 33, p. 14.

（40）同上，p. 16.

（41）"Karimov urges Kyrgyzstan to push forward on border settlement," 5 January 2003〈www.uzreport.com〉参照。

（42）"V Djelal-Abade (Kyrgyzstan) vooruzhenaia banda razgromila militsiiu i skrylas," 15 May 2003. Available at:〈www.centrasia.ru〉参照。

（43）"Tsentral'noi Azii ugrazhaet eskalatsiia napriazhenosti. Sderzhivaet lish' nedostatok finansovykh sredstv," 19 May 2003〈www.centrasia.ru〉参照。

（44）"Kyrgyz Government Orders Land-Mine Removal," *Kyrgyzstan Daily Digest*, 14 July 2003〈www.eurasianet.org〉参照。

（45）たとえば，"260 'nesoglasovanykh' kilometrov. Kyrgyzia-Uzbekistan: kamen' pretknoveniia-delimitatsiia granitsy," 26 August 2003〈www.centrasia.ru〉参照。

（46）詳細は，Lyubov Borisenko, "Pohoziainichali? Uzbekistan vernul Kyrgyzstanu arendovanye skvajeny v absolyutno demontirovanom sostoianii," *Vecherny Bishkek*, 16 July 2003. Available at:〈www.centrasia.ru〉参照。

（47）同上。

（48）"Kyrgyz-Uzbek row over oil, gas deposits continue," *Kyrgyzstan Daily Digest*, 22 July 2003〈www.eurasianet.org〉参照。

（49）*Zpress.kg.*, 2009.

（50）Ferghana.ru, June 6, 2009.

（51）Obidov, 2013.

（52）Ferghana.ru, May 29, 2009.

（53）Dudka, 2010; Ferghana.ru., March 4, 2010.

（54）*Ferghana.ru*, "Za dva poslednikh goda Kyrgyzstan napravil Uzbekistanu dvadtsat' odnu notu protesta v svyazi s intsindentami na granitse", 2013年6月24日〈www.ferghananews.com/news.php?id=20852〉参照。

（55）たとえば，"Uzbekistan predstavil svoyu versiyu intsidenta na granitse s Kyrgyzstanom," Ferghana.ru, 2013年6月21

日〈http://www.fergananews.com/news/20840〉参照。ウズベキスタンとタジキスタン間の国境における問題に関して、“Pogransluzhba Uzbekistana obvinyaet tazhikistantsev v popytke zahvata uzbekskih grazhdan i ovets,” *Ferghana.ru*, 2013 年 6 月 26 日〈www.ferghananews.com/news.php?id=20867〉参照。

(56) 国境のポイントに関する新しい情報については、“Thirteen Check Points to be Opened on Uzbek-Kyrgyz Border,” 18 July 2003, *Uzreport.com*. Available at: 〈www.uzreport.com〉; For reports on recent tensions on the borders, see “Poslu Uzbekistana v Kyrgyzstane vrucheny noty protesta,” 18 July 2003〈www.centrasia.ru〉参照。

(57) Matveev, 2013.

(58) Meterova, 2013.

(59) D. Trofimov, *K Voprosu ob. . .*, p. 63 参照。

(60) たとえば、Olga Dosybieva, “Kazakh Anger at Border Death,” *Reporting Central Asia* no. 161, Institute for War and Peace Reporting, 15 November 2002〈www.iwpr.net〉参照。

(61) 同上。

(62) Olga Dosybieva, “Kazakhstan: Frontier Dispute Deadlock Provokes Tensions,” *Reporting Central Asia* no. 120, Institute for War and Peace Reporting, 17 May 2002〈www.iwpr.net〉参照。

(63) “Na Kazakhstansko-Uzbekskoi Granitse proizoshel konflikt,” 5 January 2001〈http://www.euroasia.org.ru/2002/news/01_05_01_05_pressconference.htm〉.

(64) “Kazakh Villagers Seclare Statehood,” 5 January 2001〈http://www.asia.cnn.com/2002/WORLD/asiapcf/central/01/05/kazak.villages/index.html〉.

(65) Daur Dosbiev, “Village Defines Uzbek Government,” *Reporting Central Asia* no. 51, Institute for War and Peace Reporting, 11 May 2001〈www.iwpr.net〉参照。

(66) バギスの詳細については、Aleksei Matveev, “V Tsentral'noi Azii podelili granitsy,” *Gazeta SNG*, 7 July 2003〈www.gazetasng.ru〉参照。

(67) Galushko I., ‘Pogranichnoe sostoianie: Zhiteli Mataarala prosiat izmenit' Kazakhsko-Uzbekskuiu granitsu,’ *Ekspert K*, March 3 2010, www.centrasia.ru/newsA.php?st=1267568760 (March 10, 2010).

(68) 詳細は、“Zakritie Kazakhsko-Uzbekskoi granitsi iavliaetsia tekhnicheskim voprosom-vitse-ministr MID Kazakhstana Abuseitob,” *Gazeta.ru*〈www.uzland.uz〉参照。

(69)　“Kazakh Minister Slams ‘Improper’ Uzbek Demands over Border Issue,” *Eurasianet.org*, 15 January 2003〈www.eurasianet.org〉参照。
(70)　同上。
(71)　“Feuding Neighbors,” *Reporting Central Asia* no. 50, Institute for War and Peace Reporting, 4 May 2001〈www.iwpr.net〉参照。
(72)　同上。
(73)　同上。
(74)　Abdulla Iskandarov, “Uzbeks Angered Over Border Restrictions,” *Reporting Central Asia* no. 60, Institute for War and Peace Reporting, 13 July 2001〈www.iwpr.net〉参照。
(75)　“Mania Turkmenbashi,” *Moskovski Komsomolets*, 27 December 2002. Available at:〈www.uzland.uz〉参照。
(76)　同上。
(77)　“Opposition Warns Turkmen Leader of Possible Conflict with Uzbekistan,” *Watan.ru*, 19 December 2002〈www.uzland.uz〉参照。
(78)　“Turkmenistan Vyslal Uzbekskogo Posla,” *Turkmenistan Ru.*, 12 December 2002. Available at:〈www.turkmenistan.ru〉参照。
(79)　Dmytry Glumskov, “Turkmenia i Uzbekistan na grani voiny,” 20 December 2002. Available at:〈www.news.ferghana.ru〉参照。
(80)　Sultan Jumagulov, “Kyrgyz Fears Over Tajik Border Talks,” *Reporting Central Asia* no. 174, Institute for War and Peace Reporting, 10 January 2003〈www.iwpr.net〉参照。
(81)　たとえば、Gulzina Karim kyzy, “Kyrgyz-Tajik Border Problems,” *Central Asia and Caucasus Analyst*, 9 October 2002 参照。
(82)　たとえば、Sultan Jumagulov, “Kyrgyz Fears Over Tajik Border Talks,” *Reporting Central Asia* (Report no. 174) (London: Institute for War and Peace Reporting). January 10, 2003〈www.iwpr.net〉参照。
(83)　バトケント州出身のトシボロット・バルタエフの見解に関して Jumagulov 参照。
(84)　“Dialog budet slozhnym. Tadzhikistan i Kyrgyzstan nachali peregovory o delimitatsii gosgranitsy,” 16 April 2003 参照。
(85)　その詳細について、Radio Free Europe/Radio Liberty, “Kyrgyz, Tajik Guards Injured In Border Clash”, 2014年1月11

日〈http://www.rferl.org/content/kyrgyzstan-tajikistan-border-shooting/25226992.html〉参照。

(86) "Tajikistan Deistviia Kyrgizskikh pogranichnikov byli nezakonny," *Ferghana.ru*, March 28, 2009. Available at: 〈www.ferghana.ru/news.php?id=8762〉.

(87) Urmat Kenzhesariev, "Z Moldoshev: Skladyvaetsia neblagopriiatnaia tendentsiia, sposobnaia privesti k chastichnoi utrate territorial'noi tselonosti," *Vechernii Bishkek*, April 2, 2008. Available at: 〈www.centrasia.ru/newsA.php4?st=1207107300〉.

(88) Daniiar Karimov, "M.Dzhuraev: Kyrgyzstan nikogda ne smozhet dogovoritsia s Tajikistanom o granitsakh," *Information Agency 24.kg*, March 4, 2008. Available at: 〈www.centrasia.ru/newsA.php4?st=1204665420〉.

(89) "V Khudzhante sekretari sovbezov Kyrgyzstana i Tazhikistana obsuzhdaiut prigranichnye problem," *Ferghana.ru*, March 3, 2009. Available at: 〈www.ferghana.ru/news.php?id=11411〉.

(90) Anna Matveeva, "Regional Introduction: Post-Soviet Russia Redefines Its Interests," in Paul van Tongeren, Hans van de Veen and Juliette Verhoeven, *Searching for Peace*, pp. 352-353. 参照。

(91) Venera Jumataeva, "Kyrgyz Visa Disappointment," *Reporting Central Asia* no. 61, Institute for War and Peace Reporting, 19 July 2001 〈www.iwpr.net〉 参照。

(92) Sultan Jumagulov and Olga Borisova, "Uzbek-Kyrgyz Border Danger," *Reporting Central Asia* no. 192, Institute for War and Peace Reporting, 21 March 2003 〈www.iwpr.net〉 参照。

(93) Daur Dosybiev, "Village Defies Uzbek Government," *Reporting Central Asia* no. 51, Institute for War and Peace Reporting, 11 May 2001 〈www.iwpr.net〉 参照。

(94) 詳細は，"Pogranichniki dogovorilis' ne primeniat' oruzhie na granitse," *Interfaks*, 23 October 2003. Available at: 〈www.uzland.info/2003/October/24/09.htm〉 参照。または，"Uzbekistan, Kazakhstan Agree Not to Use Weapons on Border," *Uzreport.com*, 24 October 2003 〈www.uzreport.com〉 参照。

(95) "Tadzhikistan stimuliruet razvitie prigranichnoi torgovli s Kyrgyzstanom i Uzbekistanom. Torgovymi punktami," 28 October 2003 〈www.centrasia.ru〉 参照。

(96) たとえば，"Kyrgyzstan-Uzbekistan: Focus on Poverty Impact in Border Areas," 23 October 2003 *IRIN* 〈www.uzland.info〉 参照。

第5章　水管理政策と中央アジア諸国間関係

はじめに

ソ連崩壊前、中央アジア地域における水管理はソ連という超大国の意向を反映し、連邦全体の見地から運営されてきた。アフガニスタンやイランという周辺諸国の意見はほとんどの場合重視されなかった。しかし、冷戦終結後の新しい国際秩序の到来とともに、乾燥し水不足が深刻な問題になっている中央アジア地域において、水管理は重要な国家間問題に発展した。

一九八〇年代に見られたソ連の資源ナショナリズムは、一九九〇年代以降は各国の自己中心的な水管理政策に変容し、かつてソ連という超大国の管理下にあった水資源が中央アジア地域における多国間の問題になりつつある。このような水資源に関する中央アジアの国際情勢は近年の国際政治を反映しており、国境を越えて展開する水問題を解決する上では、これまでとは異なる解決方法が必要となっている。

以上をふまえ、本章では、現在の中央アジアにおける水資源をめぐる国際関係はいかなるものか、また、この地域の水管理は国家間でどのように行われているのか、その課題と展望はいかなるものかという点について考察する。

一　水資源と国際情勢

1　国境を越える水問題の現状

［アム川とシル川］

アラル海にはアム川とシル川が注いでおり、両河川は中央アジア最大の流域を誇っている。アム川の水源はタジキスタン、中国、アフガニスタンが国境を接するパミール高原で形成される。アム川上流のピャンジ川はタジキスタンとアフガニスタンの間を流れ、二国間の国境を構成する。また、アム川にはタジキスタンのカフィルニハン川とアフガニスタンのクンドゥズ川が注いでおり、前者は上流でタジキスタンとウズベキスタンの国境を構成している。以上に加え、アム川はウズベキスタンとアフガニスタン、トルクメニスタンとアフガニスタン、そしてウズベキスタンとトルクメニスタンの国境を構成する。最終的に、アム川はウズベキスタンに属するカラカルパクスタンを流れ、アラル海に入っていく。途中の様々な運河もアム川の水で成り立っている。さらに、トルクメニスタンとアフガニスタンはアム川の支流であるムルガブ川とテジェン川の水を使用している。これらを見れば、アム川流域が多国にまたがっていることは明らかである。

シル川についても同様である。シル川の水源はキルギスの天山山脈にあり、それから流れ出た複数の川が一つとなってカザフスタンに流れる。キルギスの最も重要な川の一つはナリン川だが、これもキルギスを経てウズベキスタンのナマンガン州を流れる。ナリン川の流れはキルギスにある複数のダムによって調整されており、その一つはトクトクル・ダムである。ウズベキスタンの領土に入ると、ナリン川の水はウチコルゴンという都市の近くにある貯水池を経て、キルギスから流れてきたもう一つの川であるカラ川に注ぐ。カラ川の水はアンディジャン貯水池に入る。これらは最終的に合流してシル川となり、ウズベキスタンからタジキスタン、タジキスタンから再びウズベキスタンを流れ、カザフスタンをとおってアラル海に注ぐ(1)。

［カザフスタンの状況］

カザフスタンの領土には複数の川が流れており、一見すると水不足とは無縁のようである。しかし、水資源の状況を詳しく調べると必ずしもそうではない。たとえば、カザフスタンにはシル川、イリ川、イルティシ川といった大きな河川があり、西にもウラル川があるが、ウラル川はロシアから流れてきており、その利用はロシアの水政策に大きく左右される。シル川は中央アジアの主要な河川であり、その利用に関して中央アジア諸国間で様々な緊張が見られる。イルティシ川はカザフスタン領内の水量の四分の三を占める川だが、この川もまた源流は中国にあり、カザフスタンをとおってロシアに流入する。そのことから、この川の水資源に関しては中国とロシアの政策が大きな影響を及ぼす。とくに、中国はきわめて積極的な水政策を実施しており、一九九九年にはイルティシ川で中国向けの運河建設を開始している。この運河をとおして多くの水が発展目覚ましい中国の産業や農業に利用されれば、カザフスタンの水資源の状況に影響することは避けられない。確かに、カザフスタン国内には二〇〇以上の貯水池が存在する。最も大きなものとしては、カザフスタン東部にブフタミルが、アルマトゥの近くにはカプチャガイがある。しかし、これらがカザフスタンの水問題の解決に大きく貢献しているとはいえないのが現状である(2)。

2　水利用におけるバランスの欠如

中央アジアの水資源について考えるとき、キーワードとなるのはバランスの欠如である。農業のための過剰な水利用とそれに伴う環境悪化、少ない降水量(3)といった要因があるだけでなく、この地域の水資源は中央アジア諸国の間で平等に分配されているとはいえない(4)。このバランス欠如の原因は、中央アジアの人口と資源配分のバランスがとれていないことにある。たとえば、ウズベキスタンでは一平方キロメートル当たり五三人の居住者がおり、旧ソ連中央アジア地域で最も人口が過密である。二番目はタジキスタンで、一平方キロメートル当たり四二人の居住者がいる。キルギスの場合は一平方キロメートル当たり二〇人、トルクメニスタンは一〇人である。人口密度が最も低いのはカザフスタンであり、一平方キロメートル当たり八人である(5)。

一方、中央アジアの主要河川の水源のほとんどは山岳地方に集中している。また、水資源が豊富な地域の五分の四がキルギスとタジキスタンに集中しているものの、これらの国々の耕地面積は比較的少ない。それとは対照的に、中央アジアの耕地面積の四分の三を占めるウズベキスタンとトルクメニスタンはこの地域の水資源の総量の五分の一しか持っていない(6)。

ミクリン（Philip Micklin）の研究によれば、このようなバランスの欠如に加え、水の利用と産出においても上流国と下流国の割合は異なっている。上流国であるキルギスとタジキスタンは水資源の九〇％を産出しているが、両国の領土は中央アジアの二〇％を占めるにすぎない(7)。他方、下流国のカザフスタン、ウズベキスタン、トルクメニスタンは中央アジアの面積の八〇％を占めるにもかかわらず、中央アジアの水の一〇％しか産出していない。

また、同じくミクリンのデータによると、アム川の水の八〇％をタジキスタンが、八％をアフガニスタンが、六％をウズベキスタンが、三％をキルギスが、そして同じく三％をトルクメニスタンとイランが産出している(8)。シル川の水を産出する割合は、キルギスが七四％、カザフスタンが一二％、ウズベキスタンが一一％、タジキスタンが三％である(9)。

これらのデータをふまえると、中央アジア（アラル海流域）の水は、キルギスとタジキスタンがそれぞれ二五％と五五％を産出しているものの、両国の利用量は一六％程度である(10)。アフガニスタンが産出するのは四％であり、利用量は一％以下だが、アフガニスタンの復興に伴い、利用量は増えることが見込まれる。それとは対照的に、ウズベキスタン、カザフスタン、トルクメニスタンの中央アジア（アラル海流域）における水資源の産出割合は一四％で、これらの国々が利用する量は八三％である。国別では、ウズベキスタンは水の八％を産出しているものの、五二％を利用している。トルクメニスタンについては水の産出がほとんど認められない一方、二〇％を利用している。そして、カザフスタンの場合、水の産出に関する貢献度は四―六％程度だが、利用量は一〇―一三％である。

このような水資源の配分におけるバランス欠如は水不足の状況下で顕著となる。たとえば、二〇〇一年は中央アジアにおける水不足がとくに深刻な年であった。その際、ウズベキスタンとトルクメニスタンの（領土内で上流にある）地域は、アム川の水の八五―一〇〇％を利用してしまい、下流のウズベキスタン（カラカルパクスタン）とトルクメニスタン（タシャウズ地方）が水不足に直面してしまった(11)。

以上のようなバランス欠如は、中央アジアの人口構造や自然環境によって生まれたものである。しかし、この地域における水の使用方法を調整する仕組みが機能していないことが、水資源の状況をさらに悪化させている。

二　水資源と国際政治

1　水資源に関する協力体制とヒューマンファクター

多くの専門家によると、水資源の利用に関する基準と各国の使用限度を設けることは、技術的な問題であり比較的容易である。最も難しいのはそれらを遵守していくことであり、なんらかの調整とコントロールの仕組みが必要である。このような仕組みの設置や水資源に関する国家間協力には複数の要因が影響を与える。中でも、ヒューマンファクターはとくに重要である。中央アジア諸国の指導者の水資源に対する姿勢と政治的指導力、各国の専門家のヒューマン・ネットワークはその一例である。

とくに水問題の専門家に関しては、彼らこそソ連時代の様々な政策にかかわっており、多くの問題を引き起こしてきたとして、彼らの役割を批判したり責任を追及したりする声がある。しかし、ソ連中央政府から指令を受けて水資源を運営していた専門家はソ連崩壊に伴って立場を失ったが、彼らに代わって同じ役割を果たすことができる専門家は中央アジアにはいないという意見もある。このような意見や批判には現状を反映している部分もあるが、中央アジアの水問題やそれに関連する対立を避けるために、現在この地域にいる専門家たちのヒューマン・ネットワークを無視することはできない。彼らに対する批判は多いが、本章では彼らの役割の重要性を強調したい(12)。

本章では、専門家のネットワークの重要性を強調し、これまで中央アジアで水に関する国家間の議論が対立や紛争に至らなかった要因の一つとして、彼らの存在があると指摘したい。とくに、ソ連崩壊に伴って連邦の様々な構造が壊れていく中、専門家が中央アジアの水資源に関して現状維持に貢献したことを評価したい。その重要な要素として、彼らの多くは同じ大学で教育を受け、ソ連の水資源省という同一の組織の下で長年働いていた。このことが彼らの意思を統一していたと考えられる。独立後、彼らは別々の国の水資源担当者になり、交渉のテーブルでもそれぞれの国の国益を守ろうとした。それでもやはり、彼らの共通の経験と同僚意識は今も保たれている。それが、水資源における中央アジア諸国間での協力関係を強化する上で役に立ったと思われる。

指導者に関していえば、各共和国のリーダーは、ソ連崩壊前から、ソ連の中央政府と共産党にこの地域の水問題が深刻な状態であることを強調していた。その一例が、一九九〇年七月二三日の水不足や環境被害に関する中央アジア諸国の共同宣言である。これはソ連中央政府に対するアピールであり、ソ連中央政府による農業・水政策への不満の表れでもあった。同時に、この宣言は中央アジア諸国がアラル海問題について共同の対応をとったことを示す象徴的な出来事でもあった(13)。

2　水資源に関する協力の仕組み

以上のことからもわかるように、一九九〇年代の中央アジア諸国において最も優先された課題の一つは、ソ連崩解後の農業セクターなどへの安定的な水の供給であった。それまで、中央アジアにおける水資源の運営はソ連中央政府が行っており、各共和国の使用分などもソ連中央政府が決めていた。独立を果たした中央アジア諸国は、水資源の利用に関し合意に至らなければならなかった。そのため、一九九二年二月一八日、中央アジア諸国は「水資源の利用と保護の共同管理に関する共和国間合意」という協定を結んだ(14)。この協定で、各国は自国の領土内における水資源の利用を他国の国益に反しないように行うことや、水質汚染を防止することを誓った。また、協定は、ソ連時代に定められた各国の水利用基準を引き続き適用することを宣言した。しかし、協定違反もしばしば発生した。たとえば、キルギスが下流にある国々の国益を無視して冬期に水を放出したことがあげられる。

それでも、この協定には二つの意義がある。それは、協定が中央アジア諸国間の水分配基準の設定の試みであったことに加えて、ソ連崩壊直後の状況の中で中央アジア諸国が安定的に水供給を行う仕組みを定め、のちの水資源管理分野における協力関係の基礎になったことである。

一九九二年の協定は調整機関も設けた。それは水管理調整委員会（International Committee on Water Management Coordination: ICWC）である。委員会の主な目的は、中央アジアにおける水管理に関する政策・規定を作成し、その適用を管理することである。その中には各国の利用基準なども含まれている。中央アジア諸国間の問題は委員会で話し合うことが想定された。また、ＩＣＷＣの事務局がタジキスタンのフジャンドに置かれることも決まった。科学センターもウズベキスタンのタシケントに設立され、支部が各国に設置された(15)。

委員会に加え、二つの流域水管理協会（Basseinoe Vodnoe Ob'edenenie: BVO）が設置された。具体的には、ウルゲンチに本部を置くアム川担当のBVO Amudaryaと、タシケントに本部を置くシル川担当のBVO Syrdaryaがある(16)。

これらの施設は中央アジア諸国共有の資産であり、その運営や管理は共同で行うとされた。ただし、これらの資産はＢＶＯの一時的な利用のために委任されたものであり、これらを売買するなどの権利はいずれのＢＶＯにもないとされた[17]。

一九九三年三月に中央アジア諸国は新たな協定として「アラル海とその周辺が置かれている（環境）問題に関する共同対策について」を承認した。それに伴い、「アラル海流域問題国際会議」（Mezhdunarodnyi Sovet po Problemam Arala）とアラル海国際基金（Mezhdunarodnyi Fond Arala）を立ち上げた。前者はアラル海流域の多国間の活動に関する政策立案、国家間協力の促進、様々なプロジェクトの検討などを目的とした。後者は各国からの支援の使い道に関して国家間の調整を行う機関とされた[18]。

さらに、一九九四年一月、各国は「アラル海流域の環境、社会、経済的状況の改善に向けた特別な措置に関する三―五か年計画」に署名した。同年三月には中央アジア諸国が「アラル海流域問題国際会議」の総予算を決め、アラル海流域計画を検討した。また、一九九四年一月の「アラル海域における環境、社会と経済状況に関する特定措置の三―五か年計画」成立に伴い、一九九五年九月に国家首脳が「アラル海域における持続的発展計画について」の宣言に署名した。そして、一九九八年三月に署名された「シル川流域の水・エネルギー資源利用についての協定」により、国家間で水利用コンソーシアムの設立も計画された。

翌一九九五年の九月、「アラル海流域の持続的発展について」の宣言がウズベキスタンのヌクスで署名され、先に述べた「アラル海流域問題国際会議」とアラル海国際基金の必要性が改めて強調された。それが一九九六年の両機関の機能に関する協定案につながるのだが、その案において両機関の機能と役割に関する規定は非常にゆるいものだった。そのため、両機関の定義や存在意義について、効率よく機能していないことや、機関内における中央アジア諸国の対立など、多くの課題を残した。

最終的に、会議と基金は一つの機関に統合され、名称としてはアラル海国際基金が残る形になった。しかし、内容面では新たな構造が導入され、理事会（中央アジア各国の水農業担当副大臣で構成）と実行委員会が基金によって継続的に機能する機関となった。

3　水資源の国際化と中央アジア

中央アジア諸国のほとんどは、水資源が地域全体の財産であり特定の国のものではない、という考え方に賛同している。(19) しかし同時に、各国はそれぞれの憲法で領土内にある水は自国の財産だと宣言している。このような矛盾から国家間に様々な議論が生まれ、お互いに対する非難も聞こえ始めた。

すでに述べたような地理的な偏りに加え、中央アジア諸国の経済構造とそれによる水資源の必要性も異なるため、多くの構造的な対立が生じてしまう。

たとえば、上流国であるキルギスとタジキスタンではエネルギー資源が不足しており、とくに冬は深刻な問題に発展する。そのことから、両国は冬期にそれぞれの貯水池（たとえば、キルギスの場合はトクトクル・ダムであり、貯水量は一九・五立方キロメートル、タジキスタンの場合はヌレク・ダムで貯水量は一〇・五立方キロメートル）の水を電力生産のために使う。そういう意味では、冬にその水を貯水池にためておくことはこれらの諸国にとって得策ではない。しかし、その水が流れていくのは下流にある他国の土地である。

上流国の政策とは対照的に、下流国のカザフスタン、ウズベキスタン、トルクメニスタンは主に夏期に水を必要とするため、上流国がダムを電力生産に利用することに悩まされている。なぜならば、下流国の経済は農業に大きく依存しており、これらの国々の農業セクターにとって、乾燥し気温が四〇—五〇度まで上がる夏期は水の供給が生命線であるからである。

このような上流国と下流国の政策の違いは、夏には下流国において水不足をまねく。また、冬には上流国のダムから放出される大量の水が原因の洪水を引き起こす。それが下流国の新しく植えられた作物を台無しにし、次年度の食料の価格や供給に影響する。

このようなジレンマを解決するために、一九九四年に一つの先例ができた。それは、キルギス、カザフスタン、ウズベキスタンの間でエネルギーと水の交換に関する協定が成立したことである。それによると、カザフスタンとウズベキスタンはキルギスに石炭と天然ガスを供給する。その代わり、キルギスは冬期にダムや貯水池に水をため、夏に下流国に供給する。ただし、供給するべきエネルギー資源と水資源の量が合意に至らず、協定の内容は実施されなかった。協定が機能しなかったことで上流国と下流国の間の対立や議論は続いている。それが中央アジア諸国の水資源に関する考え方に影響を及ぼし、ついには水の商品化に関する議論へと発展した。

４　水の商品化と一方的な水政策の危険性

［上流国と下流国］

上流国は、これまでの水利用に関する状況が一時的かつ非効率的だと認識している。それから見ると、エネルギー資源と水資源の交換の仕組みは、下流国に有利な立場を与え、上流国へ圧力を加える仕組みである。そこで上流国は、このような交換の仕組みの代わりに「水の商品化」を提案している。

たとえば、キルギス議会のＴ・Ｕ・ウスバリエフは、キルギス経済は水をためておくことで六億一〇〇〇万ドルの損害を受けており、下流国は上流国の水資源を買い取るべきだと主張する。[20]キルギス科学アカデミーは水の価格も計算し、二〇一五年までにその価格は一〇〇〇立方メートル当たり一・二三ドルに達すると発表した。[21]それに対し、キルギス・エネルギー資源省のチュディン大臣は隣国とエネルギー資源の売買に関する交渉と同時に水の売買に関する交渉も行う意欲を示した[22]。

当然このような主張が引き金になり、下流国と上流国の間に論争が始まり、相互に対立する意見が飛び交うようになった[23]。キルギスに加えて、もう一つの上流国のタジキスタンも自国のエネルギー資源確保の戦略の一環として、このような商品化の論理を支持している。タジキスタンは、中央アジア地域において水コンソーシアムが形成され、その中で水と他のエネルギー資源の売買の交渉が行われるべきと主張している[24]。

このような「水の商品化」構想はキルギス政府や議会の考え方に大きく影響し、二〇〇一年三月のキルギスによる一方的な水供給制限に関する宣言につながった。キルギスは、近隣諸国と事前に合意があった二三億立方メートルのうち七億三〇〇〇万立方メートルしか提供しないと宣言したのである[25]。このような「水の商品化」の論理は、キルギスの「国家間水関連施設、水資源と水関連調整設備の利用に関する法」にも表れている。それによると、キルギス共和国内にあるすべての水はキルギスのものであり、下流国はその水が必要ならば買い取るべきだとされている[26]。

下流国のカザフスタンとウズベキスタンは、このような姿勢を批判し拒否している。下流国は、一九九二年の協定に基づけば、水は地域共有のものであると主張する。さらに、カザフスタンとウズベキスタンはこのようなキルギスの姿勢は必ずしもキルギスにとって良い結果をもたらさないと強調する。もしキルギスが水を商品として売り込もうとするならば、両国はそれに高い消費税をかけるだけでなく、冬期に水をキルギスから買い取らず、ダムに貯水することを要求するという。その場合、水が商品となった以上、要求されない限りダムから流すことはできないので、キルギスとしては放水によって得るエネルギーも得られなくなってしまう。キルギスのダムはそのような水量に耐えられないので、カザフスタンとウズベキスタンに言わせれば、最も困るのはキルギスだということになる[27]。結果として、このような対立から上流国も下流国も得るところはなかった。

以上のような対立は最終的に妥協案を探ることで落ち着いた。キルギスは下流国に水を商品として買い取るのではなく、貯水池やダムの維持費を支払うよう求めた。カザフスタンはそのような要求を受け入れた。カザフスタンは様々な水関連施設の維持のために年間一〇万ドルを支払うことに合意した。同様の合意が二〇〇二年三月にウズベキスタンとキルギスの間でも結ばれた。

［新規ダム建設をめぐる各国の反応］

以上のような問題について、キルギスの戦争問題・水エネルギー資源研究所所長マフカモフは、シル川上流に二つのダム（カンバルタ・ダム一号、二号）の建設を提案することがキルギスのエネルギー問題を解決すると提案した。彼によれば、これらのダムで使われた水はトクトクル・ダムに流れ、この仕組みによってキルギスも下流にある国々も得をする。この案にキルギス首相ジョオマルト・オトボエフも賛同した(28)。また、カムバルタ・ダム一号の建設コスト一〇億ドルとカムバルタ・ダム二号の建設コスト二億一〇〇〇―三〇〇〇万ドルのうち、カザフスタンが一部を負担することに関心を示した(29)。その代わり、キルギスがこれらのダムの株を発行し、その一部をカザフスタンに渡すことも提案された。

さらに、ロシアのエネルギー供給・ネットワーク維持会社（EES Rossii）の理事長チュバイス（Chubais）は、その後キルギス首相となったタナエフとカンバルタ・ダム一号、二号の建設における協力について覚書を取りかわした(30)。このようなダム建設に対するロシア側の関心は、この地域の水不足改善と関連がある。しかし同時に、チュバイスの積極的な動きは、彼が以前から提案していた、ユーラシアのエネルギーシステムを統合した「自由の帝国」のアイデア実現に向けた一歩だと見なす人もいる。

EES Rossii に加え、二〇〇四年九月にはキルギス政府と中国の間でもカムバルタ・ダム建設に関する協力の可能性について交渉が行われた(31)。

中国とロシアは当初のタジキスタン国内の水関連施設の建設に名乗りをあげ、ロシアはその一部の建設を完了させた[32]。しかしその後、ログン・ダム建設へのウズベキスタンなど下流国の反対に配慮して、これらのプロジェクトから手を引いた[33]。ＥＵ（欧州連合）も中央アジア地域の国家間関係を悪化させている要因としてダム建設における緊張感をあげ、可能であれば新しいダム建設を取りやめ、既存の施設を利用し、水を分け合う方法を模索するべきと強調してきた[34]。下流国もその立場を共同で表明するようになり、資源が豊かでロシアや中国からより重視されるトルクメニスタンとウズベキスタンが中央アジア地域におけるダム建設に反対していることを強調するようになった[35]。

それに対し、タジキスタンはロシアに強く抗議し、自国の水資源をとおして得られるエネルギーを確保する権利があることを主張した。それはロシアとタジキスタンの間の関係悪化にもつながる可能性があり、水資源以外の分野（例えば、タジキスタンから受け入れる出稼ぎ労働者の規制など）にも悪影響を及ぼす可能性が出てきた[36]。こうした中でロシアがタジキスタンのダム建設に貢献しない場合、タジキスタンは国内にあるロシア軍の基地の使用料の請求をロシアに対して行うべきという声までが聞こえるようになり、タジキスタンとロシアの関係に緊張が高まった[37]。

ロシアによるタジキスタンのログン・ダム建設への参加について再び交渉が始まったが、ロシアはこの地域における最重要国であり下流国であるカザフスタンとウズベキスタンの姿勢に配慮しながらその交渉を続けた[38]。また、タジキスタンとウズベキスタンの間で複数の交渉が行われたが、これらは結果を残さず、水問題に関する対立はなお解決されてはいない[39]。

三　中央アジアの水管理領域における課題

１　水資源をめぐる情勢

上流国と下流国の間で経済政策と水資源の利用に関して鋭い対立が生じているもう一つの例は、タジキスタンの水とエネルギー政策である。タジキスタンはエネルギー資源に恵まれておらず、電力供給をダムの水力発電に依存している。現段階ではタジキスタン国内にあるすべてのダムの発電量を合計しても、キルギスのトクトクル・ダムより低い。タジキスタン北部に対する電力エネルギー供給の七五％程度は（複数のダムを一つにまとめる）ワフシ・ダムがまかなっている。残りの地域へのエネルギー供給は不十分で、多くの問題点が残っている。タジキスタンとウズベキスタンの間でエネルギーを（飛び地や電線の関係で）交換する仕組みもあるが、様々な理由で継続的に行われていない。このような状況の中、タジキスタンは水資源に恵まれた地理的利点を生かし、様々なダム建設を計画している。その一例がログン・ダムである。

タジキスタンのログン・ダムはソ連時代に計画され建設が始まったが、資金不足が原因で一九九二年に凍結された。ログン・ダムの建設はタジキスタンに必要なエネルギーの確保にとって重要な計画だったため、内戦後、タジキスタン政府はこのダム建設に関して前向きな姿勢を見せた。しかし、ウズベキスタンとトルクメニスタンは慎重な見解を表明した。それは、両国の領土がダム建設の影響で多大な損害を被るためである。しかも、専門家は、このダムにワフシ川の水が使われることで、この地域の水不足にさらに拍車がかかる可能性があると指摘している。

上流国と下流国の緊張関係に加え、下流国でありアム川流域を分け合うウズベキスタン、トルクメニスタン、アフガニスタンの関係も単純ではない。それはとくにウズベキスタンとトルクメニスタンの関係において明白な形で表れる。両国は下流国であるだけでなく、中央アジアで最も水資源を利用する国である。両国は水に関してそれほど対立していないものの、将来的にはそのような緊張関係につながる可能性のある要因が複数存在する。

その一つは水資源の利用基準である。両国の経済は農業セクターに大きく頼っており、その中心にあるのは綿花生産である。しかし、両国の人口密度は異なっており、人口密度が高いウズベキスタンはそれほど高くないトルクメニスタンと同じ水準の水資源の利用を許可されている。さらに、実際に利用している水の量も異なっており、両国が許可されている水の利用分は二二立方キロメートルであるにもかかわらず、トルクメニスタンの利用分は三〇立方キロメートルを超えると見られている。

さらに、トルクメニスタンの水資源政策の一環である貯水池建設も両国の関係を悪化させる不安材料と考えられる。トルクメニスタン政府の人工湖建設に関する二〇〇〇年の決定はその一例である(40)。それによると、アシガバードから北へおよそ三五〇キロメートルの地点に、広さ三四六〇平方キロメートルの人工湖が建設される。トルクメニスタン政府は、この人工湖は新たな耕地拡大の可能性を開き、同国の農業生産力を強化すると考えている。トルクメニスタンの専門家の計算によると、このプロジェクトの結果として、五〇万トンの綿花生産増と三〇万トンの果物の生産増が見込まれる。そのため、トルクメニスタンでは水資源を管理し水利事業を担当する省と「アルティン・アシル・ケリ」（黄金世紀湖）という名の公社が設立された。プロジェクトによると、人工湖の建設は二〇〇四年までに第一段階が終了し、トルクメニスタン領内にある小さな川とアム川の水をパイプで人工湖に流し込む計画だった。

しかし、この計画に関しては専門家の間でいくつかの疑問が浮上している。まず、新しい湖の中央アジア全体への影響は不明確である。トルクメニスタンの経済に好ましい影響を与えると考えられる湖が必ずしも近隣諸国に同様の影響を与えるとは限らない。たとえば、この湖を作るためにアム川の水を利用すると、この川の水量はさらに減少する。また、アラル海に入る水量も減少する。これらの要因が近隣諸国間の関係をさらに悪化させる要因になる可能性がある。

２　ウズベキスタンの水政策とキルギスのトクトクル・ダム

ウズベキスタンの水対策も以上のような状況から影響を受けている。たとえばキルギスでは、電力需要が一番高い冬は水をそれぞれのダムでためずに水力として活用することで必要なエネルギーを作りだしている。キルギスは耕地が少ないため、水を水力発電に利用しても経済活動への影響は少ないといえる。

しかし、このようなキルギスのエネルギー政策はウズベキスタンの農業に大きな影響を及ぼしている。ウズベキスタンの農業は綿花生産に頼っており、大量の水を必要とするからである。ウズベキスタンにとっては、冬の間にキルギスのトクトクル・ダムに貯えられた水が春や夏に自国の農業に供給されることが非常に重要なのである。しかし、現在トクトクル・ダムはキルギスの発電事業に使われている。しかも、発電量の八割が冬に作られるため大量の水がこの時期に放出される。その影響で、冬にはウズベキスタンの土地が広い範囲で洪水に見舞われる一方、水が一番必要な夏には水不足が発生している(41)。

つまり、キルギスの水資源政策とウズベキスタンの国家水戦略は矛盾しており、その矛盾がウズベキスタンの農業を脅かして経済に打撃を与えるのである。解決策のひとつとして、本来ウズベキスタンは水以外のエネルギー資源が豊かな国であるため、例えばキルギスにエネルギー資源を提供し、代わりにキルギスが冬にダムで水をためて春・夏にウズベキスタンに供給するという仕組みが考えられる。このような案をめぐって現在まで国家間交渉が行われてきたが、根本的なところで意見の相違があり、この問題は未解決のままとなっている。

3　二〇〇四年の水危機

以上述べたような問題は危機的な状況にまで発展してしまうことがある。二〇〇四年の事態はその最たる例である。先述したように、キルギスのトクトクル・ダムには冬期に水が貯えられ、キルギスはそれを水力発電のために下流に放流する。その結果下流国の農作物は水に流されてしまい、その農業セクターに多大な被害が及ぶ。キルギスから見ると、水をトクトクル・ダムから流さなければエネルギー供給ができない。また、年によってはダムに水がたまりすぎると、ソ連時代に建てられたダムの強度の問題もあり、ダム崩壊の危険性すらあるという。

特に二〇〇四年一月には、そのような危険性が懸念される事態となり、カザフスタン、キルギス、ウズベキスタンの代表者が対応を協議するためにチムケントに集合した。その結果、二〇〇四年一月四日、チムケント協定が結ばれ、キルギスはトクトクル・ダムからカザフスタンのチャルダラ貯水池への放水量を削減し、大量の水が下流国の農地に流れる事態を防ぐことで合意した。このようなキルギスの自己規制の代わりに、カザフスタンはキルギスがそのために得られなかった電力資源を供給することに賛同した。加えて、ウズベキスタンもカザフスタンのチャルダラ貯水池からアルナサイ貯水池に追加の水（毎秒三五〇立方メートル程度）を流すことに同意し、カザフスタンのチャルダラ貯水池崩壊の危険性を減らすことに協力すると約束した。

しかし、二月になると状況が一変し、チムケント協定はまったく機能していないことが判明した。キルギスのトクトクル・ダムからカザフスタンのチャルダラ貯水池に流れる水の量は毎秒五〇〇―五六〇立方メートルであり、ウズベキスタンがカザフスタンのチャルダラ貯水池から自国のアルナサイ貯水池に流したのはチムケント協定で決められた水準よりも少ない量（毎秒二〇〇―二三〇立方メートル）だった。

このような状況の中でカザフスタンのチャルダラ貯水池は限界に達し、貯水池の崩壊と下流国の農作物への被害が危惧された。チャルダラ貯水池の水位は非常事態用に設定されている基準よりも高くなっていた。状況をさらに複雑にしたのは、この時期にタジキスタンがカイラクム・ダムから水力発電のために大量の水を放水していたことだった。その量は時期によっては一二〇〇―一四〇〇立方メートルに達し、下流国のカザフスタンとウズベキスタンの状況に悪影響を及ぼした。上流国と下流国の対立が再び表面化し、その解決を探るのは非常に困難な状態となった。

カザフスタンは近隣諸国に呼びかけ、危機解決のために各国代表者による複数の会合を開いた。初会合は二〇〇四年二月初めに開かれた。二月七日にウズベキスタンのタシケントで実施された会合ではカザフスタンとウズベキスタンの間で合意が達成された。ウズベキスタンがカザフスタンの貯水池にたまった水を受け入れるために一〇日以内に追加の貯水池を建設し、カザフスタンのチャルダラ貯水池の水位を下げるよう努力することに同意した[42]。

次の会合はキルギスのビシケクで同年二月一一日に開かれ、各国の副首相レベルが集まった。会合では、ダム下流国と上流国で放出レベルを決める交渉が行われた[43]。その結果、キルギスは、トクトクル・ダムからチャルダラ貯水池への放水量を二〇〇四年二月一二日以降一時的に毎秒五〇〇立方メートルまで下げることに同意した。ウズベキスタンも、同月二〇日以降、カザフスタンのチャルダラ貯水池からアルサナイ貯水池へ毎秒五〇〇立方メートル流すことに合意した。

以上の複数の会合と合意は危険な状況を一時的に改善させ、危機を回避する可能性を開いたものの、同様の危機的状況が二度と起こらない保証ができたわけではない。二〇〇四年二月の危機は中央アジア諸国が直面している問題を如実に示した。キルギスとタジキスタンは、下流国であるカザフスタンやウズベキスタンが上流国のエネルギー需要を無視していると批判した。これに対して、下流国はキルギスとタジキスタンの水力発電のために、カザフスタン人の生活とウズベキスタンの三つの州の農地を危険にさらしていると批判した。

二〇〇四年の危機は再発のありうる事態であった。ただし、皮肉にも同じ二〇〇四年の五月に発表されたカザフスタンの水管理局の情報によると、その年の夏期における農地への水供給については水不足が予測された。その原因の一つは冬期にトクトクル・ダムとチャルダラ貯水池にたまった水量が不十分だったことである。その計算のもとになったデータによると、チャルダラ貯水池に入る水の量は毎秒五六六立方メートルだったが、出ていく水の量は毎秒七五五立方メートルだった。五月の段階ではトクトクル・ダムから貯水池に入る水よりも出て行く水の方が多いため、最終的にそれが夏の水不足を招く可能性が高いとされた。さらに、水管理局は、チャルダラ貯水池に五二〇億立方メートルの水をためる能力があるにもかかわらず、五月の段階で貯えられた水の量は四七〇億立方メートルであり、水量が大量に増えることも期待できないと発表した。幸い、このような予測は結果として当たらず、夏期における水不足を回避できたが、多くの課題を残した。

翌年に同じような危機を招くことを避けるため、水専門家は早めに協議を始めた。二〇〇四年九月一六日に各国の水資源管理担当省の代表者が、シル川の水の配分および水とエネルギーの交換の仕組みを協議し始めた。しかし、この会合も物別れに終わり、危機の可能性を減らすことはできなかった。

4　ログン・ダム建設とウズベキスタンとの「鉄道戦争」

タジキスタンはエネルギー確保のため自国内にある水資源を利用し、複数のダムを建設することをとおして、国内のエネルギー問題を解決しようとしている。タジキスタンから見れば、エネルギー資源が豊富な下流国のウズベキスタンとカザフスタンはその資源の価格を過剰に上げており、その価格を決定する段階でタジキスタンが提供している水とそのためにタジキスタンが受けている負担を視野に入れていなかった。そこで、タジキスタンは自国内で必要なエネルギー資源を水力発電をとおして確保することにした。

その一環として近年とくに話題となったのは、ログン・ダム建設とゼラフシャン・ダム建設である。いずれのダムもソ連時代に計画されたが、ソ連崩壊に伴い資金不足からその建設が止められていた。そのようなダムの建設を実施するため、タジキスタンは最初ロシアの資金に頼ることを計画していたが、ロシアはダム建設に反対しているウズベキスタンに配慮しすぎているという判断から、ロシアのみならずほかの出資者を探し始めた。(44)

タジキスタンは、ダム建設の資金源を多様化するために多国間のダム建設コンソーシアムを模索したが、ロシアの反対や参加国不足のためにそれは実現しなかった。(45)

このようなコンソーシアム形成においてロシアは主導的な役割を果たそうとしているが、そこにはコンソーシアムの参加者を決定する権限に加えて、ダム建設が終了してからもダム運営に影響力を行使しようという意向がうかがえる。それによってロシアは中央アジアの水資源を管理し、この地域に不足している水をとおしてその影響力を保つことができるという指摘がある。(46) コンソーシアムの参加国についても意見が分かれており、中央アジア五か国の参加を呼びかける者もいれば、まず上流国のタジキスタンとキルギスがコンソーシアムを形成し、上流国の立場を統一させた上で下流国と交渉するべきという対案もあった。(47)

タジキスタンはロシア、カザフスタンなどとも国際コンソーシアム形成を模索しており、カザフスタンもログン・ダム建設の株を買い取り、ダム建設が完了した際タジキスタンから安いエネルギーを購入する意向も示していた。(48) しかし、それも二〇一一年の段階では失敗に終わっている。ユーラシア経済共同体内においても水問題を解決するためコンソーシアムの形成が模索されたが、意見の違いにより、合意が成立しなかった。(49) 中国もタジキスタン国内の水資源施設の建設に名乗りをあげ、支援の用意があることを表明したが、その成果はまだあがっていない。(50)

このようにログン・ダムとザラフシャン・ダム建設は外国の投資家から十分な支援を受けられなかったため、タジキスタンが自らの資金でこれらのダムを建設することがしばしば提案された。とくに水資源においてタジキスタンの国益をもっと主張するべきだという発言が、民族主義の立場をとるタジキスタン科学アカデミー歴史・考古・人類学研究所所長ラヒム・マソフ（R. Masov）のような人物から聞こえるようになった。(51) こうした見方を反映するかのように、タジキスタンはこれらのダムを自国のみで建設することを試みた(52)。しかし、そのような取り組みも、様々な問題と政府が市民に強制したログン・ダム株の購入キャンペーンの失敗と資金不足のため失敗に終わった(53)。

このような水問題は、中央アジア諸国に水資源ナショナリズムを呼び覚まし、各国の指導者は自国民に対して自国の利益を守るよう呼びかけるようになった(54)。

ウズベキスタンはログン・ダム建設の点検（国連のような国際機関の下で行われるもの）を求めてきたが、それにタジキスタンは応じる姿勢を見せるものの、その点検はタジキスタンが希望する機関・会社によって実施されるとしており、それに対してウズベキスタンは同意せず、引き続きログン・ダム建設に反対している(55)。そして、ウズベキスタンの一部の専門家はログン・ダム建設の代わりに、サレズ湖におけるダム建設を提案したが、これはタジキスタン側によって経済的な効率の低さや高いコストを理由に否定された(56)。

しかし、ウズベキスタンはこの要求を毎年のように繰り返し提示しており、中央アジア地域におけるダム建設はこのような点検なしでは許さないというのがウズベキスタンの正式な立場である(57)。ダム建設をめぐってウズベキスタンとタジキスタン両国の関係は悪化し、両国の首相同士が各自の意見を外交ルートや通常の政府間対話のチャンネルをとおしてのみならず、メディアをとおしても表明し、相互に批判し合うことになった(58)。

四　水問題対策

1　「シベリア―中央アジア運河」計画

この計画は三〇年前にソ連が検討し、断念したものである。当時の計画によると、ソ連の主要な綿花生産地だったウズベキスタンとアラル海およびカスピ海に水を供給することが目的だった。しかし、一九八六年に共産党中央部は計画の断念を決めた。ソ連崩壊後、この計画は再検討さえ行われなかった。経済面・環境面のコストの大きさがその理由であった。

しかし、二〇〇二年四月、ウズベキスタンに本部を持つECOSAN（国際環境保護財団）が開催した国際会議で、当時のウズベキスタン大統領顧問のジュラベコフ（Jurabekov）は、ウズベキスタンの水利用の非効率性と全中央アジア規模の水不足を指摘した上で、ウズベキスタンにおける水問題解決の糸口としてシベリアの河川から中央アジアへの水路を建設する事業を再び支持した。(59)このジュラベコフ大統領顧問の姿勢はウズベキスタン政府の水路建設に対する前向きな認識の表れでもあった。ジュラベコフ大統領顧問はこのプロジェクトを「シベリア―中央アジア運河」計画と名づけた。具体的には、ロシアのオビ川とイルティシ川の水を、運河を通して中央アジアに流す計画である。

［ソ連時代のプロジェクトの概要］

ソ連時代の本来のプロジェクトでは、運河の長さは三〇〇〇キロメートルに達し、幅一三〇―三〇〇メートル、深さ一五メートルになるはずだった。このプロジェクトは各共和国の水不足を改善するということより、ソ連全体の農業セクターの生産力強化を目指したものであった。このプロジェクトを計画する際にソ連全体から一六〇の機関（四八の設計研究所と一一二の水関連問題の研究所）が参加し、報告書は五〇冊にもなった。(60)

そもそもプロジェクトが浮上したのは一九六八年であった。この年、ソ連共産党の中央幹部会が国家計画局（Gosplan）と科学アカデミーなどの研究機関に対し、水資源の再分配計画を検討するよう指示した。一九七一年にはイルティシ―カラガンダ運河（長さ三〇〇キロメートル）が完成した。計画にかかわった専門家はこの運河を北から南への水の再分配のモデルと位置づけていた。一九七六年の第二五回ソ連共産党大会も水再分配については前向きな結論を出した。

当時の計算でもプロジェクト実現に必要となる資金は莫大だった。総額は三二〇億ルーブル（〇・五二ルーブル＝一ドル）であり、個別の事業のコストはロシア領内で八三億ルーブル、カザフスタン領内で一一二億ルーブル、他の中央アジア共和国内で一三三億ルーブルと試算された。このプロジェクトからの収入は毎年七六億ルーブルとされ、ロシアが二〇億ルーブル、カザフスタンが二〇億ルーブル、残りの中央アジア共和国が三六億ルーブルと予測された。全体としての効率は毎年一六％として計画されていた。このような試算はソ連科学アカデミー・シベリアエネルギー研究所の専門家が行った(61)。

プロジェクトによると、二五立方キロメートルの水を再分配することを目指し、ロシアのトボリスク付近でイルティシ川の水をトボリスク貯水池までモーターで引き揚げ、その水をそこから運河を通ってシル川とアム川に流す計算だった。しかし、このプロジェクトにも各共和国の利害があり、カザフスタンはこのような仕組みに反対していた。なぜなら、このプロジェクトの対象になる水源はイルティシ川であり、カザフスタンの最も大きい川の一つだったからである。カザフスタンからは、カザフスタンの水資源と考えられる川の水を下流にあるウズベキスタンとトルクメニスタンに引き渡す事業にしか見えず、カザフスタンの水不足がその過程で改善される見込みはなかったからである。このようなカザフスタンの慎重な意見にもかかわらず、このプロジェクトは承認された。

プロジェクトの第二段階では、毎年オビ川の水の六―七％（六〇立方キロメートル）をロシアのトボリスク貯水池まで新たな運河を通して引き揚げ、その水をシル川とアム川に流す予定だった。オビ川からトボリスク貯水池までの引き揚げにはモーターを使うが、その場合水を一一〇メートルの高さにまで引き揚げなければならなかった(62)。

しかし、このプロジェクト案は一九八六年の第二七回ソ連共産党大会では認められず、廃案とされた。その理由には様々な要因が考えられるが、なによりも環境への影響に関する懸念と予算不足があげられる。

［ソ連崩壊後のプロジェクトの行方］

このプロジェクトを復活させるためには、莫大な資金と、カザフスタンやウズベキスタンのみならずロシアの前向きな行動が不可欠であった。その原動力となったのは当時のモスクワ市長のルシュコフ（Luzhkov）である[63]。当初冷たい目で見られていたこのアイデアは、モスクワ市長の影響力によって復活したのだった。

ルシュコフはロシア大統領宛に書簡を送り、ロシアや中央アジアにとってのプロジェクトの重要性を訴えた。彼は、オビ川の年間水量の六―七％を新しく作られる運河に流すことでウズベキスタンの経済利益のみならず、ロシアの農業発展もありうると主張した。彼は水を石油に代わる商品と見なし、その商品が消耗品ではなく再生できるものであるからこそ、この計画は成功すると指摘した。すなわち、オビ川の年間水量の五―七％が中央アジアに流れて農業に使われたとしても、その水が気化し雨となってロシアに戻ってくると考えたのである。

この計画は様々な波紋を呼んでおり、ロシア国内でもこの問題に対して意見が分かれている。ロシア自然資源省大臣顧問のミヘエフ（Mikheev）はこの計画に強い支持を表明した[64]。彼の意見によると、この運河はウズベキスタンの利益になるだけでなく、ロシアのチュメン州、クルガン州、チェリャビンスク州の水不足をも解消し、農業用地を増やすことにつながる。最近になって、この計画を評価するロシアの政治家もいる[65]。

他方、ロシアの産業エネルギー担当大臣であるフリスティエンコ（Khristienko）は、最近のインタビューで、水資源に関する中央アジア諸国との協力は現段階ではシベリア地域の川よりも南へは及ばないと明言した[66]。二〇〇九年になってシベリアからの中央アジアへの運河計画がまたルシュコフによって取り上げられたが、この計画はこの段階でも専門家やロシアの政府関係者から積極的に支持されることはなかった[67]。

カザフスタンはプロジェクトの重要性を訴えており、ナザルバエフ大統領はこれを二〇〇六年のウズベキスタン大統領との会議で取り上げた[68]。ウズベキスタンもこのような考え方を支持し、自国の農業の再生や拡大につながるものと見なしている。しかし、この計画は現在も検討中であり、その実行の可能性はいまだに不透明である。なぜなら、この計画に必要となる多大な資金の問題に加え、環境保護も考慮する必要があるためである。しかも、このような計画を実行するには中央アジア各国の協力が不可欠である。アシガバード宣言やアルマトゥ宣言のような試みは今までも見られたが、水問題の解決につながる結果はまだ出ていない。

以上で述べたように、水不足はウズベキスタンのみならず中央アジア全体の問題であり、各国の農業に悪影響を与えることに疑いはない。この問題は多国間で解決するしかないと考えるならば、各国が自国の農業用水の効果的使用や節約に取り組むべきである。このような観点から、国内の水戦略の重要性は明らかであり、各国が国内で水使用政策を実施することによって深刻な水不足のさらなる悪化を防ぐことができると考えられる。次項で述べるウズベキスタン政府の国内の水戦略の目的もまさにそこにある。

2　住民による水管理制度の設置イニシアティブ

中央アジアにおける水問題を解決する上では、各共和国内や個々の水利用者のレベルで何らかの行動が求められている。そのモデルの一つがスイスのＮＧＯによって提供され、ある程度の広がりを見せている。

このプロジェクトは、スイス開発協力機構と、フェルガナ盆地のウズベキスタン、タジキスタン、キルギスの複数の村の代表者が発足させた。プロジェクトの主な目的は、人々の下に水を供給するとともに、住民に水管理に主体的にかかわってもらうことだった(69)。そのために、各村で「水利用者委員会」という法人格を持つ非営利組織を立ち上げた。委員会は各村で水の供給管理、水道料金の集金、電気代の集金、電気施設のメンテナンスなどを行う。これまで、中央アジア諸国では国家機関がそのような業務を行っていたが、利用者の要求に応えるサービスを提供できなかった。利用者もサービスの代金を支払わなかったり、支払いが遅れたりした。今回のプロジェクトはそのような業務の一部を住民側に引き渡すところに特徴がある。

このような委員会を設置する際、それに対する課税について議論があった。本来ならばこのような組織は課税対象となるが、そうすると彼らが提供するサービスの価格は高くなり、結果として住民の負担が増えてしまう。そのため、水利用者委員会を免税の対象にすることが提案され、最終的には委員会を非営利組織として登録することとなった。水利用者委員会のメンバーは多様であり、各村やコミュニティの代表者、自治体の職員や住民である。事務局は委員長、税理士、集金担当職員、技術者などで構成する。これらの職員は給料をもらうが、その額は住民との相談で決められ、個人として税金を納める。(70)

以上のイニシアティブに加えて、中央アジア各国もまた、水管理と分配制度の改革に乗り出している。

［ウズベキスタンの例］

ウズベキスタン政府は自国の水分配制度改革を最重要課題と位置づけてきた。とくに、国内の水分配に関する課題の一要因として国営から民営化された農園への水提供が問題視されてきた。

独立を達成する以前、土地は国のものであり売却されることはなかった。大規模なコルホーズやソフホーズが作られ、農民はこれらの組織の中で農業生産に取り組んできた。しかし、この制度は非効率的で生産率が低かったため、独立後のウズベキスタンの農業は民営化へと舵を切った。その過程で最も複雑な要因は、土地の民営化もさることながら、民営化された土地への水分配制度の設置だった。

そもそも、独立後のウズベキスタン政府は新しい農業生産組織の形成を支持してきた。すなわち、シェルカット（大規模農園）、フェルメル（中規模農園）、デフカン（個人運営の農園）である。その中でもウズベキスタン政府が最も優先的に支持しているのは中小規模のフェルメル農園である。政府は、将来的にはウズベキスタンのすべての農園を大規模ではなく中小規模のフェルメルとデフカンで成り立たせるという目標を表明している。(71)これらの中小規模の農園に水を提供するために、政府は「水利用者組合」制度を発足させた(72)。
現在の大規模農園シェルカットはコルホーズやソフホーズの後にできた組織で、その運営への国家の影響は多大である。近年の農業改革の影響でこれらのシェルカットも改革されることになった。まず、赤字のシェルカットが第一の対象である(73)。これらのシェルカットを解散させた上で、そのシェルカットが利用していた土地を分配しフェルメル農園を作る。しかし、シェルカット内で使われてきた水分配・提供施設や水路は分配できないものとしてフェルメル農園間で使うことになる。そこで、その水提供施設や水路の維持のために「水利用者組合」制度が作られた。「水利用者組合」の目的は主に組合員の農園への水の提供や施設・水路の維持、そして組合員による水利用の管理などである。

組合が提供するサービスはその内容または場所によって異なり、手数料も異なる。手数料は組合が水を提供する土地の質、および提供に利用される技術やコストなどによって決められる。同時に、各メンバーは組合費を分割で支払わなければならない。「水利用者組合」は非営利組織であるため、組合側は組合の維持、水の提供と組織運営に必要な費用のみを組合員に請求する。組合の予算は組合員総会で必要な経費の検討が行われた上で年ごとに決められる。「水利用者組合」は以下のように機能する。まず、各組合員は組合事務所に自分の記録を持ち、各組合員の会費、会費の請求期限や実際の支払い金額が記録される。第一回目の会費は年末に支払われ、その額が次年度予算の二〇％に相当する（残りの八〇％を年中に払っていく）。会費は分割で支払われるため、次の支払い額はその年の予算や必要な経費によって第一回目の支払い後に修正される場合もある。

しかし、国営の水提供制度から民営の組合に変わった組織のほとんどは資金援助を必要としており、現段階ではフェルメル農民やデフカン農民の会費のみでは運営、維持をすることはできない。それはフェルメル農園やデフカン農園が中小規模であり、まだ水提供施設や水路に投資できるような資金力を持っていないからである。

これらの組合を支援するために、ウズベキスタン水資源省はいくつかの提案を検討している。その一つは、ウズベキスタンの各州で参考になりうる（成功例となりうる）「水利用者組合」を二つずつ設置するというものである。目的は、それらの組合に必要な機械や技術が提供され、その施設を利用して各州で新しい組合職員を訓練することである。提案にはそのような訓練場を「州立水利用者組合員訓練場」と名づけることも含まれている。訓練場に必要な技術や機械を提供するために、現在ウズベキスタン政府は米国政府が管理しているＵＳＡＩＤ（米国国際開発庁）と交渉中である。また、すでにこのような組合がいくつか作られている。政府としては、このような水利用者組合制度をとおして水問題に対する認識を強化するとともに、水問題を国家間レベルとローカルレベルの双方で解決しようとしている。ＵＳＡＩＤに加えて、スイスのＮＧＯもこのフェルガナ盆地における水組合形成と水の利用効率向上に向けた取り組みを始めている(74)。

以上に述べたのはウズベキスタンの一例であるが、中央アジアのほかの共和国においても水の利用の効率向上が問題視されており、しばしばメディアなどで取り上げられている。この地域の水問題と国家間関係において各国内の水利用の問題はこれからも課題として残ると見られる(75)。

小　結

中央アジアの水問題において強調する点はいくつかあるが、第一に指摘できることは、中央アジアにおける水分配はバランスを欠いていることである。水不足に直面している下流国は、水を十分に供給されている上流国よりも立場が弱いと認識しており、両者の間で対立が発生している。このような対立の引き金になっているのは、この地域における水とエネルギーの問題であり、上流にある国々と下流にある国々との間ではそれぞれの政策方針が異なっている。さらに、中央アジア諸国の間では、水問題やエネルギー供給に関する協力について考え方や姿勢に違いが生じている。そのため、表面上は協力を支持しても効果的な実現には至っていない。

第二に、中央アジアに水管理制度を設ける取り組みはソ連崩壊直後から行われてきたが、いまだに望ましい結果を生み出していない。複数の機関・制度が設けられたものの、各国の利害が衝突したことによってうまく機能することができない。

第三に、国家間協力がうまく機能しない理由としてはいくつかの要因があるが、最も根本的な理由としては、各国が自国の利益を優先し、地域全体の利益という広い視野を十分に持ち合わせてこなかったことがあげられる。中央アジア諸国の政府は水管理を主権の一環と見なしているのである。独立直後から発生したキルギスのトクトクル・ダムとタジキスタンのヌレク・ダムの利用問題や、キルギス、タジキスタンの水資源政策とウズベキスタン、カザフスタン、トルクメニスタンの農業政策との矛盾、トルクメニスタンにおける「黄金世紀の湖」建設計画に対する慎重論、キルギス国会議員が発表した水資源商品化の方針、タジキスタンにおけるログン・ダム建設の継続問題、トクトクル・ダムからの過剰な水放出により発生した危機などはその例である(76)。

各国が望む結果を生み出しつつ合意を実行することは、非常に困難だが不可欠である。その意味で、二〇〇四―〇五年冬期の水資源利用・分配に関する中央アジア諸国間の交渉が二〇〇四年九月にカザフスタンのシムケント市で再開されたことは注目に値する(77)。ロシアからの運河計画のような、非現実的で経済面でも環境面でも負担が多大な方法よりも、このように国家間協力を促進し、各国が利益を得るような仕組みを構築することによって解決する方が、中央アジアにとっては長期的な安定をもたらすだろう。そのためには、中央アジアにおける国益と主権という概念の再検討が必要である。とくに、水問題や国境問題が国家主権だけでなく地域という枠組みの中で検討される必要がある(78)。

地域という視点に立った水管理制度は特定の国家の管理下にはない。このような、いわば「地域主権」の概念は、決して国家主権概念と矛盾しない(79)。むしろ、そのような仕組みは中央アジア諸国が一国で試みるよりも大きな効果を生み出すと考えられる。

(1) 中央アジアの河川の地理については、Necati Polat, *Boundary Issues in Central Asia* (Ardsley: Transnational Publishers, 2002), pp. 125-128 参照。

(2) カザフスタン国内の水問題については、たとえば、S. Ermagambetov, "Tsentral'naia Aziia I Kazakhstan na poroge zhyostkogo defitsita presnoi vody," *Karavan*, N.8, 2007 年 2 月 23 日〈www.//www.centrasia.ru/news2.php4?st=1172651520〉参照。

(3) 降水量について、Boris Rumer, eds., *Central Asia: The Challenges of Independence* (Armonk, NY: M. E. Sharpe, 1998) 参照、アラル領域における降水量は一〇〇ミリメートルとされている。平地における降水量は四〇〇—五〇〇ミリメートルである。山脈における降水量は二〇〇〇ミリメートル以上である。たとえば、Genady N. Golubev, "Systems View of the Water Management in Central Asia," in Zafar Adeel, ed., *New Approaches to Water Management in Central Asia* (Tokyo: United Nations University, 2001), p. 9 参照。

(4) 一九八九年、アラル海の面積は六四〇〇〇平方キロメートルだった。それが二〇〇二年の段階ではおよそ半分にまで縮小した。アム川とシル川は数百年間この海に水を運んできたが、最近この二つの川の水量自体が減少している。アラル海の水が極端に減少した一番の理由は、アム川とシル川の水が綿花生産のために過剰に使われたことである。

(5) データは、Necati Polat, *Boundary Issues in Central Asia* (Ardsley: Transnational Publishers, 2002), pp. 142-143 参照。

(6) 詳細は、Boris Rumer, *Soviet Central Asia: A Tragic Experiment* (Boston: Unwin Hyman, 1989) 参照。

(7) Philip Micklin, *Managing Water in Central Asia* (London: The Royal Institute of International Affairs, 2000), p. 8.

(8) ただし、中央アジアの専門家の計算ではその割合が多少異なっている。アム川の水を産出する割合はタジキスタンが七四%、ウズベキスタンが八・五%、キルギスが二%、トルクメニスタンが一・九%であり、アフガニスタンとイランの産出量は合わせて一三・六%である。

(9) 中央アジアの専門家のデータでは、キルギスが七五・二%、ウズベキスタンが一五・二%、カザフスタンが六・九%、タジキスタンが二・七％となっている。たとえば、*Tsentral'naia Aziia: problemy opustynivaniia*, Byulet'en' Tsentral'no-aziatskogo koordnatsionnogo komiteta (RIOD, no. 35), 2002年2月。

（10）Philip Micklin, *Managing Water in Central Asia* (London: The Royal Institute of International Affairs, 2000), p. 9. 参照。

（11）たとえば、G. Le Moigne, "Donors' Involvement in Aral Sea Initiatives, Future Tasks and Challenges," (3rd World Water Forum, Panel I, Kyoto, 18 March 2003), p. 7 参照。

（12）内部者による批判・内部告発に関して、F. Eingorn, "K probleme Aalskogo moria i priaral'ia," *Centrasia.ru*, 2007年5月10日〈www.centrasia.ru/news2.php4?st=1178783820〉参照。

（13）これらの宣伝が最終的にアラル海問題解決へのインパクトを欠いた理由については、T. Kamalov, "The future of the priaralie," in Patricia Wouters, Victor Dukhovny and Andrea Allan eds., *Implementing Integrated Water Resources Management in Central Asia* (Amsterdam: Springer, 2007), pp. 81–86. 参照。

（14）「国家間使用の水資源の共同利用、運営と保存に関する協力について」*Soglashenie mezhdu Respublikoi Kazakhstan, RespublikoiKyrgyzstan, Republikoi Uzbekistan, Respublikoi Tadzhikistan i Turkmenistanom o sotrudnichestve v sfere sovmestnogo upravleniia ispol'zovaniem i ohranoi vodnykh resursov mezhgosudarstvenykh istochnikov*, アルマティ、1992年2月18日。ウズベキスタン農業水資源省から入手。

（15）本委員会の仕組みについては、Yu. Khudaiberganov, "Particular characteristics of integrated water resources management (IWRM) in the Amudarya river basin," in Patricia Wouters, Victor Dukhovny and Andrea Allan eds., *Implementing Integrated Water Resources Management in Central Asia* (Amsterdam: Springer, 2007), pp. 35–44 参照。

（16）「国家間使用の水資源の共同利用、運営と保存に関する協力について」７条。

（17）ＢＶＯの導入に関して、A. A. Djalalov, "The role of water resources management toward basin principles," in Patricia Wouters, Victor Dukhovny and Andrea Allan eds., *Implementing Integrated Water Resources Management in Central Asia* (Amsterdam: Springer, 2007), pp. 157–166. 参照。

（18）たとえば、Sergei Vinogradov and Vance P. E. Langford, "Managing Trans-Boundary Water Resources in the Aral Sea Basin: in search of a solution," *International Journal of Global Environmental Issues* 1: pp. 3–4 (2002): p. 347, 351 参照。

（19）水問題における協力に関して、Bakhtior A. Islamov, "Aral Sea Catastrophe: Case for National, Regional and International Cooperation," Slavic Research Center, Hokkaido University, 〈www.src-h.slav.hokudai.ac.jp/sympo/97summer/islamov.html〉参照。

(20) たとえば、T. U. Usubaliev, The Law of the Kyrgyz Republic "On Inter-state Use of Waterworks and Water Resources of the Kyrgyz Republic: Kyrgyzstan and the Whole of Central Asia are Under the Threat of Contamination with Radioactive Wastes," (Bishkek, 2002) もしくは M. Olimov and A. Kamollidinov, "Regional'noye Sotrudnichestvo po Ispol'zovaniyu Vodnyh I Energiticheskih Resursov v Tsentral'noi Azii," Tsentral'naya Aziya I Kavkaz, 2: 3 (1999) 〈www.ca-c.org/journal/cac-03-1999/contcac_3_99.shtml〉参照。

(21) 水の販売価格の詳細は、Valentin Bogatyrev, "Potechyot li voda pod kamen? Kak chestno podelit Evraziiskuyu vodu," *Institut Obschestvennoi Politiki*, 〈www.centrasia.org/newsA.php4?st=1162977360〉参照。

(22) "Kyrgiziia pytaetsia ulomat' Uzbekistan pokupat' ne tol'ko ee elektrichestvo, no i vodu," *IA AKIpress*. 2007年10月4日〈www.centrasia.ru/newsA?st=1191469740〉参照。

(23) その1例は H. Yusupov, "Komu ne nravitsia vodnaia diplomatiia Tsentral'noi Azii: gas i neft'-Tovar, a voda?," *AiF Dushanbe*, No.13, 2007年3月28日〈www.centrasia.ru/news2.php4?st=1175634960〉参照。

(24) 具体的に、K. Syrtanov, "Brat'ia ili Mankurty? Voda v Tsentral'noi Azii ne tovar, a obschee dostoianie," *Centrasia.ru*, 2007年3月23日〈www.centrasia.ru/news2.php4?st=1174603080〉参照。

(25) Randa M. Slim, "*The Ferghana Valley: In the Midst of a Host Crisis*," in Paul van Tongeren, Hans van de Veen, and Juliette Verhoeven, eds., *Searching for Peace in Europe and Eurasia: An Overview of Conflict Prevention and Peace-Building Activities* (London: Lynne Rienner Publishers, 2002), p. 500.

(26) 詳細は、Valentin Bogatyrev, "Potechyot li voda pod kamen? Kak chestno podelit Evraziiskuyu vodu," *Institut Obschestvennoi Politiki*, 〈www.centrasia.org/newsA.php4?st=1162977360〉参照。

(27) ウズベキスタン農業水資源省の幹部とのインタビュー、タシケント、二〇〇三年八月。

(28) A. Taksanov, "Diskusii ob Istochnike Zhizni Tsentral'noi Azii," 8 May 2003〈www.centrasia.ru/news〉.

(29) たとえば、"Kazakhstan gotov stroit' GEA v Kyrgizii esli emu dadut chast' aktsii," 2002年4月15日〈www/centrasia.ru/news〉; "Kyrgiziia sozdast SP s Rossiei i Kazakhstanom dlia stroit'elstva Kambartinskikh GES," *INTERFAX*, 2007年3月15日〈www/centrasia.ru/news〉参照。

(30) "A. Chubais podpisal memorandum o dostroike Kambartinskikh GES 1 I GES 2 v Kirgizii," 2004年8月21日〈www/kyrgyzinfo.kg〉参照。

(31) "Rogunskuiu GES dostroit RAO EES," *Ferghana.ru*〈www/ferghana.ru/news.php?id=7058〉参照。

（32） たとえば，Bakhodur Zairov, "Tazhikistan: Vvod v deistvie GES 'Sangtudal'-real'nyi shag k energeticheskoi nezavisimosti strany," *Ferghana.ru*, 2008年1月21日〈www.ferghana.ru/article.php?id=5563〉参照。

（33） H. Mukhabbatov, "Gidroenergeticheskie proekty Tazhikistana i Kyrgyzstana: argument 'za' i 'protiv'," *Centrasia.ru*, 2009年2月25日〈www.centrasia.ru/news2.php?st=1235510940〉参照。または R. Makhmudov, "Energeticheskie interesy Uzbekistana i Rossii-tochiki sovpadeniia," *IATS MGU*, 2009年2月18日〈www.centrasia.ru/newsA.php?st=1234941000〉参照。

（34） 欧州連合の立場について，"Spetspredstavitel' EC: Stranam Tsentral'noi Azii nuzhno otkazat'sya ot vozvedeniia ogromnykh plotin," *Ferghana.ru*, 2009年4月8日〈www.ferghana.ru/news.php?id=11646〉参照。または，P'er Morel, "Tsentral'noi Azii nuzhny dialogi o vode," *Nezavisimaia gazeta*, 2009年4月27日〈www.ng.ru/politics/2009-04-27/3_kartblansh.html〉参照。

（35） その1例は Pairav Chorshanbiev, "Tashkentskaia deklaratsiia: Prezidenty I. Karimov i G. Berdymukhamedov vystupili protiv vozvedeniia Rogunskoi GES i Kambartinskoi GES," *Aziia Plius*, 2009年2月26日〈www.centrasia.ru/newsA.php?st=1235625420〉参照。または Viktor Lugovoi, "'Tashkentskii dogovor': Dushanbe sozdaet obraz vneshnego vraga," *Centrasia.ru*, 2009年2月24日〈www.centrasia.ru/news2.php?st=1235445420〉参照。または，"Uzbekistan calls for rational use of water in Central Asia," *UzReport.com*, 2009年4月14日〈www.news.uzreport.com/uzb.cgi? lan=e&id=60416〉参照。

（36） たとえば，Sergei Balmasov, Vadim Tukhachev, "Tazhikistan budet trebovat' u Rossii deneg? Povedenie Rakhmona mozhet sozdat' problemy tazhikskim gasterbaiteram," *Pravda.ru*, 2009年2月24日〈www.centrasia.ru/newsA.php?st=1235459940〉参照。

（37） 詳細は，V. Panfilova, "Dushanbe pred'yavit schet," *Nezavisimaia gazeta*, 2009年2月20日〈www.ng.ru/cis/2009-02-02-20/1_Dushanbe.html〉参照。

（38） 詳細は，"Tazhikistan vozobnovil peregovory s Rossiei o dostroike Rogunskoi GES," *Ferghana.ru*, 2008年6月6日〈www.ferghana.ru/news.php?id=9351〉参照。

（39） "Tazhikistan: V Dushanbe Tazhiksko-Uzbekskaia mezhpravkommissiia obsuzhdaet vodnye i prigranichnye problemy," *Ferghana.ru*, 2009年2月18日〈www.ferghana.ru/news.php?id=11335〉参照。G. Faskhutdinov, "Mezhpravitel'stvennaia kommissiia obsuzhdaet 10 voprosov: Tazhikistan i Uzbekistan pytaiutsia naladit' dialog," *Nemetskaia volna*, 2009年2月19日〈www.centrasia.ru/newsA.php?st=1234992060〉参照。

（40） "Nastupaet Vodenoe Protivostoianie?" *Nezavisimaia Gazeta* (Internet version), 2000年11月5日〈www.ng.ru/printed/cis/2000-11-05/5_water.html〉参照。

(41) Uzbek TV, "Kyrgyz fail to stick to water-energy deal," 〈www.eurasianet.org...e/uzbekistan/hypermail/news/0037.shtml〉, 2002 年 1 月 25 日もしくは Karina Insarova, "Tashkent 'Threatened' by Turkmen Reservoir," *Reporting Central Asia* no. 105, Institute for War and Peace Reporting, 2002 年 2 月 22 日〈www.iwpr.net〉参照。

(42) "Kygyzstan priznal svoi oshibki v sbrose vody-uveren v Kazakhstane," *Kazakhstan Today*, 2004 年 2 月 12 日.

(43) "Kak ostanovt' potop? Vitse-prem'er Kazakhstana, Uzbekistana i Kyrgizii srochno sobralis' v Bishkeke," *Kabar*, 2004 年 2 月 12 日.

(44) 詳細は，"Tazhikistan ofitsial'no razorval otnosheniia s RUSALOM," *Ferghana.ru*, 2007 年 8 月 29 日〈www.ferghana.ru/article.php?id=6945〉参照。また，Natal'ia Grib, Vladimir Soloviev, "Mezhdu Rossiei i Tazhikistanom vstala plotina: Rusal poterial Rogunskuiu GES," *Kommersant*, 2007 年 9 月 5 日〈www.centrasia.ru/news2.php4?st=1188969960〉参照。

(45) ロシアのアブドラティポフ大使は多国参加のダム建設コンソーシアムが不要であることを明言しており，その詳細について "Posol RF R. Abdulatipov: Rossii ne nuzhen mezhdunarodnyi konsortsium po zaversheniiu stroitel'stva Rogunskoi GES,"*CA-news*, 2008 年 5 月 19 日〈www.centrasia.ru/newsA.php?st=1211181540〉参照。

(46) たとえば，"Rossiia ne hochet teriat kliuchevuiyu rol' v proekte Rogunskoi GES," *Ferghana.ru*, 2007 年 10 月 12 日〈www.ferghana.ru/news.php?id=7366〉参照。

(47) たとえば，T. Kakchekeev, "Kyrgyzstan i Tazhikistan dolzhny sozdat' vodno-energeticheskij consortium," *IA 24.kg*, 2007 年 9 月 14 日〈www.centrasia.ru/newsA.php4?st=1189741920〉参照。

(48) 詳細は，Z. Kozybaeva, "Rakhmon nashel v Astane podderzhku: Vazhneishii vopros-stroitel'stvo Rogunskoi GES," *Nemetskaia volna*, 2008 年 5 月 14 日〈www.centrasia.ru/news2.php?st=1210711560〉参照。または，"Tazhikistan sozdast mezhdunarodnyi kosortsium dlia stroitel'stva Rogunskoi GES," *INTERFAKS*, 2007 年 4 月 30 日〈www.centrasia.ru/newsAphp4?st=1178005620〉参照。

(49) たとえば，F. Prokudin, "Kak razdelit' vodu v rekakh Tsentral'noi Azii: Energetika protiv sel'skogo hoziaistva," *Centrasia.ru*, 2007 年 4 月 30 日〈www.centrasia.ru/newsAphp4?st=1176150900〉参照。

(50) たとえば，"Tazhikistan: Stroitel'stvo Zerafshanskoi GES profinansiruet kitaiskii bank," *Ferghana,ru*, 2007 年 3 月 6 日〈www.ferghana.ru/news.php?id5335〉参照。

(51) その 1 例として，R. Masov, V. Dubovitskij, "Tazhikskie uchenye predlagayut ispol'zovat' energoresursy Srednej Azii porovnu mezhdu stranami-sosediami," *Ferghana.ru*, 2007 年 3 月 31 日〈www.ferghana.ru/article.php?id=5013〉参照。

(52)　たとえば、"Tazhikistan otkazalsya ot privatizatsii zavoda TALCO, Nurekskoi i Rogunskoi GES," *Ferghana.ru*, 2009年2月25日〈www.ferghana.ru/news.php?id=11379〉参照。または V. Panfilova, "Dushanbe igraet po svoim pravilam: Rossiia ne poluchit privlekatel'nye predpriiatiia Tazhikistana," *Nezavisimaia gazeta*, 2009年2月27日〈www.ng.ru/cis/2009-02-027/7_Tadjikistan.html〉参照。

(53)　Vladimir Dzaguto, "Santgudinskaia GES 1 ostalas' bez stroitelei: Oni bastuiut iz-za neplatezhei Tazhikistana," *Kommersant*, N.55 (4110), 2009年3月30日〈www.centrasia.ru/newsA.php?st=1238385420〉参照。または、"Tazhikistan: Stroiteli GES 'Sangtuda-1' obiavliaiut zabastovku iz-za zaderzhki zarplaty," *Ferghana.ru*, 2009年3月27日〈www.ferghana.ru/news.php?id=11573〉参照。タジキスタン政府によるダム建設のために株を発行し、資金を得る計画について、"Tazhikistan: Prezident Emomali Rakhmon poruchil srochno vypustit' aktsii Rogunskoi GES," *Ferghana.ru*, 2009年11月17日〈www.ferghana.ru/news.php?id=13446〉参照、または、"Prezident povelel: Kazhdaia sem'ia dolzhna kupit' aktsii Rogunskoi GES," *Ferghana.ru*, 2009年12月2日〈www.ferghana.ru/news.php?id=13563〉参照。

(54)　その1例として、"Uzbekistan: Prezident I. Karimov prizval chinovnikov aktivnee zaschischat' 'vodnye' interesy strany," *Ferghana.ru*, 2009年2月13日〈www.ferghana.ru/news.php?id=11302〉参照。

(55)　ログンダーム建設における技術的な問題点を指摘する論文として Leonid Papyrin, "Vodnye Problemy Tsentral'noi Azii", Ekonomicheskiy Forum "Evropejskie dilemmy: partnerstvo ili sopernichestvo," Krynitsa, Pol'sha, 2011年9月7-9日、http://sarez-lake.ru/water_problems/ または http://sarez-lake.ru/water_problems_more/（二〇一三年六月二一日にアクセス）参照。

(56)　詳細は、L. Papyrin, "Mozhet li Sarez stat' alternativoi Rogunu?," *Ferghana.ru*, 2009年3月30日〈www.ferghana.ru/article.php?id=6113〉参照。

(57)　そのような姿勢について、"Uzbekistan trebuet obiazatel'noi mezhdunarodnoi ekspertizy stroitel'stva novykh GES," *Ferghana.ru*, 2009年12月3日〈www.ferghana.ru/news.php?id=13566〉参照。

(58)　たとえば、Ferghana.ru で公表されたタジキスタン共和国閣僚会議からのウズベキスタン首相の手紙に対する正式な回答の文書がウェブサイトをとおして公表された。詳細については、"Tazhikistan: Nash otvet Uzbekistanu," *Ferghana.ru*, 2010年2月8日〈www.ferghana.ru/news.php?id=13970〉参照。

(59)　たとえば、"Pokupat' sibirskuyu vodu gosudarstva Azii vsio ravno ne smogut-deneg net," *Ferghana.ru*. 2003年4月14日〈www.ferghana.ru〉参照。

(60) S. Ermagambetov, "Kogda reki potekut vspyat'. Tsentral'naia Aziia na poroge zhestogo defitsita presnoi vody," *Karavan* N. 8, 2007年2月23日〈www.centrasia.ru/news2.php4?st=1172651520〉参照。

(61) S. Ermagambetov, "Kogda reki potekut vspyat'. Tsentral'naia Aziia na poroge zhestogo defitsita presnoi vody," *Karavan* N. 8, 2007年2月23日〈www.centrasia.ru/news2.php4?st=1172651520〉参照。

(62) S. Ermagambetov, "Kogda reki potekut vspyat'. Tsentral'naia Aziia na poroge zhestogo defitsita presnoi vody," *Karavan* N. 8, 2007年2月23日〈www.centrasia.ru/news2.php4?st=1172651520〉参照。

(63) "Luzhkov zaimyotsa problemoy Arala," *RosBiznessKonsalting*, January 2003. Available at:〈www.uzland.uz〉.

(64) 二〇〇三年一月九日のニコライ・ミヘエフに対するインタビュー、〈http://news.ferghana.ru/〉参照。

(65) たとえばロシアの国会にあたるドゥーマ議長のグリズロフは、ロシアが中央アジアに水を販売する時期が来ると予測し、その準備を呼びかけた。"Rossiia vser'yoz namerena eksportirovat' vodu v Tsentral'nuiu Aziiu," *China PRO*, 2009年12月14日〈www.centrasia.ru/newsA.php?st=1260763620〉参照。

(66) V. Khristienko, "Povorot Sibirskih rek ne planiruetsya," Vzgliad, 2007年10月4日〈www.centrasia.ru/newsA.php4?st=1191519000〉参照。

(67) たとえば、Anton Poltavtsev, "Vodianoe peredurie: Luzhkov so svoimi ideiami povorota severnykh rek ne tonet," *Rossiiskaia gazeta*, N. 4877, 2009年3月30日〈www.centrasia.ru/newsA.php?st=1238400000〉参照。

(68) S. Ermagambetov, "Tsentral'naia Aziia I Kazakhstan na poroge zhyostkogo defitsita presnoi vody," *Karavan*, N. 8, 2007年2月23日〈www.centrasia.ru/news2.php4?st=1172651520〉参照。

(69) "V. Ferghanskoi doline vnedriaetsia shvetsarskij opyt vodosnabzheniia sel'skikh raionov," *Ferghana.ru*〈www.ferghana.ru/news.php?id=5636〉参照。

(70) このプロジェクトについて詳しくは、"V. Ferghanskoi doline vnedriaetsia shvetsarskii opyt vodosnabzheniia sel'skikh raionov," *Ferghana.ru*, 2007年4月4日〈www.ferghana.ru/news.php?id=5636〉参照。

(71) たとえば、二〇〇三年一月五日のウズベキスタン大臣会議の第8号決議によってその方針が決定された。赤字である八三の大規模農園が解散させられ、中小規模のフェルメル農園に変えられた。

(72) 水管理組合の仕組みの詳細に関して、A. I. Tuchin, "Ensuring of stability and even water distribution at national and local levels," in Patricia Wouters, Victor Dukhovny and Andrea Allan eds., *Implementing Integrated Water Resources Management in Central Asia* (Amsterdam: Springer, 2007), pp. 55-80 参照。

(73)　水利用者組合と土地改革の関連について、Suresh Chandra Babu and Sandjar Djalalov eds., *Policy Reforms and Agriculture Development in Central Asia* (New York: Springer, 2006). 特に Sandjar Djalalov and Masahiko Genma, "Policy Reforms in Central Asia: Problems and Perspectives," pp. 71-108, Sandjar Djalalov, "The Sustainable Development of Water User's Associations in Uzbekistan," pp. 371-396 参照。

(74)　その詳細について、"V. Ferghanskoi doline vnedriaetsia svetsarskii opyt vodosnabzheniia sel'skikh raionov," *Ferghana.ru*, 2007年4月5日〈www.ferghana.ru/news.php?id=5636〉参照。タジキスタン国内の水利用効率向上を目指した水利用税導入について、"Tazhikistan: Parlament vvel nalog na pol'zovanie vodoi," *Ferghana.ru*, 2009年2月12日〈www.ferghana.ru/news.php?id=11291〉参照。

(75)　たとえば、キルギス国内の水利用に関する様々な課題を提供するものとして、F. Sultanov, "Zhazhda sredi vody: irrigatsiia Kirgizii v upadke," *Centrasia.ru*, 2007年3月10日〈www.centrasia.org/newsA.php4?st=1173562800〉参照。

(76)　協定・合意の説明と分析は、Timur Dadabaev, "Inter-state Relations, Water Politics and Management of Trans-Boundary Water Resources in Post-Soviet Central Asia," in Birgit N. Schlyter, ed., *Prospects for Democracy in Central Asia* (Istanbul: Swedish Research Institute, 2005), pp. 169-185 参照。

(77)　主に、①水の放出条件、②キルギス、カザフスタン、ウズベキスタン間のエネルギー交換の条件について話し合われた。

(78)　その主張について、水分野以外の分野の分析に関して、Timur Dadabaev, *Towards Post-Soviet Central Asian Regional Integration: A Scheme for Transitional States* (Tokyo: Akashi Shoten, 2004).

(79)　その一例について、"Kazakhstan predlagaet Uzbekistanu i Kazakhstanu sozdat' edinuiu energosistemu," *Ferghana.ru*, 2007年7月30日〈www.ferghana.ru/news.php?id=6640〉参照。もしくは T. Kachekeev, "Kyrgyzstan i Tadzhikistan dolzhny sozdat' vodno-energeticheskii consortium, *24.kg*〈www.centrasia.ru/newsA.php4?st=1189741920〉参照。

第6章　中央アジア諸国と上海協力機構（SCO）

はじめに

上海協力機構（SCO）は、CIS（独立国家共同体）や他の中央アジア諸国が加盟している機構や仕組みと比べると新しい機関である。この機構は、中央アジア諸国だけでなく、これまでこの地域で重要な役割を果たしてきたロシアと中国の指導的参加を盛り込んだ機構となったことに特徴がある。この機構はもともと上海ファイブ（上海5）という仕組みから始まった。その名前はこの機構が上海において五つの国が形成した合意によって誕生したことを反映したものである。

一　設立の経緯と存在意義

中国とソ連の間には長い国境線について一九五〇年代から続く対立があった。ソ連崩壊に伴い、その対立や境界線の交渉が、ソ連という一つの国から誕生した旧ソ連諸国と中国との間で行われることになった。中国としては、旧ソ連諸国が独立して間もないことから国家統制が確立しておらず、自国の管理が十分にできないのではないかという懸念があった。しかも、その事実が中国国内で活動する分離主義者や過激的なイスラーム勢力に利用される可能性もあった。これらの理由により、中国は中央アジア諸国との国境に関する交渉と国境の共同管理、さらには国境地帯の国家間の信頼強化とそれに伴う各国の国防費のより効率的な使用を目指し、共通の仕組みを提案した。その第一段階が上海ファイブだった。

1　上海ファイブの設立

ＳＣＯという組織と名称は二〇〇一年に誕生したが、その組織の誕生を可能としたのは上海ファイブである。一九九六年四月に初めて集った中国、ロシア、カザフスタン、キルギス、タジキスタンの首脳が協力機構を構築することを目指した。その活動範囲は加盟国が抱える国際テロや民族分離主義、宗教過激主義問題への共同対処、経済や文化など幅広い分野での協力強化であった。

上海ファイブは、一九九六年から一九九七年にかけて相互信頼強化のためにこれらの諸国間で結ばれた国境周辺における軍事協力や各国の軍事力の削減を目的とした合意によって結成された。具体的には、一九九六年四月に上海で合意された国境地帯における軍事分野での信頼強化に関する協定と、一九九七年四月にモスクワで結ばれた国境地帯の相互的な軍事力削減に関する協定である。これらは国境周辺の防衛や他の軍事分野における信頼を強化するとともに、国家間で互いを競争相手ではなく協力可能な相手というイメージを定着させるためのものだった。

参加国が仕組み形成に動いたことは、これらの国々の、中央アジア地域を安定化させ不安定要因を減らしたいという意思と国益が一致した状況を反映していた。各国はそのような不安定要因を国際テロ、宗教（イスラーム）原理主義、民族分離主義と定義づけた。さらに、アフガニスタンにおける内戦がこれら三つの不安定要因を悪化させ、中央アジア安定化の過程を困難にすると考えられたため、上海ファイブ形成はアフガニスタンが生み出す危険性を減らすことも目的とした。

以上に加えて、上海ファイブの会合は一九九七年のモスクワ、一九九八年のアルマティ（カザフスタン）、一九九九年のビシケク（キルギス）、そして二〇〇〇年のドゥシャンベ（タジキスタン）サミットと続いた。上海ファイブ諸国の会合は単に首脳レベルでのものにとどまらず、継続的に機能した専門家会合と各分野を担当する各国の大臣レベルでの会合をとおして、様々な決定を首脳会議に提案してきた。首脳レベルでの現実的で実現可能な決定を生み出すために、各分野の専門家の意見を反映する必要性があった。そういう仕組みがなければ、これまで中央アジア地域で繰り返されてきた、合意しても実行されない言葉の上での合意に終わってしまう恐れがあったからである。その一例として、たとえばビシケク・グループというものが形成された。その主な目的は国境周辺の犯罪阻止と防止であった。ビシケク・グループのメンバーには政治レベルの政策決定者のみならず、公安や治安維持機関の関係者が多く含まれていた。

2　上海ファイブから上海協力機構（SCO）へ

上海ファイブの最も重要な成果は、中国、ロシア、中央アジア諸国間でソ連時代から存在していた国境画定と領土に関する問題を解決するとともに、これらの国々の間にさらなる協力の可能性を示したことである。一方、上海ファイブの目標とする、分離主義や宗教に基づいたテロ行為の阻止は、中央アジア地域で最も人口が多く、宗教原理主義者が活発に活動していたウズベキスタン抜きでは困難なことから、ウズベキスタンの上海ファイブ入りが課題とされた。そこで、二〇〇〇年の会合でウズベキスタンは「上海ファイブ」にオブザーバーとして加わり、この仕組みが「上海フォーラム」と改名された。ウズベキスタンはそれまで中央アジア諸国の中でもロシアから距離を置き、欧米寄りの外交政策をとってきたが、これを機にそれを転換し、ロシアや中国との協調路線をとることとなった。ウズベキスタンとしては、自国の主権を守ることに努めつつも、その重要性が増している上海ファイブの活動への関心を深めていた。二〇〇一年にはオブザーバーとしての参加を超え、上海協力の仕組みに正式に加盟した。これによって上海フォーラムは拡大し、ＳＣＯとして六か国に発展、発足した。

ＳＣＯ設立の意義としては次の四点があげられる。すなわち、①参加国の相互関係を強化すること、②ＳＣＯ地域における（政治、経済、科学技術など）様々な分野での協力関係を促進すること、③平和と安全の維持に共同で取り組むこと、そして、④公正な国際政治経済の新秩序を築くこと、であった。

ＳＣＯ加盟を希望する国は複数あったが、ＳＣＯメンバーは加盟国拡大に関し慎重な態度をとってきた。それは、まだ機能的にも結果の面でも成果を出していないＳＣＯが拡大を決めた場合、その運営が難しくなり、多くの国の国益を統一させ、同じ立場から様々な決定をしていくことが難しいと予測されたからである。また、ＳＣＯへ新規で加盟を希望する国の中には政治・経済面で不安定な状況下にあるものもあった。これらのＳＣＯ加盟を認めた場合、その安定化についてＳＣＯが責任を負うことになることも警戒された。そのため、ＳＣＯは加盟希望の国々にオブザーバーの地位を与えるか、加盟を拒否してきた。

その結果、二〇〇四年にモンゴル、二〇〇五年にインド、パキスタン、イランがオブザーバーとなった。これらは二〇〇六年六月の会合で加盟すると予測されていたが、ＳＣＯ加盟国はそれに慎重な姿勢を見せたことから、いずれもオブザーバーにとどまっている。アフガニスタンのＳＣＯ加盟も話題に上ったが、アフガニスタンの国内状況とアフガニスタン政権が安定していないことから拒否された。パキスタンとイランは加盟国になる希望を示したが、インドとモンゴルはオブザーバーにとどまる意向を示している。

二〇〇一年六月一五日の上海会合では、ＳＣＯ設立に関する宣言や、ウズベキスタンの上海ファイブの仕組みへの統合に関する共同宣言の採択だけでなく、テロ、分離主義や原理主義への対処に関する上海条約も採択された。さらに、SCOの具体的な活動の一つとして、二〇〇二年六月にサンクトペテルブルクで行われたSCOの会合において、SCO地域対テロ機構の創設に関する協定が署名された。SCO地域対テロ機構執行委員会の書記局を上海に、本部をキルギスの首都ビシケク（のちにタシケントに移転）に設置した。さらに、同年初頭の米国の対テロ戦争と中央アジア地域における米国の軍事力拡大の動きを牽制した。

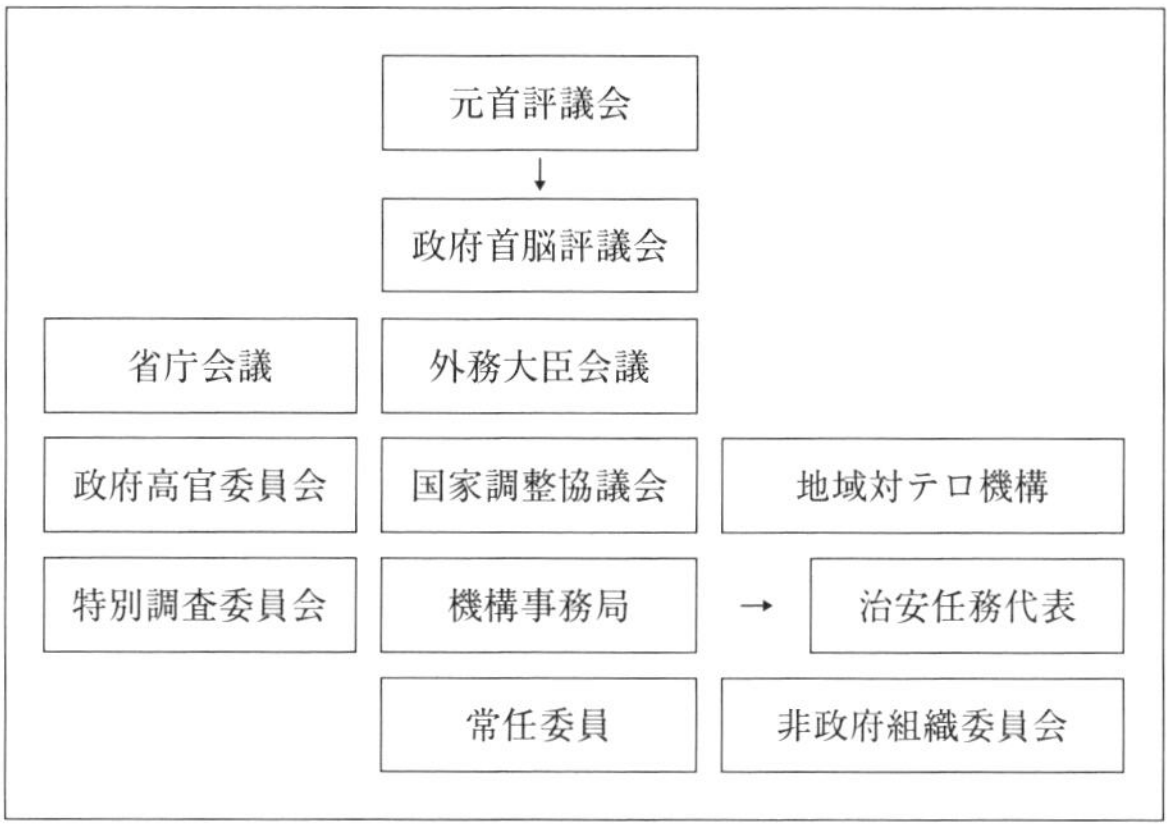

図1　上海協力機構の組織図

SCO加盟国の首脳は年に一回の会合を持ち回りで開催している。それには、この機構が「上海協力機構」と呼ばれても、中国やロシアの国益確保に加えて各加盟国の平等な参加と機構内の指導力をアピールする狙いがある。このルールに従い、二〇〇一年六月一四、一五日の上海における会合に続いて、各国首脳は二〇〇二年六月七日のサンクトペテルブルク、二〇〇三年五月二八、二九日のモスクワ、二〇〇四年六月一七日のタシケント、二〇〇五年七月五日のアスタナ、二〇〇六年六月一四、一五日の上海、二〇〇七年八月一七日のビシケク、二〇〇八年八月二八日のドゥシャンベ、そして二〇〇九年六月一五、一六日のエカテリンブルクで会合を開いた。その後も、首脳会合は毎年開かれており、二〇一〇年六月一一日のウズベキスタン・タシケントサミット、二〇一一年六月一五日のカザフスタン・アスタナサミット、二〇一二年六月六、七日の中国・北京サミットと続いた。

ＳＣＯの主な政策・意思決定機関は元首評議会である。それに加えて、ＳＣＯ憲章では首相会合（政府首脳議会）、外務大臣会合（外務大臣会議）、各関連大臣会合、各国のＳＣＯ代表（コーディネーター）、地域対テロ機構などが設けられている。これらの仕組みを支持し必要な作業を継続的に行うのは書記局である。この機関を代表し指導する事務局長は定期的に選出され、その候補は各国から推薦される。これらの機関はＳＣＯの様々な分野における活動を決定し、ＳＣＯの姿を形作るものである。

二　上海協力機構（ＳＣＯ）の機能

ＳＣＯにはとくに三つの重要な分野が上海ファイブから引き継がれた。すなわち、①国境画定・整備と諸国内の分離主義阻止、②テロ対策、③中央アジア地域の安定化である。

1　国境画定・整備と分離主義対策

国境や領土に関する問題は、ソ連時代から中国と現在のロシア・中央アジア諸国との間で問題視されてきた。ロシアや中国と国境を接している中央アジア諸国は、国境画定の際、ソ連時代に決められた国境を強調したのに対して、中国はそもそもソ連時代以来の主張を疑問視し、再画定の必要性を強調してきた。この問題は困難であり進展が見込まれなかったが、上海ファイブが議論の場となり、国家間での妥協達成に成功した仕組みとなった。

国境警備と国境に関する問題解決は参加国の利害と一致していた。これまで、各国は国境周辺に多くの兵士を展開し、自国の領土の侵害を防ぐために国境部隊を強化してきた。各国は、国境問題の解決は国境維持にかかる軍事費削減や国境周辺の緊張緩和につながると考えた。

境界画定の問題に加えて、中国が中心となり、上海ファイブ諸国は国境をまたいで活動する分離主義者や国際犯罪組織に対し、共通の政策を打ち出した。その目的は、分離主義者などの国境地帯での活動を阻止し、国家間で情報交換のメカニズムを確立することであった。そのような活動も国境地帯において互いに対する敵対行動を減らし、信頼強化につながると想定された。そのような活動を調整するため、上海ファイブは年に一回の国防相、治安当相会合を定例化し、これらの分野においてより親密な関係を構築するための環境づくりを行った。

これらはいくつかのSCO加盟国会合で議論され、国家間の活動の調整のために多くの協定が結ばれた。その一例として、二〇〇七年八月にビシケクで行われた首脳会談では、テロ組織や分離独立運動など、加盟国に脅威を与える勢力への対策に関し、長期善隣友好協力条約など八条約が調印された。

2　テロ対策

以上の問題に加えて、二〇〇一年九月一一日の米国同時多発テロ後、上海ファイブの国々はテロ政策を調整するとともにSCOに生まれ変わった組織の中でテロ対策を主な課題の一つと位置づけた。上海ファイブ諸国は九・一一に関してテロ行為を非難した上で、SCO域内のテロ対策を検討する必要性を強調した。このような政策を作り出す作業の一環として、二〇〇二年五月二三日のアスタナでの治安当相の会合ではSCO地域の対テロ機関設立について合意案が作られ、議論された。この案と同時に、それに関係する他の合意案のさらなる作成に関しても作業を早め、SCOの対テロ機関を短期間で機能させることを目指した。二〇〇三年六月七日のサンクトペテルブルクの会合ではSCO地域対テロ機関に関する合意書が署名された。SCOのテロに対する姿勢は、単に軍事的手段を通じてテロ撲滅を目指したものではなく、そのために政治、経済、社会、そして人道的要因の重要性を強調した。このような複数の要因を視野に入れた政策作りは、ＳＣＯ地域に安定のみならず長期的な発展と国家間および様々な勢力間の共存を保障すると考えられる。

このような論理に則った政策の一例は、二〇〇六年四月二一日に公表されたＳＣＯの対国際麻薬密輸政策であった。ＳＣＯによると、麻薬の密輸はテロの資金作りに使われるだけでなく、国際犯罪組織の原動力になることや各国国民の健康や若い世代の将来に大きく影響する問題であることから、ＳＣＯ地域内の麻薬密輸を阻止することは多くの問題解決につながる。とくに、アフガニスタンからの密輸出の増加が警戒され、ＳＣＯ諸国間の行動の調整が必要であると確認された。

さらに、国家の政策面のみならず国境地帯や現場で動く部隊間の調整を強化するため、ＳＣＯは多くの対テロ演習を行ってきた。その一回目は二〇〇三年に行われた。この演習にはウズベキスタン以外のＳＣＯ諸国が参加し、二つの段階に分かれて実施された。第一段階はカザフスタンで行われ、第二段階は中国で行われた。ＳＣＯの枠組みの中での演習に加え、必要に応じて、ＳＣＯの枠組みを使用しないものの、ＳＣＯ二国間の演習も行われてきた。その一例として、二〇〇五年には中国とロシアの間で「平和への使命二〇〇五」という軍事演習が行われた。二〇〇六年四月二六日の北京で行われた国防相会合において、ＳＣＯ加盟国は二〇〇七年に対テロ軍事演習を行うことについて合意に達し、その演習をロシアで行うことを決めた。それに沿って、二〇〇七年にはＳＣＯに加盟している六か国の合同軍事演習「平和への使命二〇〇七」を実施し、ＳＣＯ諸国の軍事要員四〇〇〇名が参加した。興味深いのは、この演習にオブザーバーとしてイランが参加したことであった。

３　中央アジア地域の安定化

軍事演習などを頻繁に行ったにもかかわらず、ＳＣＯ諸国はこの仕組みが軍事同盟として認識されることを避け、

SCOは軍事同盟もしくは特定の国に敵対する組織ではないことをたびたび強調してきた。加盟国は軍事演習を国家間協力の一側面と位置づけ、最終的な目標としてより広いSCO地域の安定化を目標に掲げた。SCO諸国によると、SCOの軍事協力の強化はあくまでも軍事的側面での国家間調整の重要性を反映したものであり、機能的な意味を持つ。SCO加盟国は軍事協力に加えて安全保障を確保するために軍事以外の側面での調整も進めた。その一例は、ビシケク会合（二〇〇七年）で署名されたビシケク宣言とSCO諸国の情報安全保障に向けた行動計画であった。

設立当初より、SCOは単なる国境警備組織としての枠組みを超えつつあると危惧する声は多い。その背景には、米軍の対アフガニスタン作戦が始まってから、中央アジア地域において増大していく米国の軍事力を中国やロシアが警戒し、米軍をこの地域から追い出すために協力し合っているという解釈があった。さらに、二〇〇五年にウズベキスタンでアンディジャン事件が起こり、米国はウズベキスタン政府が一般市民に対して過剰な軍事力を使ったとしてウズベキスタン政府を批判した。これに対し、ウズベキスタンは自国内にあるハナバード軍事基地からの米軍撤退を求めた。ウズベキスタン政府のアンディジャン事件におけるスタンスを支持した中国やロシアを含む中央アジア諸国が、二〇〇五年七月五日のSCOサミットにおいて米軍の中央アジアからの撤退時期を明確に決めるよう呼びかけたことも、そのようなSCOのイメージを固定した。これに対し、米国議会は同じ二〇〇五年七月一九日にSCOの呼びかけに対し警戒感を表明し、これこそが中国とロシアによる中央アジアからの米軍追い出しの意図であるとした。

そのような中、SCO加盟国はこの仕組みが特定の国を対象とした軍事同盟ではないとたびたび述べている。加盟国は、SCOがこの地域における安全保障の確保に関心がある開かれた仕組みであることを証明するかのように、共同安全防衛機構（ODKB）の覚書を締結し、二つの組織間で安全保障と麻薬密輸の分野において協力を進めていくことを目指した。

同時に、SCO加盟国はこの仕組みがSCO地域においてNATOや米国と競合するために作られたわけではないことを強調し、ＳＣＯがＮＡＴＯの競争相手として作られたという欧米などの専門家から聞かれる主張を否定する。むしろ、ＳＣＯ地域の安全保障の確保のためであれば、ＳＣＯはＮＡＴＯやそれ以外の組織とも協力する用意があることを繰り返し主張した。

ＳＣＯ諸国は米国のアフガニスタンにおける軍事作戦を最初から批判したわけではなく、それがアフガニスタンに安定をもたらすかどうかを見守っていた。このようなＳＣＯの姿勢は、二〇〇一年の九・一一以降のアルマトゥ会合で示され、グローバルな脅威に対し、国際組織や他国と共同で戦う用意があるとの声明が出された。また、ＳＣＯは二〇〇二年一月八日に北京で外相会議を開き、アフガニスタンのタリバン政権崩壊を歓迎する姿勢を示すとともに、アフガニスタンの暫定政権が安定をもたらすことに希望を表明した。しかし同時に、この声明ではアフガニスタンが中立的な国家となるよう呼びかけ、米軍の長期間にわたるアフガニスタン駐留と米国のアフガニスタンに対する過剰な影響力行使を牽制した。このように、ＳＣＯは米国に対する軍事同盟として作られた仕組みというよりも、ＳＣＯの米国に対する姿勢が時期とともに変化し、最終的に批判的なものになったと見ることができよう。

ＳＣＯは開かれた仕組みとして米国以外の国や組織とも協力を進める動きを見せた。その一環として、すでにあげたＯＤＫＢに加え、ＳＣＯは二〇〇五年にＡＳＥＡＮ—ＳＣＯ間で軍事的協定を結ぶことに同意している。二〇〇七年、ＡＳＥＡＮは協力関係をさらに拡大するために、両者の関係を事務局レベルから政府高官の直接対話レベルに格上げすることを決定した。

三　中央アジア諸国から見た上海協力機構（ＳＣＯ）

このように、中央アジア諸国は原則としてSCOの存在を自国の利益と合致するものと見なしており、この仕組みの中で各自の国益を確保できると考えている。さらに、その活動分野に関しても参加国間でコンセンサスが成立しており、SCOのこれまでの関心領域に強く反対する国はなかった。SCOの会合においても大きな対立や緊張は見られない。しかし、それは各国がSCOをとおして達成しようとする目的がすべて同じであることを意味しているわけではない。むしろ、互いの国益や地域の安定化に関する見方が多様であっても、それらがSCOの中で共存しているために、各国が必要としていることの達成に役立っていると考えるべきだろう。

1　中央アジア諸国の外交政策におけるSCOの位置づけ

中国はSCOの発足当初からその国益を経済協力、安全保障分野と境界線・国境整備としてきた。経済分野においては、中国企業の活動領域拡大、中国製品の販路拡大とエネルギー資源の確保を行う場として中央アジア地域を見てきた。安全保障分野では、分離主義運動に加えて中国の新疆ウイグル自治区などで活動しているイスラーム原理主義の活動阻止を意識してきた。国境整備は上海ファイブ時代におおむね解決したといっても過言ではない。

ロシアはそのような中国の動きを気にしている。なぜなら、中国製品の多くが中央アジアの市場でロシア製品の競争相手になっているだけでなく、ロシア市場にも参入しているからである。中国からの労働者もモスクワその他の都市に出稼ぎにきており、ロシアの労働市場で大きな勢力を形成している。そういう意味でロシアは、中国がSCO内で貿易や経済関係を拡大することは、事実上、中国によるロシア領内への拡大を意味すると警戒している。ただし、現段階でロシアはそのような状況を経済協力拡大にとって大きな問題としておらず、中国や他の中央アジア諸国が支持する経済活動の拡大を支援する姿勢を見せている。ロシアとしては、中国との協力を自国の資源や防衛産業の巨大な市場として見ている。そのメリットを考えたときに中国と対立することはデメリットとなりうるため、中国のロシア市場への参入・拡大を少なくとも当面の間は問題としない方針と思われる。

中国と接する中央アジア諸国にもロシアが直面していると同じジレンマがある。これらの国内にも多くの中国人労働者や中国企業が参入しており、不安材料になっている。にもかかわらず、各国（とくにカザフスタン）は自国の資源の輸出ルートの多様化を重視している。ウズベキスタンのように、中国と接しておらず、中国人労働者や企業の割合が少ない国は、SCO内、とくに中国との経済関係拡大を歓迎している。ウズベキスタンとしては、SCO内の経済協力に経済投資を期待しており、ロシアとの関係に偏りすぎている現状を多様化させたいという狙いがある。そのような経済分野における協力は、ウズベキスタンのような比較的閉じられている国にとって非常に重要である。SCO内の政治的圧力や条件がない経済協力は、ウズベキスタンにとってとくに重要と思われる。

さらに、ウズベキスタンの場合、政府の強い指導力と政権の権威的な特徴からSCOへの参加は単に経済効果を狙ったものではなく、国際舞台における政治的支持を得ることも目的となる。その最も顕著な一例として、ウズベキスタン国内でアンディジャン事件が起きた際、欧米諸国が厳しい批判と制裁を行ったのに対し、ウズベキスタン政府のスタンスを強く支持し経済支援を行ったのはSCOの加盟国である中国とロシアだった。

2　中央アジア諸国のSCOへの姿勢

以上に述べた各国の国内政策と利益に応じ、SCO加盟国はこの仕組みの中でそれぞれの行動や参加度を決めている。中国はSCOの様々な活動を中央アジア諸国に対する外交政策の一環と見ており、対中央アジア外交政策とSCOにおける中国の行動はつながっている。たとえば、中国の中央アジア諸国に対するODA支援を見てみると、SCOの活動の一環として支給されるODAと、中国が二国間関係において重視する分野に支給されているODAは多くの場合同じものである。ODA担当省の中でさえ、中央アジア諸国に対する特定のODAやローンがどのルートで支給されているのかわかりにくい状況が生じることがある。そういう意味では、二国間関係に加えて、中国はＳＣＯ内の活動をとおして中央アジア地域における安全保障の問題のみならず、大半の分野の課題にかかわり、解決していくことを目指している。

カザフスタンは外交政策においてロシアを戦略的パートナーと見なしながらも、多方面の外交政策を進めている。カザフスタンはロシアを含む複数の旧ソ連諸国とユーラシア経済共同体に参加しており、ユーラシア地域における協力を進めている。中央アジア地域では、中央アジア統合のアイデアを提案し、様々な協力の仕組みを積極的に進めた。これらの多くは失敗したものの、カザフスタンの外交政策の中で、旧ソ連中央アジア地域に限られた統合は相変わらず重要な課題の一つとして残っている。それと同時に、カザフスタンは米国や欧州諸国との関係も重視している。米国との関係はエネルギー資源を中心としたプロジェクトやアフガニスタンにおける経済再建に関するカザフスタンの参加、物流の拡大などにおいて促進されてきた。欧米諸国に関して、カザフスタンは「欧州への道」というプログラムを進めている。そこには二つの意味がある。つまり、カザフスタン国内の経済・社会状況を欧州に近づけることに加え、将来的にはより広い意味での欧州（ここではむしろユーラシアといった方が明確かと思われる）の一員になることが目指されている。

そのような中でのＳＣＯに対するカザフスタンの外交政策は、一方で中央アジアにおける安全保障の確保に向けた政策の一環という側面を持ち、他方では中国との関係において重要な意味を持つ。中国もカザフスタンに特別な注目をしている。その狙いはカザフスタンのガス、石油、水である。中国は二〇〇九年にカザフスタンにおけるウラン開発も始めており、これらの分野におけるカザフスタンと中国との協力はＳＣＯの枠組みを超えて進められている。

ウズベキスタンの外交政策の特徴は、長期的な戦略的パートナーを決めず、その時期によって外交政策を転換することで最大限の国益を確保する点である。そのようなウズベキスタンの外交政策はソ連崩壊直後から見られた。ウズベキスタンは独立以降二一年の間にロシア、トルコ、米国といった様々な国を順に戦略的パートナーと宣言しており、一定の期間を経て各国との関係が低迷したり、再び活発になったりしてきた。二〇〇五年のアンディジャン事件以降、ブッシュ大統領の任期満了までウズベキスタンは国際社会から人権や自由の制限のため厳しく批判された。すでに述べたとおり、そのような国際状況の下、ＳＣＯとその加盟国である中国とロシアからはとくに支持されてきた。ＳＣＯの活動の中でも、ウズベキスタンは宗教過激派に関する対策（テロ対策など）と経済（エネルギー資源の輸送ルートの多様化と共同経済圏）に強い関心をよせている。

キルギスやタジキスタンはＳＣＯで類似した関心を持っているが、両国は多くの場合、受け身の政策を進めており、ＳＣＯにおける発言力は限定的である。近年、両国は旧ソ連中央アジア地域内で議論になっている水とエネルギーに関する課題を解決しようと試みている。具体的には、両国はそれぞれのエネルギー資源不足を水力発電セクターの発展をとおして解決しようと試みており、ＳＣＯにもそのような課題への対策を期待している。

四　上海協力機構（ＳＣＯ）の展望と課題

1　経済協力への期待

もともと、経済分野における協力は設立段階でも潜在的な分野として議論されてきた。第三回のアルマトゥ（上海ファイブの）会合（一九九八年）では貿易拡大のために、国際的に通用する貿易条件の付与、平等・互恵を原則として、地域間・国境貿易の奨励、各国の投資環境の整備などに関する覚書を成立させた。同じ会合では、中国やロシアがとくに関心を持つ中央アジアのエネルギー資源の問題も話し合われ、石油・ガスパイプラインによる天然資源の輸出や物流分野での協力強化の必要性に関しても共通の見解を生み出すことに成功した。

当時、そのような経済分野における協力に対して各国の支持が得られたことにはいくつかの理由がある。中でも、ソ連崩壊後の時期において、様々なルートで中国とロシアを含む旧ソ連圏（とくに中央アジア）諸国の間で経済関係が活発に発展し、人々の行き来や経済界の関係が発展したことがあげられる。

さらに、中国は自国の経済成長を維持するために長期的なスパンでのエネルギー資源確保を意識し始め、距離的にも価格の面でも有利な中央アジアのエネルギー市場は、中国から見て非常に魅力的なものだった。中央アジア諸国も中国のそのようなエネルギー資源に関する関心を歓迎した。彼らにとって、中国の関心はこれまでロシアに頼ってきたエネルギー資源の輸出ルートの多様化や、ロシアと中国の間の競争により資源価格が上昇する可能性をもたらしたからである。ロシアとしても、エネルギー分野における協力について中国が示す関心を歓迎した。ロシアから見て、中国はロシア国内の資源のための巨大な市場だったからである。そして、SCOが発足して数年後、国境整備の課題が解決して協力が成果をあげたことは参加国に建設的な協力に自信を抱かせた。このことは、各国がとくに重視する経済問題に関する協力の可能性を探るもう一つの要因となった。

この分野における協力のための環境を作った合意文書の中でも、SCO首脳が二〇〇三年に締結した多国間の経済分野における協力計画はしばしば強調される。その計画は二〇年間のSCO諸国の経済協力をとおした自由貿易圏形成を盛り込んでいた。この計画でとくに強調されたのは、各国が重視するエネルギー、交通整備、農業、コミュニケーション、環境保護の分野であった。二〇〇四年九月二三日には、これらの分野における経済協力を進める上で具体的な行動計画が調印された。

さらに、二〇〇五年一〇月二六日に行われたモスクワ会合では、SCOはとくにエネルギー分野における協力を加速させると宣言した。中でも、中央アジア諸国の資源の開拓・開発、そしてエネルギー資源と水の共同利用に注目した。これらの分野におけるプロジェクトのための資金提供を目的として、ＳＣＯの投資機関（銀行間連携、ＭＢＯ）設立についても合意が成立し、その初会合が二〇〇六年二月二一、二二日に北京で開かれた。さらに、二〇〇六年一一月三〇日にアルマトゥで開かれた「ＳＣＯ――その成果と可能性」という国際会議では、ロシア外務省の代表者が、ロシアや中央アジアのエネルギー資源輸出国と、中国などエネルギー資源輸入国が参加する「エネルギークラブ」形成の可能性に言及し、ロシアがそのような仕組みを支持することを示した。同様の提案は二〇〇七年一一月に開かれたモスクワ会合の際にも話題にのぼったが、他の参加国はそのような提案をとくに支持しなかった。

エネルギークラブと似たようなアイデアとして、ＳＣＯが欧米諸国中心の国際関係構造を変え、多くの発展途上国の声を国際社会に届けさせる仕組みに発展していく可能性があると期待する声もある。そのような期待の根拠となったのはＳＣＯ加盟国とオブザーバー国の領域が地球上の陸地の約四分の一に達していることである。この仕組みが中国、ロシア、インドといったユーラシア大陸における潜在的超大国（ＢＲＩＣＳ）や、モンゴル、アフガニスタン、イラン、パキスタン、ＡＳＥＡＮ（東南アジア諸国連合）加盟国をも取り込んだ連合体にまで発展する可能性を持つと期待する専門家や発展途上国のリーダーもいる。

経済・エネルギー資源に加えて、近年ＳＣＯにおける協力が議論されているのは、この地域の価値観や文化を共有するための活動である。その重要性はＳＣＯが掲げる中央アジア地域における平和と持続的な安定、そして平和的共存という目的から生じるものである。もともと、ＳＣＯ加盟国には古くからシルクロード、貿易ルートや人々の往来があったことから文化的なつながりや共通性が多く見られる。旧ソ連中央アジア諸国の場合、ロシアとはソ連時代からのつながりとメンタリティの共有がある一方、民族的側面では中国の新疆に多く在住するウイグル人、ウズベク人、キルギス人やカザフ人などとも民族的・言語的つながりが強い。このような多民族・多文化的特徴を維持し促進するためにも、互いの文化を各国で紹介し、様々な文化祭を開催するようになった。このような協力の土台となったのは、二〇〇二年四月一二日に北京で開催された文化担当相会合である。この会合の成果の一環として、二〇〇五年にアスタナ（カザフスタン）でSCO諸国文化祭と展覧会が開催された。さらに、タシケントで二〇〇六年四月二七、二八日に開催された文化担当相による第三回会合では、文化分野における協力の継続と維持に関する協定が調印された。それらをとおして、SCO諸国は単に経済や安全保障といった分野における協力のみならず、多様な分野における協力を進め、SCO協力のために各国国民の理解と応援を確保することを目指したのである。

2　課　題

SCO加盟国間には、以上に述べたような国益の一致と効率的な協力の仕組みに対する自信があった。とはいえ、SCOのさらなる発展にはいくつかの課題が存在する。すなわち、①SCO諸国の国益やSCOの将来に関する展望の相違、②SCO構成国や活動領域の拡大に関する姿勢の相違、などである。

まず、SCOの活動において各国が追求している国益に関して、これまで多くの一致が見られた半面、ある程度の相違も存在する。これは、SCO加盟国がこの仕組みの最重要課題をどのように見るかの問題である。たとえば、中国は対テロと経済協力はSCOの活動において同じ重みを持つ柱になるべきだと見ている。さらに中国としては、テロや分離主義運動といった脅威がなくなった場合、経済協力分野がSCOの活動で最も重要な分野になっていくべきだと主張する。中国には分離主義運動がそれほど深刻にならず、SCOのこれまでの活動によってそのような問題が解決されつつあるという見方があり、安全保障分野を超えた新たな課題のためにSCOを活用していくという考え方がある。このような新たな分野こそが経済協力である。さらに、中国は近い将来、SCO地域内でモノとヒトの自由移動地域を作ることを想定している。このような考え方は中国のみならず、SCOに加盟している中央アジア諸国も前向きに検討している。

ロシアの場合、中国のＳＣＯに対する姿勢とは異なる部分がある。ロシアとしては、安全保障における協力を最重要分野と位置づけており、現段階では経済分野における協力は必要だがこれをＳＣＯに不可欠なものとは見ていない。むしろ、ロシアとしては中国が中央アジア地域において影響力を拡大するとともにエネルギー資源の輸出ルートを多様化し、中央アジア地域の資源市場における競争相手になっていくことを警戒している。このことから、ロシアは経済協力の潜在力を認めつつも、その協力は長期的に実現すべきものであるとして、短期的にはＳＣＯを安全保障確保のための仕組みと見なしている。

以上のような中国とロシアの間に存在するＳＣＯの認識の違いに関して、中央アジア諸国は中間的な位置にある。これらの諸国は各国の安全保障の確保のためにＳＣＯの仕組みを必要としている一方、経済協力の拡大も重要な課題と見ている。中央アジア諸国は、中国のＳＣＯにおける経済協力重視を支持しているものの、中国の地域内における影響力拡大と弱体化している中央アジア諸国の経済への悪影響を懸念する声は少なくない。そういう意味で、中央アジア諸国は特定の分野における中国との経済協力を進め、その積み重ねによって幅広い経済協力に拡大していくことが重要だと考えている。具体的には、現段階ではエネルギー資源輸出施設の建設やコミュニケーション分野、交通プロジェクトを最重要と認識している。同時に、中央アジア諸国間にも水問題や国境・領土問題が存在しており、これらを解決しないままＳＣＯ内の経済協力を大幅に促進することは困難である。

もう一つの課題は、ＳＣＯはこのままの構成国で活動を進めていくのか、それともすでに加盟を希望している国を迎え、より広い地域における活動をしていくのかという点である。これまでＳＣＯへの加盟候補とされている国としては、インド、パキスタン、イラン、モンゴルなどがあり、これらの大半はオブザーバーの地位を与えられている。

第7章　中央アジア諸国から見た上海協力機構(SCO)

はじめに

本章では、上海協力機構(SCO)に対する中央アジアの加盟諸国(カザフスタン、キルギス、タジキスタン、ウズベキスタン)の姿勢と見方を分析し、とくに中国に対する加盟諸国の見方と懸念を明確化することにしたい。

近年、SCOは、機能主義の性質を備えた重要な国際的組織に成長したが、それは、近隣国である中央アジア諸国と関係を維持し、国境に関する友好関係を創出するより広い中国外交政策の一部を構成する中国主導のメカニズムとして説明されることが多い。さらに、SCOは中国新疆地域の開発をさらに進め、この地域の政治経済的な安定を高めようとする中国国内政策の観点からも説明されることが多い(1)。別の一連の文献では、SCOは、ロシアの率いる中央アジア諸国と中国との協力促進を目指した仕組みとして描かれている。同時に、欧米の論説では、SCOは、この地域における米欧米の利益に対抗するロシアと中国主導の政治・軍事連盟と評されている(2)。さらに、SCO域内の現在の力学から中央アジアにおける中国とロシアの競合を予測する研究者もいる(3)。

このようなSCOの複雑で、ときには論争の的となっている特徴は、この地域におけるロシア、中国および米国の利益と相互の見解の複雑さを反映している。しかし、これまでの説明は、SCOの全体ならびに中国やロシアのような大国に対する、より弱小な加盟国の姿勢と外交方針にほとんど注意を払ってこなかった。ＳＣＯに関する先行研究は、中国とロシアの利益や政策を過度に重視する一方で、中央アジア諸国についてはほとんど無視してきたのである。(4)さらに、これまでの研究は、ＳＣＯ内の協力の負の影響を分析することなく、ＳＣＯ内の機能主義の協力の仕組みが成功したことに注目する傾向があった。ＳＣＯの宣言や報告書の中で希求されているＳＣＯ地域の主体性構築の見通しは、ほとんど語られていないのが現実である。

そこで、本章は次の問題を提起したい。すなわち、ＳＣＯ内で中国と戦略的な協力関係にある中央アジア諸国の動機は何か。さらに、これらの動機はＳＣＯ地域の主体性構築にどのような影響を及ぼすかという問題である。これらの問いに答えることを通して、ＳＣＯに対する中央アジア諸国の姿勢と、地域の安全保障、反テロリズム、経済（とくにエネルギー）関連プロジェクトなど中央アジア諸国の期待を明らかにしたい。

一　上海協力機構（ＳＣＯ）の機能主義

中央アジア地域における機能主義にそった協力の大原則は、どの協力も最初に一つか二つの具体的分野（たとえば、ＳＣＯの場合の国境と安全保障、ユーラシア経済共同体の場合の関税同盟など）に焦点を当てるべきという点である。この分野で成功すれば、協力は新たな責任を担い、次の分野へと移行・拡大することができる。

ＳＣＯ内の協力が成功した要因の中でも、明確に定められた期間と資源協力の定義された目的が非常に重要であった。これに先行するＣＩＳの形成と機能は、ソ連の整然とした解体の促進に成功しただけである。(5)対照的に、ＳＣＯ加盟国は協力の初期の段階で明瞭に定義された安全保障の目的（イスラーム過激派対策、国境画定問題、および米国のプレゼンスへの対抗）に関する共通のビジョンを持っていた。ＳＣＯ結成前の一九九〇年代中頃から、中央アジア諸国（カザフスタン、キルギス、タジキスタン）にロシアと中国を加えたグループは、相互間の国境・領土問題を解決し、国境を越えた犯罪とイスラーム過激派との闘いにおける協力に取り組むために、交渉のメカニズムを開始していた(6)。この作業で建設的協力の兆しが見えたとき、このグループは、「上海ファイブ」と呼ばれる一層の信頼強化過程を開始した。それは、「相互の信頼、相互の利益、平等、協議、他文明への敬意、および共通の発展の追求」を意味する「上海精神」を基礎にしていた(7)。このアプローチは、相手国の利益を考慮し、対話を通じてすべての問題を解決する、平等で相互互恵の関係を構築することを目指していた。この原則は、中国やロシアという大国が弱小な加盟国の意思に反して政治・経済的な決定を下す可能性に対する防衛メカニズムとしても役立つとされた。この原則は、加盟諸国の意思統一と、二〇〇一年のＳＣＯ機構誕生のための効率的なツールになった。しかし、以下に検証するように、この原則は、特定の国家に対する公然たる外交圧力は防止できるとしても、経済をはじめ様々な種類の圧力に直面する中央アジア諸国は依然として自身の脆弱性を認識していた。

ＳＣＯが国境画定とテロリズム、分離主義やイスラーム過激派との戦いでの協力の分野でその目的を達成するにつれ、次の目的と目標は、経済分野への拡大、輸送回廊と新たなパイプライン・ルートの建設といったインフラストラクチャーの開発に変化した(8)。ここから、一定分野の成功が加盟諸国のより野心的な目標に決定的な影響を与えることがあらためて明らかになる。

多くの専門家が示唆するとおり、ＳＣＯの見通しと、それが単なる安全保障フォーラム以上になる可能性は、経済や社会的問題における潜在力に大きく依存している。実際、一部の論者は、「ＳＣＯが拡大して安全保障問題だけを対象とするのではなく、経済や社会的問題にも取り組む場合は、実際に強力な地域のプレイヤーになるだろう」(9)と指摘している。

二　新たな上海協力機構（ＳＣＯ）の主体性・アイデンティティ

政治的な指導力だけでは、当初の目標を達成することはできない。以下に見るように、経済的プロジェクトの多くは、政府が承認し支持した場合でも、現地の地域社会や企業から不安視され、拒否されることも少なくなく、プロジェクトに狂いをもたらしている。ＳＣＯの協力分野を拡大するには、加盟諸国間の相互理解の改善とともに新しく積極的なイメージと地域アイデンティティの形成へ向けた取り組みが必要となるだろう。しかし、こうした面での取り組みは遅れており、現時点では次に指摘するようなＳＣＯイニシアチブに対する負の副作用が生まれている。

第一に、中央アジア諸国のエネルギー関連をはじめとするＳＣＯの経済開発プロジェクトをめぐっては、この地域における中国の経済的拡張に対する警戒の徴候があるように見える。いくつかのプロジェクトはときに現地の経済に対する脅威として認識され、現地の政治家や企業がこれを口にすることもある(10)。たとえば、中国製品の急増は、二〇〇二年から現在まで数多くの抗議をよんでいる。とくにキルギスでは二〇〇二年のドルドイ市場と二〇〇四年のカラス市場で抗議の声が上がった。それは中国人に対して貿易用のスペースを与えることに反対するものであった。同様な抗議はカザフスタンでは二〇〇六年の議会も巻き込み、親大統領派オタンの国会議員は、中国企業のエネルギー関連プロジェクトへの参加は四〇％未満に制限するよう政府に求め、これらのプロジェクトに中国株主の大きな存在を許すとカザフスタンの国益は危険にさらされると主張した。

第二に、中国への不当な領土の割譲への不満や中国の領土拡張主義への懸念がある。ＳＣＯ形成後の時期に、中国とキルギス、タジキスタン、カザフスタンの政府が行った国境や領土に関する取り決めがこの負のイメージに油を注いでいる。この点では、中国とタジキスタンの政府間協定の結果中国へ編入された区域の住民や、中国農業会社に土地が賃貸された農家からは多数の抗議がよせられ、タジキスタン議会はタジキスタンの国益を裏切ったとして大統領を非難すらした例をあげることができる(11)。

第三に、近年の中央アジア諸国では出稼ぎ労働者を含む中国人人口の増加に対する懸念が高まっている。キルギスでは、これに対する多くの抗議と、外国労働者数を制限する二〇〇七年の法律の採択につながった。この法律は事実上キルギスの経済に参加する中国人労働者の人数を制限することを目的にしていた。さらに、中国から（不適格な労働についても）労働力を持ち込み、現地に雇用を創出しない中国企業のやり方と、中央アジア諸国を主として鉱物資源の供給源とみなす中国の観点は、中央アジア諸国の懸念をいっそう増幅している(12)。この懸念は、諸国民が中国についていだく負の印象に結びつき、たとえばカザフスタンでは、アンケートに回答した者の約四分の一が中国からの移住者と中国に対して否定的な答えをし、この意味で「全国的なステレオタイプ」が生まれつつあるという(13)。

このような問題が生じた結果、中央アジア諸国の政治家と国民の間には、ＳＣＯは機能主義的開発と目的の定義には成功したが、そのプロジェクトとイニシアチブは、中国を利するばかりで、他の加盟国の長期的な利益の保全には役立っていないという印象を残している(14)。このことは、中央アジア諸国がＳＣＯの仕組みと中国は中央アジア地域の発展にコミットしていないと見なすきっかけともなっている(15)。

第四に、ＳＣＯに関して、政治的エリートと一般国民の間にイメージのギャップが拡大していることが注目される。中央アジア諸国の政治指導層は、ＳＣＯイニシアチブをおおむね有益だとみなしているが、国民は、これらのイニシアチブは国民の生活条件を改善するよりも，政治・経済エリートを利すると見る傾向が高まっている。たとえば，カザフスタンの政治指導層に近い二つの主な経済グループ，つまりユーラシア・グループとカザクミスは，カザフスタン市場における中国のプレゼンスを拡大するロビー活動を行っている。キルギスでは，国会議員で大統領の友人であるとともに，中国関係のイニシアチブのロビー活動に関係しているといわれる元ビシュケク市長が，中国からキルギスへの通商路を支配しているとみられている。

タジキスタンでは，大統領の家族は中国企業が営業を立ち上げることを支援するサービスを提供しているといわれている[16]。こうした見方が，現実か推測かは別として国民に広がるにつれて，中国の自国市場への参入のイメージを膨らませ，中国に関連するすべてのものに対する負の解釈へとつながっている。

ＳＣＯの仕組みが一国の利益にのみ役立つと見なされ，弱小な中央アジア加盟国の主権が脅かされることになれば，それはＳＣＯの将来を危険にさらし，失敗を免れないだろう[17]。こうした反中国感情が中央アジア諸国との協力関係に好ましくない影響を与えることについて，中国の政治指導層と外交団も認識し始めた徴候があるように見える[18]。

最近のインタビューでは，中国からの投資と交換に中国がキルギスの資源へのアクセスを受け取る計画の交渉に際して，キルギス駐在中国大使は，「キルギスには，この問題（アプローチ）に関する否定的見解がある」という事実を認識している[19]。しかし，中国の中央アジア外交政策や手段に変化はみられない。

これに対して，ＳＣＯ加盟国間に地域の主体性に関する共通の観点が形成され，それが明確に定義されるならば，経済，社会そして文化の領域における発展は成功する可能性が高まる。この意味で，（ＳＣＯ加盟国を含む）地域アイデンティティ形成は，ＳＣＯの有効性と機能性にとってますます重要になっている。

ＳＣＯ加盟国が新たなアイデンティティの形成のために構築主義の考え方を適用するとすれば，協力に必要なものは，共通の規範（行動，義務），共通の軌道（過去の経験，共有される発展のモデル共通の課題および将来の目的），共有の

「他者（共通の敵と友好国）」、および共通の価値観となろう。

ＳＣＯにおいては、以下に検討するとおり、反植民地主義、反帝国主義の立場、「上海精神」に基づく共通のＳＣＯ規範の創設、文化交流およびＳＣＯ大学計画に見られるＳＣＯアイデンティティを創出する努力の中に、こうした方向に向かう要素を観察することができる。

1　ＳＣＯの反植民地・反帝国主義的立場

ＳＣＯの活動は、国境画定と管理の分野、領土交換協定、および麻薬とテロリズムとの戦いに関係する問題への対処で大きな成功をみた。こうした努力は、協力分野を限定し、これに集中する機能主義的アプローチに従った結果と考えられる。当初の目標が達成されると、ＳＣＯは前進し、その活動範囲を拡大することになった。

これまでの協力協定の主要なアクターはほとんど加盟諸国の政府であり、政府レベルでの合意が形成されれば、当該分野での協力は順調に進められた。しかし、ＳＣＯ内の協力分野が政治・安全保障分野から経済・社会分野に拡大するにともなって、政府のみならず加盟諸国の企業家、地域コミュニティ、ＮＧＯ関係者などもアクターとして登場するようになった。このような新しい課題と挑戦により、ＳＣＯはいま地域アイデンティティの形成の必要に迫られている。ＳＣＯの新たなイメージあるいはアイデンティティ構築の試みが成功すれば、純粋に機能主義的な問題解決的アプローチから地域の共有する価値観とビジョンに基づく協力へと進むことが可能になるかもしれない。現段階でのＳＣＯの特徴は以下のようにまとめることができる。

第一に、ＳＣＯ加盟諸国間の意見をまとめ、ＳＣＯへの各国の参加の動機を高めた要因として、非植民地化の支持があげられる。この方針は多くのＳＣＯ文書に定められており、ＳＣＯの目的は、「国家統一と国益を保全し、特定の発展モデルを追求し、国内外の政策を（圧力なく）独立して策定し、平等に国際関係に参加するすべての諸国の権利」を尊重する原則に基づいた新たな国際機構の設立に寄与することであると述べている[20]。反植民地主義のレトリックは、「相互信頼、相互の利益、平等、相互の協議、文化の多様性の尊重および共同開発の希望」ならびに「平等なパートナーシップに基づく共同措置を通じた地域の包括的で均衡のとれた経済成長、社会文化的発展を促進する」期待を強調するＳＣＯ憲章や多くの宣言でも強調されている[21]。

この意味で、ＳＣＯとその牽引者である中国は、新植民地主義に対する安全保障の役割を果たし、また、経済・軍事面では弱小な中央アジア諸国にとって貴重な経済的機会を生み出す母体になっている。ソ連時代に建設されたインフラの多くは、中央アジア諸国をロシアに結び付け、単一の経済体制を築くために建設された。この経済的なインフラ開発は、一九一七年から一九九一年までの間に、中央アジアをロシアと東欧市場へ結びつけることでソ連南部の経済成長に寄与しようとするソ連政府の努力を表現していた。ソ連時代の開発は、発展途上の共和国により多くの機会を提供しようとする連邦の試みであり、この相互依存は統合された教育、社会や文化の面での結合を強化することにより、ソビエト・アイデンティティとソ連の非植民地化過程を強化することになった。

ところが、ソ連解体後の中央アジア諸国は、中央アジアの近代化に努めたソ連の政策については開発というよりも植民地主義であったと見なしている。こうした認識は、ソ連から継承したインフラは旧ソ連経済圏外の諸国と積極的な関係を築く機会を制限しているという理解によるところが大きい。さらに、ソ連時代の開発は結局のところロシアの利益のために中央アジアの鉱物資源を開発したものと認識されている。

したがって、新たなインフラを建設して、資本と労働力へのアクセスを多様化させるＳＣＯ内の中国の努力は、中央アジアの加盟国からは、各国の発展オプションを多様化し、非植民地化の過程を促進するものだと考えられている。このような中国の役割とそのＳＣＯの利用方法は、ロシアが支配する集団安全保障条約機構（ＣＳＴＯ）への代替を提供していると強調する研究者もいる[22]。経済（とくに輸送とエネルギー資源開発）の領域では、中国とＳＣＯの機能は、経済的な成長の推進を優先する中央アジア諸国にとって大きな意義を有している。

中国はまたSCO機構を通じて中央アジア諸国に経済開発のもう一つの非植民地化モデルを提示している。中央アジア諸国は、政府が政治経済制度を厳しく管理したソ連の統治モデルを継承して、独立後も経済と政治に対する国家管理のパターンを保持する体制を選び、自由でリベラルな西側の民主主義モデルを拒絶した。中国は、政府が率先して役割を果たす一方で、経済体制では大きな自由度と民間の参加を許容する開発モデルを提示する。したがって、中央アジア諸国にとって、中国はロシアと西側の開発モデルに対する代替モデルを提示することになった。SCOは、「社会開発モデルは「輸出」すべきではない」と確信をもって言明することにより、小さなSCO加盟諸国を外部からの批判から守る役割を果たしている(23)。

SCOのもう一つの特徴は、上記の反植民地的性格とも関連しているが、反帝国主義的アジェンダにある。SCOは、中央アジアにおける外国軍隊の存在に強く反対した。とくに目立ったのは、中央アジア地域からの外国軍隊の撤退を求める二〇〇五年の執拗な要請であった。これらの要請は、アフガニスタン作戦を展開する米国のプレゼンスに向けられていた。SCO加盟国はすべてアフガニスタンの安定化を支持しているとはいえ、この地域における米国の継続的なプレゼンスには懸念を抱いているように見える。中央アジア諸国が怖れるのは、米国のプレゼンスが民主主義の価値観と政治経済的発展の経路を押し付ける米国の「政治的指導」へと変貌しかねないことである。キルギスの反政府暴動において米国が演じた役割と、二〇〇五年のアンディジャン事件でウズベキスタン政府に向けられた米国の厳しい批判は、中央アジア諸国が米国による内政干渉を懸念する根拠となったように思われる。

同時に、中央アジア地域からの外国軍事基地の撤去や設置拒否の要求は、この地域に軍事的プレゼンスを拡大することについて、中国がそのSCO同盟国であるロシアに向けて発出したメッセージと解釈することもできる。SCOの反帝国主義的立場におけるこのような中国の主張は、中央アジア諸国から歓迎されている。ロシアはこの観点を共有しない可能性があるものの、当面は、この立場を受け入れざるをえないだろう。ＳＣＯ加盟諸国の大多数がこれを支持し、ロシアは軍事力以外にこれらの国々に影響を及ぼす手段を持たないからである。さらに、人権に関する西側の批判との論争の中で中央アジア諸国政府に対する中国の一貫した支持と、国内問題への外国の介入に対する中国の強い反対は、あらためて反帝国主義の姿勢を強調することに貢献し、中央アジア諸国がＳＣＯに参加する要因となっている。実際、ＳＣＯのサミットでは、「文化的伝統、政治社会制度、歴史の過程で形成された発展の価値とモデルの差異は、他国の国内問題に介入する口実とすべきではない」ことが機会あるごとに強調されてきた(24)。

２　ＳＣＯの新たなアイデンティティへの試みとその課題

こうした一方で、ＳＣＯでは共通の規範と帰属意識を構築しようという動き、すなわちＳＣＯアイデンティティを形成しようとする気運が高まっている。二〇〇九年のアスタナ・サミットでＳＣＯ事務局長ヌルガリエフが明瞭に述べたとおり、加盟諸国の挑戦は、「共通の政治的、経済的、情報の空間を創出し、六か国の国民に共有された運命にある感覚を浸透させる」ことである(25)。それには「ＳＣＯの活力を保証する重要な方法」と見なされる、「ＳＣＯ加盟国の友好と相互理解のための社会的基盤を強化し拡大する」努力が要求されるだろう(26)。こうした方向性を明示するいくつかの例がある。たとえば、ＳＣＯの意思決定へのいわゆる上海精神の概念の導入、人から人への交流の促進、教育機関の連携、ＳＣＯ大学ネットワークの創設、および繁栄する貿易地域としてのシルクロード再生のための地域イニシアチブの強化など、これらはすべてＳＣＯアイデンティティを構築しようとする意図の現れと理解することができる。しかし、これを実現するにはいくつかの課題も存在する。

人と人との交流を高める考えは中央アジア諸国に支持されているが、このイニシアチブが始まっても、相互理解が深化した徴候はまだ見られない。中国は、ＳＣＯの相互信頼強化イニシアチブの一環として中央アジア諸国に中国文化センター（孔子学院）を建設、支援してきたが、新疆は別として、中国本土には中央アジア文化を代表する同様なセンターは、あったとしてもごく少ない。さらに、これらの文化センターの活動は、中央アジアではＳＣＯの信頼醸成ツールではなく、中央アジアへの中国の文化・言語の浸透を促進し、かつ中国経済界の参入を容易にするツールとして見られることが多い。こうした解釈は過度に強調すべきではないが、ＳＣＯの事業として中国の文化と言語を導入しようとする努力は、中央アジアへの中国経済拡大の布石と見なされ、中央アジア諸国の産業多様化の目標を脅かす可能性のために不安視されることが多い。

すべてのＳＣＯ諸国に設立される（エネルギー、エコロジー、ＩＴ技術、地域研究を対象とする）ＳＣＯ大学（参加している大学のパートナー）の構想（二〇〇七年のビシュケク（キルギス）サミットでロシア大統領プーチンが提案し、二〇〇八年一〇月にアスタナ（カザフスタン）のＳＣＯ文部大臣会議が受理、その後ノボシビルスク（ロシア）で二〇一〇年九月に改定された）は、中国の文化的拡大に関して高まりつつある懸念への有効な対応方法として提示されたが、一部の国（たとえばウズベキスタン）は、このような計画（二〇〇六年の教育協力条約）に対する懸念を表明している(27)。こうした懸念が生じる理由は、ある加盟国での大学卒業者の卒業証書はいとも容易に不正に入手できるという事実、あるいはある加盟国の大学教育は青年を「洗脳する」メカニズムへと変貌しかねないという不安まで様々である(28)。この計画に参加することを決めた加盟国（たとえばタジキスタン）は、この制度を教育の発展を可能にする「共通の教育空間」の創設と見なす(29)。しかし、ＳＣＯ大学を最も積極的に支持するロシアの教育機関の専門家は、これをＳＣＯアイデンティティの形成に貢献するというよりも、むしろ旧ソ連圏の教育空間にロシアの影響力を拡大し、「海外におけるロシアの名声」を高める事業につながる、もしくはロシア語能力を維持するための新たな現場ととらえることが多い(30)。同様の問題は、最近中国とロシアとの間の文化交流の分野でも生じたといわれている。

結果として多くの人々が、ＳＣＯ本来の目標が、この地域で経済、政治、人口のいずれの面でも優越する中国の経済・文化的な拡張によって脅かされかねないと感じている。この認識は、中央アジアの一般国民と政治家の双方に見られ、タジキスタン、キルギス、カザフスタンではすでに反中国感情が現れている。こうした感情は、SCOアイデンティティの形成を脅かし、その弱小な加盟国を疎外する可能性がある。[31] SCOの中央アジア諸国が中央アジア地域開発の傾向をSCOの発展の過程と均衡させる必要性は、いくつかの機会で主張されてきた。その一例として、この課題が二〇〇七年のSCO事務局長との会合でキルギス外務大臣が述べた声明にも含まれたことが挙げられる。[32]

同様な副作用は、他のイニシアチブでも観察することができる。たとえば、経済的にはきわめて魅力的であるが、シルクロードの再生を狙うSCOイニシアチブは、中央アジア加盟国にある懸念を投げかけている。この協力イニシアチブは、輸送インフラ（パイプライン、鉄道、高速道路の建設）の開発と貿易拡大を伴い、これは通貨スワップ協定に支援されている。原則として、これらの経済イニシアチブは必要である。しかし、SCO加盟諸国の経済構造と能力を検討した専門家の多くは、こうしたイニシアチブは中央アジア諸国の資源と領土を利用して中国を利することになるが、中央アジア諸国の成長あるいは所得増大効果はきわめて限られると見なしている。[33] 輸送インフラ開発は、中央アジアの石油とガスを中国へ輸送することを目的にすることが多い一方、貿易パターンは、安価な中国消費財の中央アジア地域への拡大を促し、現地の生産能力を高める機会はごく少ないという意見が専門家の間に多くみられる。[34] こうした経済交流の構造が、中央アジア政府と実業界の強い懸念を招いているのである。

SCOの新たなアイデンティティ構築への課題として指摘すべき最後の点は、SCOの将来について加盟国の間に共通のビジョンがないことに関係している。SCOは新しい機構であり、その形態と形式が成立しつつあることは事実だが、この機構の中国とロシアのビジョンの間には明白なギャップが存在する。ときには、安全保障と地域統治の分野で中国とロシアとの間の競り合いを解説する研究者もいる。[35] しかし、より深刻な問題は、経済協力面にある。中国にとって、SCOは金融面の協力を伴うべき経済協力の仕組みである。しかし、ロシアは、SCOは政治と安全保障分野における協力のための機構であると主張する。中国から見れば、経済・金融協力は、安全保障と同様に重要である。これに対して、自国主導の関税同盟の重要性とユーラシア統合の観点を強調するロシアからすれば、この双方に弾みがついている以上、SCOは統合イニシアチブではないといえる[36]。この考え方は、一部の中央アジア諸国、すなわちカザフスタンとキルギスから支持されている。同様の違いは、中国の元とロシアのルーブルを国際化しようと競合する試みからも観察することができる。SCOが果たすべき役割のビジョンにおけるこれらの相違は、他のSCO加盟国の不安を招いている。この問題は、中央アジアの周縁化への懸念にもつながる。こうした状況では、SCOは中国拡張用の計画であるという誤ったメッセージを中央アジア地域諸国へ発信する可能性がある。以上のことから、SCOは中国の経済・政治的な利益に奉仕する機構ではなく、加盟国すべての発展に資する仕組みとして位置づける必要があると思われる。

小　結

SCOは、国境、安全保障（テロリズム、分離独立主義、過激主義）、および信頼醸成の問題解決型アプローチを進めて成功した機能主義的機構として、過去一〇年にわたり進化してきた。近年、拡大する貿易関係とともに、パイプラインと輸送網に沿った経済協力の発展は、機構の加盟国のアジェンダで高い位置を占めている。中央アジア諸国はこのような協力を歓迎しているが、協力関係の構築には地域社会、企業および国民など政府以外のアクターの参画を必要とする。そのためにも、SCOは人口、政治、軍事面で優越する中国とロシアの利益に役立つ機構としてではなく、SCO地域全体をまとめ、すべての加盟国の国益のために機能する機構として、その位置づけを明確にする必要がある。

　しかし、ＳＣＯの機構としてのアイデンティティ形成の方向性は、なお明確に定まってはいない。本章でも述べたように、ＳＣＯのイメージは、おおむねその反植民地・反帝国主義的イニシアチブに関係しており、この姿勢はこの機構に参加する中央アジア諸国に強い動機を与えるものである。しかし、現実にこの地域への中国の参入があらわになると、中央アジア諸国には自分たちは平等なパートナーではなく、機構は経済や人口の面で圧倒的な優位にある中国を利するだけではないかという懸念が高まっている。

　ここで考慮すべき要点は、中央アジア諸国が中国のような地域大国に対して抱くイメージである。現在の中国イメージは、ＳＣＯのアイデンティティ形成過程を複雑にしている。中国は、ときには政治家と国民の双方が抱く反中国感情とともに、中央アジア地域のよそ者と見なされている。反ロシア感情は、帝政ロシア・ソ連時代の帝国主義的な支配の経験に由来し、中国の場合は、近年の経済的な拡張と影響力の増大への懸念が要因となっている。

　過去数年間にわたり、共同経済圏、ＳＣＯ銀行、エネルギークラブの創設を含む、いくつかのプロジェクト計画が示されてきた[37]。しかし、これらの新たなイニシアチブの原則と目的は、中央アジア諸国の利益に役立っておらず、一般市民の間に高まりつつある反中国感情からうかがえるように、これらは中国の経済・政治的利益を確保するものと理解されがちである。

　加盟国のすべてに役立つ共通の包括的な空間としてのＳＣＯの将来ビジョンを描くことができれば、ＳＣＯの機能は高まると思われる。そうでなければ、ＳＣＯは特定の国家の利益を優先した機構と見なされ、独立国家共同体（ＣＩＳ）と同様の道をたどると思われる。

（1）　たとえば、Suisheng Zhao, "China's Approaches toward Regional Cooperation in East Asia: motivations and calculations,"

Journal of Contemporary China, vol. 20 (68), (2011), pp. 53–67 参照。

（2） Oliver. M. Lee, "China's Rise and Contemporary Geopolitics in Central Asia," in China's 'Peaceful Rise' in the 21st Century, ed. Sujian Guo, (Burlington: Ashgate, 2006) 参照。

（3） Phunchok Stobdan, "Shanghai Cooperation Organization: Challenges to China's Leadership," Strategic Analysis, 4(32), (2008), pp. 527–547 参照。

（4） 中国の外交政策における多国間協力の役割に関して、Gilbert Rozman, "Post Cold War Evolution of Chinese Thinking on Regional Institutions in Northeast Asia," *Journal of Contemporary China*, 19 (66), pp. 605–620 参照。

（5） ロシアの研究者でさえ、ＣＩＳの役割はソ連解体をよりスムーズに行う部分にあり、新しい統合体を作ることではなかったことを認めている。たとえば、Dmitri Trenin, "Russia and Central Asia: Interests, Policies, and Prospects," in *Central Asia: Views from Washington, Moscow and Beijing*, eds. Eugene B. Rumer, Dmitrii Trenin and Huasheng Zhao (London: M. E. Sharpe, 2007), p. 95 参照。以上に似たような分析について、Shireen T. Hunter, *Central Asia Since Independence*, (Washington, DC: Centre for Strategic and International Studies, 1996), pp. 110–111 参照。または Farkhod Tolipov, *Bol'shaia Strategiia Uzbekistana v Usloviiah Geopoliticheskoi I Ideologicheskoi Transformatsii Tsentral'noi Azii*, (Tashkent: Fan 2005) 参照。

（6） Akihiro Iwashita, A. "The Shanghai Cooperation Organization and Japan: Moving Together to Reshape the Eurasian Community", (2007). http://www.src-h.slav.hokudai.ac.jp/kaken/iwashita2007/03iwashita-eng.pdf（2 March, 2012 閲覧）.

（7） Declaration on the Fifth Anniversary of the Shanghai Cooperation Organization, 15 June 2006, Shanghai, China 〈www.sectsco.org/EN/show.asp?id=94〉 参照。

（8） Declaration on the Fifth Anniversary of the Shanghai Cooperation Organization, 15 June 2006, Shanghai, China 〈www.sectsco.org/EN/show.asp?id=94〉 参照。

（9） Fazal Ur-rahman, "SCO: Problems of enhancing economic cooperation," *Eurasia Critic*, 2008 〈http://www.eurasiacritic.com/articles/sco-problems-enhancing-economic-cooperation〉 参照。

（10） *EastWeek* (weekly newsletter), "Anti-Chinese demonstration in Kazakhstan," (Center for Eastern Studies, Poland)（2010 年 11 月 3 日）〈http://www.osw.waw.pl/en/publikacje/eastweek/2010-02-03/anti-chinese-demonstration-kazakhstan〉（2012 年 4 月 22 日閲覧）; Radio Free Europe/Radio Liberty. "Kazakhs Protest Against China's Growing Influence,"（2010 年 1 月 30 日閲覧）〈rferl.org/content/Kazakhs_Protest_Against_Chinas_Growing_Influence/1944085.html 〉（2012 年 1 月 30 日閲

覧).

(11) 具体例について，“Tazhikskie pastuhi pokidayut 37 gornykh uscheliy, ustuplennyh E. Rakhmonom Kitayu,” *CA-News*（2008年5月28日）参照。政治家の反中感情に関して，“Lider OSDPT: Kitaj othvatil bol'she teritorii chem polozheno,” *Aziya Plyus*（2013年4月15日），〈http://www.news.tj/ru/node/141535〉（2013年4月15日）参照。

(12) Konstantin Syroezhkin, “Social Perceptions of China and the Chinese: A View from Kazakhstan,” *China and Eurasia Forum Quarterly*, 1 (7), (2009), pp. 29–46 参照。

(13) 聞き取り調査の結果について，Elena Y. Sadovskaya, “Chinese Migration to Kazakhstan: a Silk Road for Cooperation or a Thorny Road of Prejudice?,” *China and Eurasia Forum Quarterly*, 5 (4) (2007), pp. 147–170, 特に，p. 167 参照。

(14) 中国中心的なSCOの経済政策に関して Alexander Lukin “Should the Shanghai Cooperation Organization Be Enlarged?,” *Russia in Global Affairs*（2011年7月22日），〈www.eng.globalaffairs.ru/number/Should-the-Shanghai-Cooperation-Organization-Be-Enlarged---15245〉参照。または Farkhod Talipov, “The SCO from the Central Asian Perspective,” in Tsentral'naya Aziya — Kitai, sostoyanie i perspektivy sotrudnichestva, eds., Bulat. K. Sultanov, Sébastien Peyrouse and Marlene Laruelle (Almaty: KISI, 2008) pp. 71–83, 特に p. 82 参照。

(15) Chris Rickleton, “Kyrgyzstan: China's Economic Influence Fostering Resentment,” *Eurasianet.org*（2011年4月28日），〈http://www.eurasianet.org/node/63383〉（2011年4月2日閲覧）参照。

(16) 詳細について Marlene Laruelle and Sebastien Peyrouse, “Vynuzhdennaia druzhba. Osobennosti vospriiatiia Kitaia v Tsentral'noi Azii,” *Rossia v global'noi politike*, no. 3（2010年3–4月），〈http://www.globalaffairs.ru/number/Vynuzhdennaya-druzhba-14858〉（2012年4月20日）参照。

(17) Larysh, M. “Suverennyi Uzbekistan: Tashkent izbavliaetsia ot kolonial'nogo naslediia,” *Nezavisimaia Gazeta*（2011年11月14日），〈http://www.ng.ru/courier/2011-11-14/11_uzbekistan.html〉（2011年11月14日閲覧）参照。

(18) Ely Ratner, “The Emergent Security Threats Reshaping China's Rise,” *The Washington Quarterly*, 1 (34) (2011), pp. 29–44 参照。

(19) *Ferghana.ru*. “Posol Kitaya v Kyrgyzstane: My obsuzhdali vopros o peredache resursov v obmen na investitsii”（2012年4月28日），〈http://www.fergananews.com/news.php?id=18598〉（2012年4月28日閲覧）参照。

(20) Declaration on the Fifth Anniversary of the Shanghai Cooperation Organization, 15 June 2006, Shanghai, China〈www.sectsco.org/EN/show.asp?id=94〉参照。

(21)　SCO Charter (2002), Charter of the Shanghai Cooperation Organization, SCO Website, June 2002, 〈www.sectsco.org/EN/show.asp?id=69〉(2012 年 4 月 22 日）参照。

(22)　Matthew Oresman, "Repaving the Silk Road: China's Emergence in Central Asia," *China and the Developing World: Beijing's Strategy for the Twenty-First Century*, eds. Joshua Eisenman, Eric Heginbotham and Derek Mitchell (New York: M. E. Sharpe 2007), pp. 60–84 参照。

(23)　Declaration on the Fifth Anniversary of the Shanghai Cooperation Organization, 2006 年 6 月 15 日, Shanghai, China 〈www.sectsco.org/EN/show.asp?id=94〉 参照。

(24)　Declaration on the Fifth Anniversary of the Shanghai Cooperation Organization, 2006 年 6 月 15 日, Shanghai, China 〈www.sectsco.org/EN/show.asp?id=94〉 参照。

(25)　Bolat Nurgaliev, "Statement of the SCO Secretary-General Bolat K. Nurgaliev at the Security Forum of the Euro-Atlantic Partnership Council," 2009 年 6 月 25 日, Astana, 〈www.sectsco.org/EN/show.asp?id=104〉 参照。

(26)　Declaration on the Fifth Anniversary of the Shanghai Cooperation Organization, 2006 年 6 月 15 日, Shanghai, China 〈www.sectsco.org/EN/show.asp?id=94〉 参照。

(27)　"Agreement between the Governments of Shanghai Cooperation Organization Member States on Cooperation in Education"(2006 年 6 月 15 日), Astana, 〈www.eduweek.ru/index.php?option=com_content&view=category&layout=blog&id=31&Itemid=29&lang=en〉 参照。

(28)　ＳＣＯ諸国で卒業証明書の偽造される可能性に関して，Alexander Lukin, "Should the Shanghai Cooperation Organization Be Enlarged?," *Russian in Global Affairs*(2011 年 7 月 22 日), 〈www.eng.globalaffairs.ru/number/Should-the-Shanghai-Cooperation-Organization-Be-Enlarged---15245〉 参照。

(29)　"Greeting of A. A. Rakhmonov, the Minister of Education of the Republic of Tadjikistan at the the II Week of Education of SCO member-states"(2009 年 5 月 25 日), Beijing, 〈www.eduweek.ru/index.php?option=com_content&view=category&layout=blog&id=38&Itemid=32&lang=en〉 参照。

(30)　Kontseptsiya provedeniya nedeli obrazovaniia stran SHOS, 〈www.eduweek.ru/index.php?option=com_content&view=category&layout=blog&id=51&Itemid=57&lang=en〉 参照。

(31)　Khodzhiev, R. "V svoyom dome ne khoziaeva: Kitaiskaia ekspasiya v Tazhikistan," *Centrasia.ru*(2011 年 11 月 1 日), 〈www.centrasia.ru/news.php?st=1320094800〉 参照。

（32）　ＳＣＯ行事の二〇〇七年の議事録、〈www.sectsco.or/EN/show.asp?id=97〉参照。

（33）　詳細について、'Stroitel'stvo zh/d Chuy-Ferghana vygodnaya al'ternativa doroge Kitai-Kyrgyzstan-Uzbekistan: expert, *KyrTag*（Kyrgyzskoe telegraphnoe agentstvo）（2012 年 4 月 20 日）〈www.kyrtag.kg/?q=ru/news/19472〉（2012 年 4 月 20 日閲覧）参照。

（34）　Alexander Lukin, "The Shanghai Cooperation Organization: What Next?," *Russia in Global Affairs*, 5 (3) (2007), pp. 140–156, 特に pp. 145–147 参照。

（35）　Stephen Blank, "China in Central Asia: The Hegemon in Waiting?" in *Eurasia in Balance: The US and the Regional Power Shift*, ed. Ariel Kohen (New York: Asghate 2005), pp. 69–101 参照。

（36）　Vladimir Putin, "Novyi integratsionnyi proekt dlia Evrazii: Buduyuschee kotore rozhdaetsia segodnia," *Izvestiia*（2011 年 11 月 3 日）,〈www.izvestia.ru/news/502761〉（2011 年 11 月 5 日閲覧）参照。

（37）　*Ferghana.ru*, "Strany SHOS sozdadut Bank razvitiia i energoklub: Kitai obeschaet l'gotnye kredity,"（2011 年 11 月 8 日）,〈www.ferghananews.com/news.php?id=17592〉（2011 年 11 月 10 日閲覧）参照。

第8章　日本の新しい中央アジア外交政策へ向けて

はじめに

中央アジアは地理的にロシアと中国という超大国に挟まれており、その影響を受けている。その影響の本質は国によって異なっており、各国の最終目標、国益、それを確保するために利用している財源と、中央アジア諸国の国民が両国をどのように見ているかにもかかっている。

たとえば、ロシアは歴史的に中央アジア地域において影響力を持っており、その理由として軍事面を背景にした政治的な国力、経済上のつながり、人口構成（中央アジアにおけるロシア人ディアスポラの存在や人口の多くがロシア語に堪能であることなど）、そして、地理的に隣接国であることがあげられる。このような影響力は二国間および多国間（独立国家共同体、ＣＩＳ）の二つのレベルで認められている。

中国もこの地域に関して関心を持っており、ロシアに次いで中央アジアに対して様々な政策を打ち出している。中国もロシアと同様、中央アジア地域における安定と現状の維持を強調している。中国政府は中央アジア諸国がガバナンスや人権問題に直面しているにもかかわらず、これらの諸国の政府を支持している。さらに、前章で述べたとおり、中国主導の上海協力機構（ＳＣＯ）をとおしての協力は、中央アジア諸国と中国の関係において大きな機動力となった。

これらのイニシアチブと比べると日本の中央アジア地域における取り組みは、まだ初期段階にある。中央アジア諸国と日本との関係は、常に潜在的な可能性を秘めていた。中央アジアではソ連崩壊以前においても、これらの諸国の国民の多くが日本に対して親日的な感情を持っていた。こうした眼差しは、日本の近代化、技術革新、伝統文化の保全、ならびに日本と中央アジアの人々のメンタリティに見られる一定の類似点を含めた様々な理由で説明することができる。加えて、第二次世界大戦後、多くの日本兵がソ連の捕虜になり（抑留された日本人は一〇七万人）、彼らはウズベキスタンやカザフスタンのような共和国の復興プロセスに携わった。捕虜たちが貢献した建設プロジェクトは、捕虜の労働の質の高さによって、共和国の多くの人々が日本に好意的な感情を持つことに貢献した。

一九九一年に中央アジアの共和国が独立した際、中央アジア諸国・日本双方とも、両者の関係が一層高まることを期待していた。日本の中央アジア地域における地位はソ連崩壊以来のＯＤＡや様々な支援により強化されてきた(1)。さらに、中央アジア諸国は日本との協力強化を、現在中国やロシアという地域外の諸国との協力促進の一つと位置づけている。このような日本による支援プロジェクトはこの地域における日本の存在を確立したともいえる。同時に、日本側にも中央アジア地域側にも、日本と中央アジア諸国の関係の潜在力は現状のままでは十分に生かされていないという意見が多い。現在のところ、日本の支援プログラムの効果は多くの場合、中央アジアや日本の一般国民の期待に十分に応えるものとはなっていないといえる。日本政府も中央アジア諸国との関係の強化を求めているが、その利益目標を定めることが明確にできず、いまだに模索中である。

こうした中で、中央アジア諸国とこの地域に接する超大国の間に見られる協力をどのように概念化するべきなのか？　これらの協力関係に影響を及ぼす要因は何か？　日本はこの地域との関係をよりダイナミックにするために、中央アジア諸国のロシアや中国との協力関係から何を学ぶことができるのか？　本章ではこれらの問題を取り上げてみたい。

本章は五つの節から構成される。まず、第一節では、これまで中央アジア地域で展開した協力イニシアチブを理論的な側面から検討し、これらの中でとくに目立つ機能主義を取り上げる。それを述べた上で、第二節では、機能主義がなぜ中央アジア地域において強まっており、この地域の各国政府からも支持されているのかを検討する。この節ではすでに先の章で取り上げたＳＣＯやユーラシア経済共同体の事例には踏み込まず、これらの協力体制においてなぜ機能主義が適用されているのかという問題を簡潔に述べるにとどめる。そして、第三節では、機能主義的なアプローチは、この地域における日本の外交政策に適用した場合、より良い結果を生み出すという仮定から出発する。第四節では、現在、日本によって開始されているプログラムの効率をあげる必要性を指摘する。この部分は日本の支援における複数の事例を取り上げ、これらのイニシアティブが重要でありながら様々な問題に直面していることを説明する。そして、最後の節では、日本や他の国々のこの地域における取り組みは中央アジアの一般国民からどのように見られているかに言及する。そこでは、筆者が担当した「アジアバロメータ世論調査」（東京大学東洋文化研究所が中心となり、中央アジア諸国で二〇〇三年および二〇〇五年に実施された世論調査）の中央アジアに関する二〇〇五年のデータを使用する。

本章では、日本の外交政策は理想主義と実用主義の間のジレンマに陥っていると主張する。そうすることで、アジアに向けた日本の政策の全体的な枠組みの中で日本の対中央アジア政策を概念化する。日本の外交政策の専門家は、一九八〇年代の終わりから見られる傾向として、アジアにおける日本の政策は、現実主義を主軸とする実用重視を指向、これまでの理想主義主軸の戦略から離脱していると分析している。彼らは、日本外交が現実主義志向になった理由として、他の重要なプレイヤーが増えたことで自国の経済資源が枯渇する脅威を感じたと分析している。しかし、本章では、中央アジアにおいては、日本の外交政策は現実主義と理想主義の狭間にあり続けていると主張する。日本は地域の発展についての言説を利用して、中央アジアにおける関与を強固なものにしようとしている一方で、自国にとってのその利点についてはあまり強調しようとしていない。一方で、近年の傾向として日本の政策立案者は、様々な政策においてその意義に関する説明を求められ、圧力を受けている。このような課題は日本の中央アジア政策においても存在しており、日本の中央アジア政策は中央アジアに対しては適切に理解されず、他方で費用対効果という点を、日本国民に適切に説明するのが困難であるという二つの面を持っている。

一　国際協力の理論と実践

国際協力に関しては様々な国際政治学や国際関係学の理論が存在する。中央アジア諸国のロシアや中国との協力についても様々な理論的な視点から分析されている。各理論は独自の重要性を強調することから、これらの、協力関係の異なる部分を最も重要なものとして強調する。(2) 国際協力関係を理解する上で、このような理論的な観点の必要性を否定することはできない。

たとえば、国際協力の政治的な側面を最も重要と考える理論は、国益や相対的および絶対的な利得などの概念を提示して、これらが協力関係の成功と失敗を決める決定的な要因であることを主張する。経済的な側面から協力の仕組みを分析する理論は、強化された経済関係が国家間の貿易競争の激化を招き、それは次第に関税同盟と自由貿易地域への発展を促進すると述べる。そのような過程の到着点は共同市場および経済共同体である。(3) 国家間関係をより社会学・文化的な観点から検討する理論は、国家単位と地域全体の価値観やアイデンティティを強調した上で、国家間のアイデンティティと価値観をまとめることができるかどうかが協力関係の鍵を握っていると指摘する。(4)

以上に述べた複数の理論的な観点はいずれも正当な研究アプローチであるが、近年の中央アジア地域における国家関係の展開を見ると、これらの関係における機能主義の重要性が増していることがわかる。このような機能主義のアプローチは、諸国の政治、外交や国家間の協力における長い課題のリストを実行に移す上で最重視されている。中央アジア諸国の機能主義に対する支持は、独立後のこれらの諸国の経験とともに次第に強まっているが、それはとりわけこれらの諸国とロシアとのこれまでの協力に影響されたものである。

中央アジア諸国の国家間協力に対する姿勢は、以下の二つの要因によって影響を受けている。その一つは第2章で述べた独立国家共同体（ＣＩＳ）のこれまでの失敗と構造的な弱点である。これらの諸国は、旧ソ連地域内（ＣＩＳ）の協力を共通の歴史やユーラシアのアイデンティティなどに基づいて構築させようと試みたが、その各国の見解や取り組みの違い、開発課題や経済の構造および制度の違いに直面し、建設的な結果を出すには至らなかった。(5) ＣＩＳの仕組みはソ連崩壊に対する反応であり、ソ連崩壊に伴う関係の悪化を避けることを目指したものである。その意味ではＣＩＳは新たな協力関係の仕組みの構築ではなく、以前から存在していた国家間関係を維持することが目標とされた。そのような中、ＣＩＳ内の協力は数百の協定を生み出したが、これらの大半は当初の目標の実現に至っていない。

結果として、中央アジア諸国を含む旧ソ連諸国は、大きくて運営しにくい国家間協力の仕組みに対して拒否反応を起こした。そして、これらの諸国は、ＣＩＳと対照的にその目的が絞られており、目標がはっきりしているＳＣＯやユーラシア経済共同体のような、地域もしくはサブ地域単位の仕組みを重視し始めた。これらの諸国は、従来進めてきた協力や統合の仕組みよりも、地域主義や地域内の協力の方がより効率が高く、有利であると判断したのである。(6)

こうして、規模が小さく運営がしやすく効率が高い機能主義に則った協力の仕組みこそ中央アジア諸国にとって有利であると考えられるようになった。これは、これまで独立と単独の経済発展を訴えてきた諸国も、やはり協力し合う必要がある分野や領域が存在することを認めたことの現れでもある。

国家間協力における機能主義的なアプローチの本質は、協力において社会的、技術的そして人道的な領域と政治的な協力分野を分離し、それぞれの分野における協力を進めることができることである。それに加えて、機能主義によれば、政治的な分野における協力は社会、技術や人道の面での協力の成功と必ずしもつながっておらず、政治的な分野における協力がなくても、それ以外の分野においては協力を進めることができることが特徴的である。(7)

ＳＣＯやユーラシア経済共同体の事例からも明らかなように、機能主義に沿って進める協力の仕組みの場合は、まず各国にとって最重視されている具体的な課題の解決に焦点を合わせ、その領域で一定の成功を達成すると次の領域に目標を拡大する。この意味で、機能主義の重要性を主張する研究者や実務関係者は、ミトラニ（David Mitrany）による政治家や官僚による管理制度の存在よりも、様々な課題を解決できる制度の存在が重要であるという指摘を強調する。(8) さらに、機能主義は国家間協力が経済や社会の分野から、政治分野にまで拡大する可能性があることを示している。そういう意味では協力の経験と建設的な協力の結果は、次第に複雑な協力の仕組みを導く可能性がある。(9) そして、このような協力は様々な問題解決に加えて、国家間の信頼強化にもつながる可能性が高い。これらの機能主義の主張による国家間協力の「拡大論理」(10) を合わせれば、中央アジア諸国と日本の間の協力関係を進める上でも重要な教訓を提供できると考えられる。(11)

二　中央アジア地域内の協力における機能主義

すでに述べたように、中央アジア地域を含む世界各地において機能主義の観点から進める国家間協力は、まず一つか二つの領域（たとえばＳＣＯの場合は国境画定であり、ユーラシア経済共同体の場合は経済協力の強化）から始まる。これらの領域において目標が達成されると、さらなる目標を定め、協力関係を強化し、領域をさらに拡大していく。

このような国家間協力の中で最も重要で、中国、ロシアと中央アジア諸国のこれまでの協力関係を一定の成功に導いた要因は、明確に決められた目標とその目標を達成するための段階の設定、そしてそれに必要な資源である。この意味では、中央アジア諸国間の協力関係を成功に導くにはその目標がはっきりしており、目標達成のための実現可能で具体的な実施計画が策定されなければならない。これらの要因の重要性を示す成功例と失敗例がある。

たとえば、第2章でも述べたＣＩＳの場合、その目標はソ連の解体とその後の時期に旧ソ連諸国間の関係を維持することにあった。ＣＩＳ形成当初は、これ以外の目標を設定せず、ＣＩＳ内で多様な領域の協力強化と新たな機構や仕組みが試みられたものの、当初の目標と各国の意向とが合わず、それらの多くが失敗に終わった。

ＣＩＳとは対照的に、ＳＣＯやユーラシア経済共同体の仕組みは、まだ初期段階にあるにもかかわらず成功するための多くの条件が揃っている。その中でも最も重要な条件の一つはこれらの諸国が直面している経済（資源の取り扱い、貿易、交通インフラなど）と安全（宗教過激派対策、国境画定、米国の対テロ軍事活動の中央アジア地域への拡大）問題の認識と、その課題解決への姿勢の一致である。このような認識の一致からこれらの諸国間の協力も進み、当初はＳＣＯのメンバーではなかった国までもが次第にＳＣＯの効果を認め、メンバーになる希望を表明するようになった。ＳＣＯが設立当初の目標としていたメンバー間での国境問題を解決し、分離主義勢力に対する対策の共有が達成されると、その目標はさらに経済分野や経済インフラ（パイプラインや輸送ルートの建設、物流の拡大など）への協力へと拡大し始めた。このようなＳＣＯの目標の発展は、特定の分野における協力の成功がより複雑な仕組みへと拡大することを再び強調するものである。

これに対して、協力の目標が実現不可能なものになると、その仕組みの効率も低くなり、参加する諸国からの支持も弱まる。ＣＩＳのように効率の低い仕組みも、以上に述べた点を認めるかのように、これまでの幅広い協力から近年は経済分野にしぼり、統一経済圏を中心にその構造や機能を立て直そうとしている。

また、明確に決められている目標と計画以外に、国家間協力における重要な要因としては、国家間の信頼関係の構築の必要性があげられる。ＳＣＯやＣＩＳ、ユーラシア経済共同体の事例から見ても、地理的、政治的または経済的に規模が小さい国は大きな国々との協力の仕組みを慎重に考え、より大きな国に経済や政治分野で圧倒されることを懸念する。そのような懸念はとくに初期段階での協力においてその姿を見せる。そのことから国家間の協力が成功するかどうかは、多くの場合、協力の仕組みに参加する諸国間でどれだけの信頼関係を構築することができるかにかかっている。その意味では中央アジア地域における国家間の信頼を強化する上で日本が打ち出している、「中央アジア＋日本」という仕組みの役割は非常に重要であり、日本が地理的に離れていることや中央アジア諸国と国境問題もないことから、日本は中立的な立場でこれらの諸国の間に入り、諸国間の信頼強化に向けて大いに貢献できると思われる。

国家間協力を進める際に機構や機関の創設が非常に急がれることが多いが、機能主義はそのような仕組みを支える機関の設置に関して慎重で段階的な進み方の必要性を強調する。協力を支える機関の必要性を否定しないものの、機能主義は協力機関の設置が最終的な目標ではなく、あくまでも協力を強化するものにならなければならないと主張する。このような機関は国家間の協力が増えたときに設けるべきであり、その設置を急ぐと逆効果に終わってしまうことがある。このことから中央アジア地域ではＥＵやＡＳＥＡＮのような機関を初期の段階で設けることは望ましくない。

以上のことをふまえ、中央アジア諸国と域外の国々との協力目標としては当面、経済発展、市場開発、資源開発とその資源の輸出ルート開発と地域内の水問題管理などがあげられる。これらの領域は中央アジア地域の長期的発展のみならず、地域内の信頼強化と安全保障のためにも重要である。

三　日本の外交における中央アジアの位置づけの課題

以上にも述べたように、ソ連の崩壊と中央アジア諸国の独立は、日本にとっては予想外の出来事だった。多くの研究者が指摘するように、ソ連崩壊の余波の中、日本はロシアに対して様子見の政策を採用した。類似した傾向は、当時日本が中央アジア諸国に対して行った政策にも見ることができる。当時の日本政府のこれらの国に対する政策は、中央アジア以外の旧ソ連諸国を含むユーラシア全体の日本の外交方針に沿っていた。つまり、旧ソ連崩壊直後、各国と関係を構築しつつ情報収集を進めた一方で、これらの諸国を（中央アジアというくくりではなく）旧ソ連の構成国として扱った。日本はこれらの国にいくつかの在外公館を設立し、独立した他の旧ソ連の国々への政策と同じ政策を中央アジアでも採用した。その理由として、歴史的に中央アジアはロシアとの関係が強く、中央アジア諸国もロシアの衛星国であると受けとられたからと思われる。また、中央アジア諸国の内政、外政に関する傾向や優先順位の情報もほとんどなかったことから、日本は情報収集に焦点を据えた。

中央アジア諸国の情報が不足していたことに加えて、日本は中央アジア諸国と関係を構築する上で、三つの課題に直面した。まず日本の外交政策において、アジアの定義とその境界が不十分であった点があげられる。多くの場合、日本の外交政策における「アジア」は東アジアもしくは東南アジアを意味しており、アジアにおける日本の積極的な外交政策はこれらの地域に限られていた。日本の外交政策におけるこのような東アジアや東南アジアの強調はある一方で、日本のアジア全体に対する外交政策における中央アジア諸国との関係の役割と日本のこの地域での国益の位置づけは明確にされていない。二〇〇四年に設立された「中央アジア＋日本」の仕組みもＡＳＥＡＮ加盟国に日本、中国、韓国を加えた「ＡＳＥＡＮ＋３」をモデルとしており、日本のＡＳＥＡＮとの外交モデルを中央アジアに再適用したものである。中央アジア諸国と日本は国境を接しておらず、地理的にも比較的離れていることから、日本のこの地域における外交政策の方針と国益を概念化させることは困難であるという意見もある。関連談話は、主に平和推進、開発、およびアジア全域に開かれた地域主義といった抽象的な概念に限られている。日本と中央アジアにおけるエネルギー資源貿易において、いくつかの相補性に関する仮説が導き出されたが、これらはインフラの欠如と日本と中央アジアの遠い距離によって断念された。

第二の課題として、日本と中央アジア諸国の関係の概念化の問題である。日本の外交の専門家が示唆するように、日本の中央アジアへの関心の低さ、官僚的で厳格な制約、大使館のニーズを満たすための予算配分が不足していることが、日本のこの地域への介入の遅さの原因となった(12)。一部の研究者は、中央アジア諸国への日本の関心の薄さは、実際には日本外交の強さであると主張する。日本政府は、地域開発促進への関心が動機づけになっており、中央アジアの開発は日本に利益を与えないと主張することができる(13)。別の研究者はこの政策は「ローコスト、ローリスクで最大利益」と見なす(14)。しかし、このような議論は、日本の戦略に対する自省というより、日本が中央アジアを一つの地域として見た上での明確な目標が不足していることを表している(15)。

三番目の課題として、中央アジア地域内の諸国間関係に多くの対立や違いが存在しており、これらの国に対して統一した外交政策を構築することは難しいという課題がある(16)。中央アジア地域において、経済発展のモデルから国境、エネルギー、水問題にまで及ぶ地域内の対立や意見の相違があり、そうした中央アジア諸国の願望に対応する日本の政策決定能力は、未知数である。各国にとっての様々な課題の重要性が異なっており、中央アジア諸国間での近隣国との関係に温度差があることから日本の外交政策において中央アジアをまとまった地域として扱うことは困難である。日本の取り組みにおける障害を証明するいくつかの事例が存在する。以下にも述べるように、たとえば日本が中央アジア＋日本の構想を作り上げたときに、ウズベキスタン、カザフスタンの双方が、自国をこの地域の政治的、経済的リーダーと見なすよう期待した。日本政府はこのような両国のライバル意識に配慮し、「中央アジア＋日本」対話構想の仕組みをウズベキスタンで発表し、第一回会合はカザフスタンで行った。中央アジア諸国間の違いは、日本との協力関係の基礎にも影響を与える。ウズベキスタンとカザフスタン（後者は、この点でとくに注目すべきである）といったエネルギー資源の豊富な国が、ウラン、石油や天然ガスなどのエネルギー資源の共同開発という点で、日本にとって潜在的に魅力的な経済パートナーである一方、こうした資源にあまり恵まれていない中央アジアの国は、主に日本の人道支援、貧困撲滅と社会開発プロジェクトの対象であると考えられている。

このような状況の中で、日本政府は中央アジア諸国の待望する開発プロジェクトに多大な貢献をし、中央アジアにとって日本が信頼のおける建設的パートナーであるというイメージを作り上げることに成功したといえる(17)。環境保護、自然災害への対応、農業振興研究、ソ連時代から続く灌漑による非効率な水利用によるアラル海縮小への対応、その他水問題など、日本は中央アジアの重要な問題において、二国間で、あるいは多国間で専門知識を提供し、この地域の発展のために大いに貢献してきた(18)。同時に、これらの仕組みにおいて日本にとっての利点と国益の位置づけが不明確であり、日本の発展のための中央アジアの位置づけがなされていないのも現状である。

四　橋本外交から「中央アジア＋日本」の仕組みへ

二〇〇六年八月に小泉首相が、資源に恵まれ戦略的に重要な中央アジア地域のカザフスタンとウズベキスタンを訪問したことは、これまでの日本の中央アジア外交政策を強化することを目的としており、日本のこの地域とのかかわりの中で重要な意味を持っている。（※以下、本章の文中の肩書きはすべて当時のものによる。）

この訪問は、それまでの日本の中央アジア地域における試みを継続するとともに、これからこの地域との関係をどのように進めていくかを模索する一つの機会になった。ソ連解体直後の日本の中央アジアに対する見方はこの地域を旧ソ連地域の一部と見ており、対ロシア外交政策にもつながっていた。

それは小泉首相以前の橋本首相のユーラシア外交という概念にも現れている。その構成要素は政治的対話の強化、経済・資源開発の支援、地域の安定化と安全の促進という三つの柱を定義した。これは事実上、中央アジアの各国と二国間関係を維持しながら、より広いロシアを中心としたユーラシアの一部として中央アジア地域に接することであった。

このような政策は、橋本政権下でこの政策の形成と実施に関わった小渕氏の政権下でも続けられた(19)。小泉政権はSCOの活発な発展や中国のエネルギー資源確保への努力、そしてロシアのユーラシア経済共同体をとおしての影響力の強化を背景として、これまでの日本の中央アジア政策の見直しを試みたのである(20)。その一例は、川口外相が二〇〇四年の八月に打ち出した「中央アジア＋日本」という対話の仕組みに見られる。他の仕組みと比べて「中央アジア＋日本」の有利な点の一つは、地域単位としての能力を強化し、地域における様々な問題を地域単位で解決できる能力が持てるように支援することである。川口外相の後継者の麻生外相もこのような外交政策の継続に努め、中央アジア地域の地域としての一体性と統合、民主化と市場経済化を支援し続けていくことを強調した。

中国やロシアは、このような地域統合や地域内の問題解決能力の強化といった日本の中央アジア地域における積極的な役割を果たすための努力を、自国の国益への脅威として見守っているという意見もある。日本の中央アジアへの取り組みが他国の国益を脅かしているかどうかは、これからの情勢の進み具合を見守らないと答えを出しにくい。しかし、小泉首相の中央アジア訪問が、以上に述べたような日本のより積極的な関与の現れであったことは事実である。

日本の中央アジアへの支援対象領域は複数存在しており、その中でもとくに教育分野での支援、経済発展のための支援そして政治改革があげられる。同時に、日本は自国の資源不足や石油資源の中東への過度の依存解決のために中央アジアの資源の利用を構想している。これに加えて、中国が積極的に中央アジアからの資源確保を進めていることも日本の動機を刺激している。

これが小泉首相のカザフスタン訪問の際のウランなどの開発に関する覚書や協定の締結に至り、それは日本の商社にもある程度の安心感を与えたと考えられる。また、ウズベキスタンではエネルギー資源に加えて、二つの協力可能な分野が提案された。それは日本の大学や教育機関への留学生の増加と政治改革そして人権問題の改善であった。

教育支援に関して、「中央アジア＋日本」の枠組みの中では中央アジアの多くの学生や研修生が日本の大学や研究機関で教育を受けられる条件を作り上げることが打ち出されていた。教育は民主化や人材開発などの目標にも貢献するものであり、ウズベキスタンの教育制度を改革することをとおして政策決定課程に若い人材を登用することも意識されている。

小泉首相のウズベキスタン訪問のもう一つの特徴として指摘できるのは、この訪問はウズベキスタン政府軍が市民に対して過剰な軍事力を行使したとして欧米諸国から批判を受けたアンディジャン事件（二〇〇五年）以降では、先進国のリーダーによる初めてのウズベキスタン訪問になったことである。

このことからも、日本の中央アジア政策は少しずつ機能主義的なアプローチをとるようになっていることがわかる。先にも述べたように、これは主に資源開発と輸送、教育分野においてとくに活発に発展していくと見られる。これからの課題は以上に述べた協力の目標をどのようにして策定し、どのように具体的に進めていくか、そしてその先の目標としては何があるかを決めることである。それに加え、中央アジア地域において日本が支援すべきプロジェクトと、各国が自力で実行できるプロジェクトの基準を明確に定めることが求められている。そのような基準の有無によって日本による支援の効果も決まると思われる。

五　「中央アジア＋日本」対話の設立後の動き

以上にも述べたように、小泉首相の訪問は、中央アジアにおいて中国とロシアの影響力が高まっている時期に行われた。日本の中央アジア地域諸国との関係の深化のための理由として、日本は中央アジア諸国が自国もしくは地域諸国間の連携により問題を解決できるような仕組みが構築されることを強調した(21)。

このような積極的な外交政策の取り組みは、川口外相の跡を継いだ麻生太郎外相によって、中央アジア地域に対する積極的な関与、中央アジアの地域主義への支持、民主主義と市場経済の促進という形で強調された。麻生外相の「日本の水平な地域拡大外交~自由と繁栄の弧」と題された二〇〇六年の演説に加え、麻生外相は自由、民主主義、法の支配、基本的人権、市場経済という価値に重点を置いた新しい政策を、二〇〇七年に概念化した(22)。麻生外相の概念は日本にとって、北ヨーロッパから中東、中央アジア、東南アジアへつながる、いわゆる「自由と繁栄の弧」を構築する上で重要だった。麻生外相が「自由、民主主義、市場経済」という概念を強調した理由として、そのような概念が、日本が開発途上国を支援する上での手がかりとなったからであると思われる。日本は、自らの経験と経済援助の両方を提供することが、途上国を支援する上での役割であると定義した。同時に、日本は人権、民主主義、市場経済といった西洋的な価値を強調しながらも、それぞれの国の歴史、文化、開発度合を考慮した上で問題を乗り切ることに理解を示し、これらの国の政治的安定の重要性を支持する姿勢を見せた。日本は自らの政策は米国や西欧の政策とは別物であると訴え、人権や民主主義の進展状況を経済支援や外交関係における条件としないことを強調している。協力の分野においては、政策のアウトラインとして、貿易、投資、医療、教育、法的枠組みの改革において、基本的なサービスを容易に提供可能にすることが定義づけられた(23)。

このような日本の政策において、日本は外交全体の中で中央アジアにおけるその外交を定義づけようとした。たとえば、民主主義、良い統治、人権の促進は、米国、オーストラリア、EU諸国、およびNATOで共有される戦略的同盟国共通の価値観であった。各国の開発の独自性を重視する日本の外交方針は、東南アジアのベトナム、ラオス、カンボジアや東欧四か国（チェコ、ハンガリー、ポーランド、スロバキア）、さらに中央アジア＋日本といった会議や対話において一貫している。(24)

一方で、彼の前任者が作り上げた基盤の上に築かれた麻生首相の政策であったが、日本政治ではもはや慢性的ともいえる首相の短い任期と当時の日本の経済的危機は、日本が中央アジア領域において確立したいと考えていた外交的イニシアチブが短命であり、長期的で一貫した行動プランにはなりえないことを意味した。

日本では二〇〇九年から二〇一二年にかけて自民党に代わって民主党が政権を獲得した。しかしこの政権交代が日本の中央アジア政策にほとんど影響しないことが確認された。日本の外相は二〇一一年七月のシニア公式会合（SOM）、二〇一二年一一月の外相会談で日本・中央アジア協力のすべてを再確認した。確認された内容は、(1)貿易と投資、(2)環境と持続可能なエネルギーの開発、(3)ミレニアム開発目標（MDGS）と貧困の撲滅の達成、(4)アフガニスタン地域安定への協力、(5)防災上の協力である。(25)

六　中央アジアとの協力の領域

日本と中央アジア諸国間において協力領域としてあげられるのは、三つの主要分野である。これらは、まず、日本および中央アジアにとって重要である安全保障、経済と文化協力である。

1　展開する中央アジアの安全保障問題と日本のかかわり

日本と中央アジア諸国の間の安全保障協力の議題は、ポスト・ソ連時代における地域情勢の動向によって左右された。日本は中央アジア地域との地理的な距離のために中央アジア諸国とただちに共通するような、安全保障上の懸念を共有していないといえる。この領域における協力目標は、国際的平和、安定と秩序の維持などが日本の広範な貢献の構成要素であるとして一般的に正当化される。日本の安全保障の目標は広く国際秩序（たとえばテロや過激主義との闘い）の懸念にならないよう中央アジア諸国を支援し、その支援がこれらの国の政治的民主化と経済統合の基盤構築として定義されている。日本の支援と中央アジアの安全保障の取り組みへの参加は日本の国家安全保障への即時の脅威よりも、国際社会が直面する安全保障の課題によって、より動機づけられる(26)。日本はまた、主に極端な宗教的原理主義の文脈でテロを定義し、中央アジア諸国との協力における安全保障の優先事項として、テロとの戦いを強調している。この強調は、以下の事件がきっかけとなっている。その背後にあるのはアフガニスタンを拠点とし、中央アジア諸国（とくにウズベキスタン）の世俗主義国家を転覆しようとした過激派武装グループ、いわゆるウズベキスタンイスラム運動の武装過激派集団の活動などがあげられる。そして、日本のこの地域における安全保障の課題をより深刻に受け止め始めたのは、キルギス山岳地帯で日本人技術者を人質にした事件がきっかけとなった。この事件は中央アジアの治安状況や地域における日本の利益が脅かされているときに、このような脅威に対処するための日本の危機管理の不備を明らかにした。同様の状況は、日本の技術者、ボランティア、そして人道活動従事者が二〇〇五年と二〇〇八年にアフガニスタンで人質に取られたときも発生した。日本は、効率的な地域の危機管理体制や当該地域での情報収集の仕組みなしに人質事件犯人との交渉を余儀なくされた。これらの事件はまた、日本政府にとってアフガニスタンや中央アジアで、反テロキャンペーンへの参加とその戦いへの日本の貢献の重要性を強調したものとなった。日本政府はアフガニスタンの状況を鎮静化させる米国主導のキャンペーンに貢献する取り組みを通じて、安全保障関連の支援を提供する。ソ連崩壊後の中央アジアの場合には、安全保障分野での日本の関与は、主に機器の供給、財政支援、および紛争後の社会の再建に関する短期研修の形式で提供される。アフガニスタンでは、日本も軍と文民要員の非常に限られた状況をとおして貢献している。

2　人道的な分野における協力

本書において、中央アジア諸国はアフガニスタンを除く旧ソ連諸国と定義されている。すでに述べたように、対テロ戦略の一環として、中央アジア諸国は日本の対テロの財政的、技術的支援の大部分の受け手になっている。しかし、軍事的手段、警察に頼る安全保障確保の政策は短期的な目標達成に有効であっても、中央アジア諸国に長期的な安定をもたらす意味では限定されている。安全保障の脅威の社会的・経済的な基本原因を根絶する長期目標（たとえば貧困削減と生活の改善基準など）は主に日本と中央アジア諸国の経済協力を通じて追求され、一般的に安全保障関連の協力の概念に密接に結び付けられていない。

ソ連崩壊後の最初の数年間、日本は中央アジアの新独立国に対し、経済発展と再編という分野で支援を行い、これらの国にとって独立国家としての基盤となる経済・社会制度の確立を支えた。これらの日本の経済の努力のかなりの割合は人道援助に関連する支援事業で構成されている。中央アジアにおける様々な領域において、日本政府関連機関や日本政府の助成を受けて活動する国際機関が活躍している。これらの活動範囲は広く、中央アジア諸国の教育機関に必要とされる機材を提供するプロジェクト（パソコン、プロジェクターなど）、教育課程を促進する事業、農業生産への技術提供などがあげられる。中央アジア諸国の発展における日本政府によるこれらの事業の成果の重要性は疑う余地のないものと考えられている。同時に、これらの国における資源の共同開発や日本の企業のこれらの国の経済への参入も課題とされており、石油、ガス、ウランなどの日本への輸出は、小泉首相の訪問や日本への中央アジア諸国の大統領の訪問中に繰り返し強調されてきた。日本政府は、商品やサービスの輸送に関連するインフラ整備から観光に至るまでのプロジェクトを通じても、中央アジアのインフラ整備のために実質的な財政支援を提供してきた(27)。

キルギス共和国の場合、日本政府は国内の最も貧しい地域でコミュニティ開発およびサポートプログラムを国民の生活水準を向上させるために設計されたプロジェクトの範囲において実行した。これらのプログラムの主な目的は、国際協力機構（ＪＩＣＡ）の報告書に記載されているように、地域社会に自発的な発展の能力を再生させると同時に、これらのコミュニティで歴史的に存在した製造・生産の分野において、利益創出能力を高めることであった。このようなプログラムは、日本国内に導入されたモデル、すなわち「一村一品運動」に基づいて行われてきた。これらの活動の主な目的は、各参加コミュニティの能力を識別し、各コミュニティが作り出す製品によって重要な市場を様々な需要への効能に対応させるようにするものである。この過程は、一般的にＪＩＣＡと地方自治体間の協力と共同出資の仕組みを通じて前進させられる。原則として日本側は、各コミュニティの利益と雇用を生成する可能性を秘めている有利な製品の製造を容易にするために、短期研修、流通技術に関する情報、および一部の財政的な支援を提供する。キルギスが独立して以来、数十のキルギスコミュニティはこうした草の根援助プログラムに携わってきた。例としては、貴重なハーブの収集とマーケティングの促進、蜂蜜の生産と流通、および地元工芸品の開発が含まれている。このような活動の一例として、キルギスのイシク・クル州における取り組みがよく知られている。また、このような活動、すなわち経済的な問題に対処し、地域レベルでの収入源を増やし、各地域コミュニティの能力を強化することは、キルギス共和国だけではなく、すべての中央アジアの国が直面している課題の解決に適用できる開発援助である(28)。

以上のようなプロジェクトの多くは日本政府のＯＤＡ（政府開発援助）政策により支援されている。日本政府はＯＤＡ実行に関して、人道支援、市場経済促進、環境保全強化といった目標を設定している。支出の主な原則として、軍事目的や紛争の促進のためにＯＤＡが利用されることは避けている。その代わりに、環境に配慮し、持続可能な開発モデルに重点を置いた経済発展に寄与すること、大量破壊兵器開発を防ぐことを含む世界中の平和と安定の強化、そして民主化を推進、市場経済への移行、および被援助国における人権の尊重を目的とする。これらの原則の下では、ODAは主に以下の四つの方法で付与される。(1)（一般的に二国間で、医療、衛生、農業などの基本的なニーズを満たすための）資金協力や技術支援　(2)有償・無償資金協力貸付金（かなり長い返済期間で、低利子または無利子で政府に円借款を提供する）　(3)国際機関の活動のための貢献　(4)人間開発のための支援（教育助成金など）。[29]

七　日本に対する期待と日本のソフトパワー

日本の中央アジア地域における様々な取り組みの背後には、中央アジア諸国の指導部や国民の日本に対する期待がある。中央アジア地域の指導者の多くは日本の企業による直接的・間接的な投資を期待しており、とくにエネルギー資源開発と運輸事業における日本の参入を歓迎している。この点で、日本の政府・企業と中央アジア諸国政府双方の関心は一致している。これに加えて、「中央アジア＋日本」の仕組みをとおして地域統合への潜在力を強化し、共同市場の形成、そして水問題のような地域全体の安定に不可欠な問題解決を促進することが望まれている。中央アジア諸国も親日的な姿勢を示しており、日本の国連常任理事国入りを支持し、日本の朝鮮半島情勢に対する警戒に同調している。

このように中央アジア諸国指導部の日本に対する期待とは対照的に、一般国民は日本の支援に関して複雑な気持ちを持っている。中央アジアの一般国民は全体として親日的であるといえる。とくに歴史的な問題はなく、日本文化や日本の経済発展に対する関心は高い。こうした肯定的な理解は前述のアジア・バロメータ・プロジェクトによって中央アジア五か国で行われた世論調査にも表れており、日本は自国に良い影響を及ぼしていると答えた人はカザフスタンの場合四割以上（とても良い影響は一〇・四％、比較的良い影響は三〇・三％）であり、ウズベキスタンでの評価は五割以上（それぞれ一五・九％と三六・三％）に達した。

他方、日本以上に自国に良い影響がある国として、カザフスタンではロシアが第一位（三八・九％と四一・一％）であり、ウズベキスタンでは日本はロシア（五六・八％と三四・一％）と韓国（二八・六％と四〇・一％）に次ぐ第三位にあげられた。このような一般国民の見方は、ロシアとの長年の関係とソ連時代に共有した歴史、そしてロシア人と朝鮮系の人々が中央アジアに多く在住していることが背景にある。それに加えて、ロシアへの出稼ぎ労働者の流れの活発化と近年の韓国および中国の企業や政府の中央アジア市場への積極的な参入戦略も影響している。先述のアンケート結果は、一般国民が自国の経済発展に直接貢献している国々の努力を評価していることも示している。韓国や中国は対中央アジア支援に加えて、企業のレベルでも関係を発展させ、自動車工場から電化製品生産までの生産活動を展開している。これも、これまでの日本の中央アジア地域での取り組みを再考させるデータである。先述の機能主義的なアプローチは、日本の中央アジアとの協力関係を考え直す上で重要な理論的な枠組みになりえるだろう。

これまでの日本の中央アジア諸国とのかかわりの中で、相互理解を促進する一つの重要な手段は、日本センターの設立であった。日本センターは、これらの諸国において日本に関する情報を提供し様々な日本関連のイベントの中心とされてきた。これらは日本の文化を紹介し、一般国民、政策立案者や実務家の間で親日的な土壌を育成する使命を帯びてきた。

典型的な例は、二〇〇一年八月にタシケントに設立された日本センターである。このようなセンターは、多くの場合、語学研修、日本文化を紹介し、職業訓練の機会を提供している。職業訓練では、主に企業経営コースを提供し、中小規模の起業家精神の育成に焦点を合わせる。このコースへの入学は三倍の競争率であり、そのコースの学費の一部を新研究者に負担させる。新研究者は一か月八〇〇ドルから一〇〇〇ドルの教育費を負担するにもかかわらず、これらのコースの人気は高く、年間一四〇人、これまでに八〇〇人の卒業生を出している。(30)

日本センターでは、設立当初の一〇年で成功している例が多く存在する。その証左としてセンター内で行われる日本語講座の人気の高さ、日本語に堪能な学生の数の多さや日本の大学へ留学を希望する若者の多さがあげられる。タシケントでのセンターが設立されて以来、月間訪問者数の平均は、（センターで実施されているコースに在籍している人、図書館とＰＣ／映像機器の施設を使用するために訪れた人々の両方を含む）は二〇〇一年の二三三一人から二〇一一年の五九三三人に増加した。年間訪問者数の平均は、二〇〇一年の四六六二人から二〇〇七年には七万四〇四五人に達し、ピークとなった。その後二〇一〇年に六万二三九五人まで低下したが、その活動への関心は維持されている。(31)

しかし、日本には中央アジア諸国との文化と言語政策を促進する上で直面する特定の課題もある。第一の懸念は、人材開発のための日本センターの影響が、ウズベキスタンの事例だけではなく、カザフスタンでも近年関心が低下していることである。日本は積極的に長いスパンでセンターと同様の制度を確立し、推進しているが、これらの機関で受信される情報の応用は、ますます問われている。中央アジアの日本人の経済的利益を代表する日本の企業や機関が、まだ他の国（中国、韓国など）からのものほど多数ではないからである。したがって、日本センターの卒業生が日本語部門、およびビジネスコースで得られた知識を活用する機会は、限られている。前述したように、日本の外交政策にとっての中央アジア諸国の重要性と日本のためにこの地域の重要性が不完全に定義されていることは、その地域に日本の経済的・政治的浸透を遅らせるもう一つの要因である。その結果、日本センターの日本語部門とコースの多くの卒業生の活躍の場は限られており、日本・日本語と接する分野は観光産業もしくは日本への留学とその後の日本国内での雇用に限定されている。

日本の経済的浸透が低いレベルにとどまっている背景には、前記以外に日本企業の一部にためらいがある点を指摘できる。日本の企業文化や政府機関における意思決定プロセスの遅さ、関連情報の欠如、および海外に投資する日本企業が一般に期待できるインフラの中央アジアにおける不足などが理由としてあげられる。この評価は、研究者だけでなく、積極的に日本の中央アジア政策の実行にかかわるキャリアの外交官によっても指摘されている。日本の中央アジア地域への浸透の遅さは、日本語学習者数の過剰供給をもたらした。限られた雇用機会は、最終的にこのタイプの教育の有用性に疑問を生じさせ、そのような教育への関心の低下に拍車をかけた。結果として、効率の悪さと一緒に生徒の数が減少することは、新しいプログラムを始めようとする日本側当局を思いとどまらせ、それがしばしば、中央アジアの学生が日本に注目することや中央アジア地域における日本主導のプログラムの必要性に疑問を持つという悪循環をもたらしている(32)。

小結

以上からも明らかなように、中央アジアと日本の関係には潜在力がある。しかし、これまでの協力において、その潜在力が十分に発揮されてきたとはいえない。ソ連崩壊後における日本の中央アジア政策の最も大きな欠点は、目標とその目標を達成するための計画、そしてその関係におけるダイナミズムの欠如である。

小泉元首相の二〇〇六年の中央アジア訪問の目的は、従来の関係を変えて、さらに強化することであった。しかし、それにはいくつかの課題がある。まず日本のこれまでの中央アジア戦略を見直し、部分的に再検討する必要がある。その過程でロシアや中国、韓国などの戦略から学ぶことは多いと思われる。

日本の対中央アジア政策の成功は複数の要因にかかっている。第一に、国家間協力においては機能主義的にアプローチし、明確な目標の設定、段階的な協力の進化、一つもしくは二つの分野からの協力の展開である。限られた分野における協力の成功はさらに拡大して新たな分野に広がると思われる。第二に、協力の効果を測るために、個々の事業の事前と事後の効果を測る評価基準を設けることである。そして、第三に、このような効果と人々の生活水準への影響こそ日本のイメージと日本への期待を形成していることを認識すべきであろう。

（1）そのような支援の最近の例について以下を参照。Viktor Dukha, "Atomnyi al'yans: Yaponiia vtorgaetsya na atomnye rynki Srednei Azii," *RBK*, April 4, 2007 〈www.centrasia.ru/newsA.php4?st=1177619820〉; "Japan issues grant for six grassroots projects in Uzbekistan," *Uzreport.com Business Information Portal*, March 7, 2007 〈www.news.uzreport.com/uzb.cgi?lan=e&id=28892&print=y〉; Zhyldyz Mamytova, "V Bishkeke otkryli filial Yaponskogo Universiteta 'Kokushikan'," IA 24.kg, March 1, 2007 〈www.centrasia.ru/news2.php4?st=1172696520〉.

（2）Peter Smith, *The Challenge of Integration: Europe and the Americans* (New Brunswick, NJ: Transaction Publishers, 1992), p. 55.

（3）Spruyt Hendrik, "Prospects for Neo-Imperial and Non-Imperial Outcomes in the former Soviet Space," in Karen Dawisha and Bruce Parrott, eds., *The End of Empire? The Transformation of the USSR in Comparative Perspective* (New York: M. E. Sharpe, 1997), pp. 315–337, p. 319.

（4）たとえば、McSweeby, Bill, *Security, Identity and Interests: A Sociology of International Relations* (Cambridge: Cambridge University Press, 1999) 参照。

（5）この主張の詳細について Timur Dadabaev, *Towards Post-Soviet Central Asian Regional Integration: A Scheme for Transitional States* (Tokyo: Akashi Shoten, 2004) 参照。

（6）新しい地域主義についての興味深い文献がある。たとえば、Yoshinobu Yamamoto, ed., *Globalism, Regionalism and Nationalism* (Oxford: Blackwell Publishers, 1999); または Mansfield Edward D., and Helen V. Milner, "The new wave of regionalism," *International Organization* 53, 3 (1999): pp. 589–627; Fawcett Louise, "Exploring regional domains: A comparative history of regionalism," *International Affairs* 80, 3 (2004): pp. 429–446; Raimo Vayrynen, "Regionalism: Old and New," *International Studies*, 5 (2003): pp. 25–52.

(7) David Mitrany, *A Working Peace System* (London: Royal Institute of International Affairs, 1943), p. 7.

(8) 同右、p. 7.

(9) このアプローチに関する批判的な視点について Timur Dadabaev, *Towards Post-Soviet Central Asian Regional Integration: A Scheme for Transitional States* (Tokyo: Akashi Shoten, 2004) 参照。

(10) たとえば、機能主義の批判は協力における拡大効果を否定する。新機能主義者は機能主義の主張を否定も肯定もせず、中間的な立場をとる。彼らは特定の数の国々が協力関係を構築した場合、彼らが協力し合ってきた分野も増えそれが最終的に拡大していく可能性があるという。彼らから見るとそのような協力は物流の自由化といった特定の分野から始まり次第に発展し、新しいものに生まれ変わる。

(11) Dennis Swann, *European Economic Integration: The Common Market, European Union and Beyond* (Cheltenham: Edward Elgar, 1996), p. 9.

(12) Akio Kawato, "What is Japan up to in Central Asia?" in *Japan's Silk Road Diplomacy: Paving a Road Ahead*, eds., Christopher Len, Tomohiko Uyama and Tetsuya Hirose (Washington: Johns Hopkins University, 2008), p. 23 参照。

(13) このような主張に関して、Tomohiko Uyama, "Japan's Diplomacy Towards Central Asia in the Context of Japan's Asian Diplomacy and Japan-US Relations," in *Japan's Silk Road Diplomacy: Paving a Road Ahead*, eds., Christopher Len, Tomohiko Uyama and Tetsuya Hirose (Washington: Johns Hopkins University, 2008), p. 111 参照。

(14) Karl G. Wolfren, "The Japan Problem," *Foreign Affairs* 654: 2 (1986–87) 〈www.foreignaffairs.com/articles/41699/karel-van-wolferen/the-japan-problem〉 参照。

(15) 日本の中央アジア地域における外交政策の戦力の有無はすでに多くの議論の中心になっており、日本の中央アジア地域におけるかかわりをより効率的なものにするにあたって重要な要因になっていることとして強要されている。たとえば、Tomohiko Uyama, "Japanese Policies in Relation to Kazakhstan: Is There a 'Strategy'?," in *Thinking Strategically: The Major Powers, Kazakhstan, and the Central Asian Nexus*, ed. Robert Legvold (Cambridge, MA: The MIT Press, 2003) pp. 165–186 参照。日本の外交政策の見直しを呼びかける文献として、Shin'ichi Kitaoka, "Reform in Japanese Foreign Affairs: Policy Review Long Overdue," in *Gaiko Forum* 3 (2002), pp. 3–12 がある。

(16) 地域内の国境や水をめぐる対立に関して、Timur Dadabaev, "Securing Central Asian Frontiers: Institutionalization of Borders and Interstate Relations in Post-Soviet Central Asia," in *Strategic Analysis* 36: 4 (2012), pp. 554–568 がある。

(17) 日本に対する一般国民の姿勢について世論調査があり、その一例として、Takeshi Inoguchi, *Human Beliefs and Values*

in Incredible Asia (Tokyo: Akashi Shoten, 2008) がある。

（18）　似たような議論について、Akio Kawato, "Japan's Strategic Thinking toward Central Asia," in *Japanese Strategic Thought toward Asia*, eds. Gilbert Rozman, Kazuhiko Togo and Joseph P. Ferguson (New York: Palgrave, 2007), p. 227 参照。

（19）　橋本政権下でロシアや中央アジアへの小渕ミッションも実施されており、その詳細について、「ロシア中央アジア対話ミッション報告――ユーラシア外交への序章」、国際日本交流センター、一九九八年参照。

（20）　この時期における日本の中央アジア外交政策について、Takeshi Yuasa, "Japan's Multilateral Approach toward Central Asia," *Eager Eyes Fixed on Eurasia: Russia and Its Neighbors in Crisis*, ed. Akihiro Iwashita (Sapporo: Hokkaido University Slavic Research Center, 2007) がある。〈www.src-h.slav.hokudai.ac.jp/coe21/publish/no16_1_ses/04_yuasa.pdf〉を参照。

（21）　詳細について、"The Sixth Senior Officials' Meeting (SOM) of the 'Central Asia plus Japan' Dialogue," Ministry of Foreign Affairs of Japan: 〈www.mofa.go.jp/announce/announce/2011/12/1201_07.html〉; and Statement of the "Central Asia plus Japan" Dialogue Fourth Foreign Ministers' Meeting," 2012 年 11 月〈www.mofa.go.jp/mofaj/area/europe/caj/gaisho_12/kp.html〉参照。

（22）　詳細について、Taro Aso, "Central Asia as a corridor of peace and stability," in *Asia-Europe Journal* 4 (2006), pp. 491–497 参照。

（23）　日本の中央アジア外交政策の分析について、Takeshi Yagi, "Central Asia plus Japan Dialogue and Japan's Policy toward Central Asia," in *Asia Europe Journal* 5 (2007), pp. 13–16 がある。

（24）　具体的なデータについて、Chien-Peng Chung, "Japan's Involvement in Asia-Centered Regional Forums in the Context of Relations with China and the United States," in *Asian Survey* 51: 3 (2011), pp. 407–428, 特に p. 411 参照。.

（25）　"The Sixth Senior Officials' Meeting (SOM) of the 'Central Asia plus Japan' Dialogue," Ministry of Foreign Affairs of Japan 〈www.mofa.go.jp/announce/announce/2011/12/1201_07.html〉参照。Statement of the "Central Asia plus Japan Dialogue Fourth Foreign Ministers' Meeting," 2012 年 11 月〈http://www.mofa.go.jp/mofaj/area/europe/caj/gaisho_12/kp.html〉参照。

（26）　このような分析について、Christopher W. Hughes, *Japan's Security Policy and the War on Terror: Steady Incrementalism or Radical Leap?* CSGR Working Paper No. 104/02 (University of Warwick, August 2002) 参照。

（27）その詳細について、T. Ibragimov, "Samarkand-mechta o turisticheskom rae," *Nemetskaia Volna*, March 27, 2008〈www.centrasia.ru/newsA.php4?st=1206613200〉参照。

（28）または、*Proekt Aktivizatsii Mestnyh Soobschestv v Issikulskoi Oblasti: Final'nyi Otchet Proekta* (Bishkek: JICA 2011) 参照。

（29）日本のODAに関する議論について、Saori N. Katada, "Japan's Two-Track Aid Approach: The Forces behind Competing Triads," *Asian Survey* 42: No. 2 (March/April 2002), pp. 320–342 参照。または、Masahiro Kawaii and Shinji Takagi, "Japan's Official Development Assistance: Recent Issues and Future Directions," *Journal of International Development* 16 (2004), pp. 255–280 参照。

（30）このデータは二〇一一年五月二六日にタシケントにある日本センターの訪問の際に収集されたものである。

（31）このデータは二〇一一年五月二六日にタシケントにある日本センターの訪問の際に収集されたものである。

（32）このような疑問は文部科学省における国費留学生受け入れに関するヒアリングの際にも聞かれた。二〇一一年九月一日。

結論　中央アジアにおける国際関係の今後の課題

1　中央アジアが直面する課題

二〇〇一年九月一一日の米国同時多発テロ事件やその後の対アフガニスタン戦争を経た現在、中央アジア地域における国家間協力は新たな重要性を持つに至っている。すなわち、中央アジア諸国間のより緊密な協力関係は、アフガニスタンの国内情勢を地域レベルで改善するだけでなく、この地域における経済発展や安全保障など様々な課題の克服につながると考えられるからである。これまで、中央アジア地域の国家間協力や国際関係に関する著書は欧米を中心として少ないながらも刊行されてきた。しかし、それらは主に、旧ソ連時代のソ連中央政府と各共和国との関係や、ソ連崩壊直後の混乱期を乗り切る手段として地域協力や統合の可能性に着目したものであった。したがって、中央アジア地域諸国が独立国家として発展する過程での国家間協力意義に関する議論はほとんど進展していない。

一方、中央アジア地域はなお各国が経済・政治・社会的な発展途上にあり、独立から一二年を経た現段階での国家間協力の可能性を再検討することは不可欠である。

また、二〇〇一年以降に起きた中国・米国・ロシアの中央アジア地域における動向を総合的に検討した著書は日本内外でもほとんど見当たらない。中央アジアにはアフガニスタンだけでなく潜在的な不安定要素が各地に存在することから、ソ連崩壊後一二年の経緯、および二〇〇〇年以降の展開をふまえた形での中央アジア地域の協力・統合を検討する必要がある。しかも、近年のエネルギー資源のための競争の激化、米国のアフガニスタン作戦終了後のこの地域の安全保障の問題は、このような研究の必要性をますます高めている。

2　中央アジア地域における統合の可能性と位置づけ

旧ソ連中央アジア地域における国家間協力・地域統合は、日本だけでなく世界的にも注目されることが少なかった。なぜなら、それぞれの国家に関心が集まり、中央アジア各国の独立後の潜在的可能性が強調されてきたためである。その結果、中央アジアの地域としての政治・経済的潜在力は検討されないままになっている。そして、同地域の発展が、いまだにソ連崩壊との関連やロシアとの関係に着目した形で検討されることが少なくない。しかし、日本が中央アジア地域において最大の援助国であることや、日本企業が天然資源の豊かな中央アジアで新たなビジネスの展開に乗り出していることを考えれば、中央アジアにおける国家間協力が政治面・経済面でもたらすであろう発展と安定は、日本の中央アジア政策やビジネス業界にとっても非常に重要である。このような背景の下で、本書は、中央アジアの国家間協力・地域統合を独立国家共同体（ＣＩＳ）、上海協力機構（ＳＣＯ）、中央アジア＋日本対話（ＣＡＪ）と中央アジア協力機構（ＣＡＣＯ）に的を絞って新たに検討を加えた。

中央アジア諸国はソ連から独立してから現在までの間に、様々な問題に直面し、その解決を試みてきた。一九九〇年代の共産主義の破綻とソ連崩壊は中央アジア諸国に多くの問題を残したが、その中でもとくに、諸国間の関係とその他の国々との関係、国家の安全、人間の安全保障、経済システム、政治体制や教育制度といった様々な課題があげられる。九・一一後には、アフガニスタンにおける対テロ作戦が始まり、中央アジア諸国は再び世界的に注目されるようになった。現在、ロシア、中国に挟まれた中央アジア諸国は、複雑に変化する国際環境の下で、国際社会におけるそれぞれの地位の確立に向けて努力しており、安定的かつ建設的な相互関係を構築しようとしている。本書は、これまで総合的に取り上げられてこなかった旧ソ連中央アジア地域の国際関係に着目した。地理的には、旧ソ連中央アジア地域に焦点をあわせて、この地域の各国が独立後に地域外の国々（とくにロシア、中国、米国と日本）とどのような関係を構築してきたかを分析した。そして、中央アジア内における諸国間関係を取り上げ、その特徴や各国の外交政策と国内政治のつながりなどを検討した。

旧ソ連中央アジア諸国の国際関係や地域の安定化と発展は、その多様性・歴史性から重要な研究課題とされてきた。しかし、課題の総合的な理解に有効な仕組みを指摘する研究は非常にまれであった。個別の問題として中央アジア諸国に関する研究があるが、そこでは中央アジア諸国間の関係については部分的に言及されているにすぎない。これに対して、本書は、①独立から現在までの転換期について、中央アジア諸国が国際社会とどのように接してきたのか、その戦略はいかなるものだったのかを論じた上で、②中央アジアと国際社会の関係について、中央アジアには様々な国際機構や枠組みが存在するが、これらの実態や相互関連性、中央アジア諸国の見解を明らかにし、③中央アジアにおける地域統合がこれまで論題となってきたものの、その過程が現在どのような段階にあるのか、地域統合が中央アジア各国から支持されているにもかかわらず進展しないのはなぜかを分析し、④中央アジアにおける国際関係の主要因としての水問題、領土問題、天然資源について分析を進めた。

本書は中央アジア地域における国際関係を主に以下の五つの切り口から検討した。第一に、中央アジア諸国間の関係を中心課題として念頭に置きながら、中央アジア諸国と周辺諸国の関係に着目し、その歴史や特徴、現状を把握した上で将来性に言及した。諸国間関係に作用する大きな要因として、まず、中央アジアに歴史的に影響力を持ってきたロシア、近年この地域における影響力を拡大しつつある中国、そして関係を構築しつつある日本との関係を取り上げ、①中央アジア諸国は旧ソ連圏においてどのような関係を構築しているのか、②中央アジア諸国と中国の関係における上海協力機構（ＳＣＯ）の存在はいかなるものか、③日本・中央アジア関係の現状と展望はいかなるものか。また、改善が必要な分野は何か、④国家間の相互不信が存在する中で域内協力の促進は可能か、そして⑤現在の中央アジアにおける水・領土・エネルギー資源分配において国家間の関係はいかなるものなのか、資源の管理と分配は国家間でどのように行われているのか、その欠点と利点はいかなるものなのかを検討した。

本書の分析から導き出された結論は主に以下の四点である。まず第一点として、中央アジア諸国のように地理的に規模が小さい、または経済的に弱い個々の国々が、国際関係において自国の利益を守るための力は現在の国際環境の下では減退させられている。したがって、各発展途上国は、国際的な地位や交渉の場での立場を強めて国益を守るためには地域協力・統合を目指す必要がある。第二点として、より深化した協力関係は、発展途上および転換期にある国々に対して、中国やロシアなどのような大国の影響や予測不可能な諸要因から国益を守るメカニズムを提供する。第三点として、地域協力は、新しく独立した国家に安定化のための方法を提示するとともに、一国ではできないような挑戦を実行する際に、諸国の資源を組み合わせることで独立国家としての地位を確保することを可能にする。そして第四点として、ここでの仮説は、協力・統合関係が発展途上または転換期にある複数の国々の少ない資源を結集させ、国家間協力は国家の発展を支えると考えられる。

3　相対的展望から見た日本と中国の対中央アジア外交政策

以上に加えて、本書は中央アジア地域において日本と中国の外交政策の分析を行った。日本と中国は、(日本の場合)「開かれた地域」の中央アジアとの協力、(中国の場合)「よき隣人」の概念を強調したが、これらの概念は異なる実際の意味を持っていた。中国は、地域の安定性を促進する方法として、これら諸国の内政不干渉と、それらの主権の尊重を強調したが、これは中央アジア地域の問題に取り組み、関与方法を確立し、中央アジア地域諸国と協力することを意味していた。この方法によって、中央アジア地域における様々な問題に対する地域外諸国の干渉は最小限に抑えられ、中国と中央アジア諸国間で協力を進める狙いがあった。この姿勢はまた、中国外交政策の大原則を反映しており、国境を接する諸国との友好的な「中心・周辺」関係を構築することを含んでいた。実際に、この政策は、中央アジア諸国だけはなく、アジアの至る所でも追求された(1)。さらに、この方法は、中国が「長期的にその隣人と進んで平和裏に共存し、［中国］は、拡張的にならない」ことを示していた(2)。

しかし、日本にとって、「開かれた地域協力」の概念の開発はより魅力的で、地理的な制限、政治的な関心と歴史的結びつきの不足、および日本と中央アジア諸国間における協力において経済的課題がより優先されるために、中央アジアとの関係の中で唯一の利用可能な選択肢だったと思われる。このような開かれた地域主義は、日本の外交政策によれば、（民主主義、市場経済、人権の保護および法の支配のような）普遍的価値に根ざした協力の概念に構築されることが目的である。対照的に、無条件のよき隣人関係を構築する中国の概念は、各国の国家主権（自由民主主義と自由な事業の価値や原則には言及せず）と「上海協力精神」（これは、他の協力諸国の権益と一定の問題に取り組む直接的対話を主に考慮することを意味した）の尊重に基づいていた。

興味深いことに、日本と中国のアプローチの公式の論説に一つの類似点がある。すなわち、両国は、開発途上国の問題を理解する立場にあると主張する。

中国は、まだ当面は発展途上国であるというレトリックを歴史的に維持し、したがって、中央アジア諸国の課題と問題を共有すると暗示してきた(3)。対照的に、日本は、とくにそのＯＤＡの動機づけで、経済大国の地位に到達する前に、経済援助を受けてきたことを強調する。したがって、それは他の開発途上国のための役割のモデルとして役立つと主張した(4)。中央アジア諸国に関して、日本の主張は、中央アジア地域からの地理的距離によって、この地域との関係で利己心に駆られるようにならないと主張することで、さらに強化される。

このように、中央アジア諸国の戦略的パートナーとして両国のユニークな地位を「売り込む」際の一定の類似性があるにもかかわらず、日本と中国は、以下に述べるその関心、動機づけ、主体性が異なることから、対照的な方法で中央アジア諸国に関与することに取り組んだ。中央アジア諸国に関与する際に、中国はＳＣＯの枠組みを使用したが、日本の政策は、ユーラシア外交からシルクロード外交まで、かつ中央アジアプラス日本の枠組みを超えて進展した。

本書で述べたように、このような日本の中央アジア地域へのかかわりは複数のイニシアチブを通して実施されており、これらはユーラシア外交から中央アジアプラス日本対話までに進展してきた。中国は中央アジア地域に対する外交政策を上海協力機構をとおして行ってきた。ロシア、中国、カザフスタン、キルギスタン、タジキスタンのグループ化が形成されたのは、主に過激主義、テロ、原理主義およびこれら諸国の様々な相互の国境の主張を指す、安全保障問題に関する協力を確立することを目的とし、一九九〇年代半ばにＳＣＯが正式に設立される前であった(5)。同様に、中国は、既存の国境問題を解決し、かつ他の分野で協力を進めるため、上海ファイブのメカニズムによって中央アジア諸国との信用と信頼を構築するよう試みた。すでにＳＣＯに関する章でも述べたように、一九九六年に締結された国境地帯の信頼構築措置に関する協定と、これら地帯の軍事力削減に関する一九九七年にモスクワで締結された協定は、中国がその中央アジア隣接諸国と信頼醸成プロセスに成功した試みと最初の成果例である。

一般に、ＳＣＯの設立は、四つの方法で、中国を含むそのメンバーの期待に応えた。第一に、ＳＣＯは、当時は安全保障関連分野に大きくかかわっていたその加盟諸国の明確に定義された問題や懸念に対処する仕組みとなった。中国の場合は、これらの懸念は「新疆の安定性と開発」に直結していた。第二に、加盟国間の信頼を構築し続ける課題は、依然としてＳＣＯの重要な目標であった。第三に、ＳＣＯはその勢力範囲地帯の地政学・内部的条件の現状の安定と維持を促した。この保存は、大多数の中央アジア諸国政府によって最優先事項と考えられた。第四に、ＳＣＯは、すべての参加国のために相互に有益な状況を得るため、この地域の国家間関係の平等で相互に有益な構造を構築する目的を宣言した。

日中両国は、中央アジア諸国との協力に関する三つの主な領域、つまり、政治領域、安全保障領域、経済領域を定義した。これらの領域は、中央アジアでの日中指導者間のハイ・レベルの話し合いで検討されたが、こうした領域の協力は、中央アジア諸国と日本間よりも中央アジア諸国と中国間のほうが高かった。この相違は、様々な活動で明白であり、当時の中国首脳部の中央アジア地域への訪問の頻度で反映されており、日本の首相による中央アジア訪問回数をはるかに超えていた。さらに、そうした中国高官による訪問は、中国政府が支援した特定のプロジェクトやイニシアチブに関する明確に定義された実践的協定をもたらすことが多かった。対照的に、日本の高官の中央アジア訪問では、通常は実戦的協定よりも宣言として締結された。

しかし、日中関係が間接的に、両国の中央アジア関与に影響を及ぼすことの一例もある。前記に述べた通り、二〇一〇年の中国から日本への貴金属輸出の制限と、その後の中国との紛糾は、中国に貴金属を過度に依存する日本に警告を与え、日本政府が積極的に代替供給源を求めるよう促し、中央アジア諸国はその可能性のある供給国であった。中国から日本への貴金属輸出に制限が課された直後に、日本政府とカザフスタンは、ウランと他の鉱物資源の共同開発と加工、およびそれらの日本への輸出の可能性に関する待ちに待った協定に署名した。

4　中央アジア地域内の国家間関係

これまでも述べたように、ＣＩＳ諸国は多くの共通の課題を持っており、それらに対する取り組みにも共通性が見られる。独立当初、ＣＩＳ諸国はソ連崩壊後の関係維持と、ソ連崩壊の打撃を限定的なものにすることを目標に掲げた。その後、ソ連崩壊が実際に各国へ悪影響を及ぼし始めた時点で経済協力の促進が重視された。しかし、経済協力の進み方については意見が分かれ、ＣＩＳの分裂にもつながった。その結果、下位地域協力の仕組みが現れ、ＣＩＳの領域全体で問題を解決できない場合には、国益と取り組みの方法が類似した国同士が互いに協力し、より狭い地域で解決する試みが行われた。

中央アジア地域内の協力の仕組みはそのような下位地域協力の一例になりえた。中央アジアにおいて経済発展と安全保障は最重要課題と認識されており、これらの解決のために中央アジア諸国間ではある程度の協力が試みられた。中央アジア諸国の統合や協力促進への動機はいくつかあげられるが、国家主権を共同で守っていくことや、テロやイスラーム過激派対策などがとくに重視されている。中央アジア諸国の協力は域外アクターに対する地位を強化するが、そのためには中央アジア諸国間の見解が一致する必要がある。

中央アジア諸国間の統合は、潜在的な可能性として経済発展だけでなく各国経済の基盤の多様化にもつながる。同時に、タジキスタンの事例にもあったように、中央アジアの共同平和維持の仕組みは地域内の安定を確保し、安定的な政治環境下での経済発展の基盤にもなりうる。

しかし、このような中央アジア地域統合には課題も非常に多い。国家間にはなお、お互いに対する不信や対立が残り、競争意識が存在する以上、建設的な協力は当面難しいと考えられる。

これまでにも述べてきたように、そのような国家間の不信と対立の事例として、国境と水問題に関する様々な課題があげられる。国境という概念は中央アジア地域において非常に新しいものである。ソ連時代の国境は行政的なものであり、住民の生活や移動への影響はほとんどなかった。ソ連崩壊以降、国境のある生活という現実は多くの人にとって衝撃的であり、中央アジア諸国もそのような現実に対応する能力を持ちあわせていなかった。その結果、国境画定の作業も進まず、多くの場合、一方的な取り組みを通して国境問題を解決しようとすることが少なくなかった。それは国家間関係を悪化させるとともに、住民の生活も直撃した。それはとくに、フェルガナ盆地のように国境が複雑で、飛び地なども多く存在し、国境が網の目のようになっている地域に顕著である。

本書で述べたように、中央アジアの国境問題を解決するには複数の方法がある。一つは、その協議過程が平和的に進展するよう地域外から技術支援を行うことである。もう一つは、地域内に存在する地域機構などをとおして国境画定とその問題を話し合う仕組みを構築することである。

本書が中央アジアの水問題に関して強調する点はいくつかあるが、第一に指摘できることは、中央アジアにおける水分配はバランスを欠いていることである。水不足に直面している下流国は、水を十分に供給されている上流国よりも立場が弱いと認識しており、両者の間で対立が発生している。このような対立の引き金になっているのは、この地域における水とエネルギーの問題であり、上流にある国々と下流にある国々との間ではそれぞれの政策方針が異なっている。さらに、中央アジア諸国の間では、水問題やエネルギー供給に関する協力について考え方や姿勢に違いが生じている。そのため、表面上は協力を支持しても、効果的にそれを実現するには至っていない。

第二に、中央アジアに水管理制度を設ける取り組みはソ連崩壊直後から行われてきたが、いまだに望ましい結果を生み出していない。複数の機関・制度が設けられたものの、各国の利害が衝突したことによって十分に機能しえていない。

第三に、国家間協力が十分に機能しえない理由としてはいくつかの要因があるが、最も根本的な理由としては、各国が自国の利益を優先し、地域全体の利益という広い視野を十分に持ち合わせてこなかったことがあげられる。中央アジア諸国の政府は水管理を主権の一環と見なしているのである。したがって、この問題の解決には中央アジアにおける国益と主権という概念の再検討が必要である。とくに、水問題や国境問題が国家主権だけでなく、地域という枠組みの中で検討される必要がある。地域という視点に立った水管理制度は、特定の国家の利益のみを反映したものとはならない。このような、いわば「地域主権」の概念は、決して国家主権概念と矛盾しない。むしろ、そのような仕組みは中央アジア諸国が一国で試みるよりも大きな効果を生み出すと考えられる。

（1） Suisheng Zhao, "China's Approaches toward Regional Cooperation in East Asia: motivations and calculations," *Journal of Contemporary China*, (2010): 53–67，特に p. 57 参照。

（2） Suisheng Zhao, "China's Approaches toward Regional Cooperation in East Asia: motivations and calculations," *Journal of Contemporary China*, (2010): 53–67，特に p. 55 参照。

（3） *Xinhua*, "China to remain developing country in decade: FM," (2012) available at http://news.xinhuanet.com/english/china/2012-03/06/c_131449546.htm（2012 年 3 月 6 日閲覧）。または *Ministry of Foreign Affairs of PRC*. (2010) Embassy of China in the United States of America, 'China's developing-country identity remains unchanged,' August 13,〈www.china-embassy.org/eng/gdxw/t723893.htm〉（2012 年 9 月 20 日閲覧）参照。

（4） Sato Jin, "A Japanese Approach to Assistance: Cherishing the Recipient Experience," *Asahi Shimbun*, (2011) October 31〈www.asahi.com/shimbun/aan/english/hatsu/eng_hatsu111031.html〉（2012 年 9 月 15 日閲覧）参照。

（5） Iwashita Akihiro, "The Shanghai Cooperation Organization and Japan-Moving Together to Reshape the Eurasian Community," (2007) (Hokkaido, Hokkaido University Slavic Research Center),〈www.src-h.slav.hokudai.ac.jp/kaken/iwashita2007/03iwashita-eng.pdf〉（2011 年 11 月 1 日閲覧），pp. 21–22 参照。

著者略歴
1975年　ウズベキスタン，タシケント生まれ
1995年　世界経済外交大学国際関係学部卒業（ウズベキスタン）
2001年　立命館大学大学院国際関係研究科博士号取得
国立民族学博物館，日本学術振興会特別研究員，東京大学東洋文化研究所助教授，同客員准教授などをへて
現　在　筑波大学人文社会系准教授

主要著書
『記憶の中のソ連——中央アジアの人々が生きた社会主義時代』（筑波大学出版会，2010年）．

『社会主義後のウズベキスタン——変わる国と揺れる人々の心』（「アジアを見る眼110」アジア経済研究所，2008年）．

『マハッラの実像——中央アジア社会の伝統と変容』（東京大学出版会，2006年）．

Towards Post-Soviet Central Asian Regional Integration: A Scheme for Transitional States（Akashi Shoten, 2004）などがある．

中央アジアの国際関係

2014年2月21日　初　版

［検印廃止］

著　者　ティムール・ダダバエフ

発行所　一般財団法人　東京大学出版会
代表者　渡辺　浩
153-0041 東京都目黒区駒場 4-5-29
http://www.utp.or.jp/
電話 03-6407-1069　Fax 03-6407-1991
振替 00160-6-59964

印刷所　株式会社平文社
製本所　誠製本株式会社

ISBN 978-4-13-036252-8　Printed in Japan

索　引

さ　行

た　行

参考文献

日本語

秋野豊『ユーラシアの世紀――民族の争乱と新たな国際システムの出現』日本経済新聞社，2000年
石村誠人「ウズベキスタンの現状と課題」Business research，2011年
稲垣文昭「アメリカの対ウズベキスタン政策」『中央アジア・カフカス　国際政治138号』日本国際政治学会，2004年
――「水資源対立に見るウズベキスタンとタジキスタンの関係」『国際情勢』，2011年
――「資源小国のエネルギー政策――キルギスとタジキスタンから見た中央アジア」伊東孝之監修，広瀬佳一・湯浅剛編『平和構築へのアプローチ――ユーラシア紛争研究の最前線』吉田書店，2013年
猪口孝『アジア・バロメーター　南アジアと中央アジアの価値観　アジア世論調査（2005）の分析と資料』明石書店，2009年
岩崎一郎・小松久男・宇山智彦編『現代中央アジア論――変貌する政治・経済の深層』日本評論社，2004年
岩下明裕「上海協力機構――「反米」ゲームの誘惑に抗して」宇山智彦・クリストファー・レン・廣瀬徹也編『日本の中央アジア外交――試される地域戦略』北海道大学出版会，2009年
――「グローバル・ユーラシア――新しい地政学の創造」塩川伸明・小松久男・沼野充義編『ユーラシア世界5　国家と国際関係』東京大学出版会，2012年
宇山智彦「政治制度と政治体制」岩崎一郎・小松久男・宇山智彦編『現代中央アジア論――変貌する政治・経済の深層』日本評論社，2004年
――「対中央アジア外交の歴史的文脈と展望――アジア主義と日米関係のはざまで」宇山智彦・クリストファー・レン・廣瀬徹也編『日本の中央アジア外交――試される地域戦略』北海道大学出版会，2009年
――「〈中央アジア・南カフカス諸国〉解説」『中東・イスラーム諸国　民主化ハンドブック』明石書店，2011年
エリカ・マラト「クルグズスタンは中央アジアにおける日本の最重要パートナーか？」宇山智彦・クリストファー・レン・廣瀬徹也編『日本の中央アジア外交――試される地域戦略』北海道大学出版会，2009年
岡奈津子「民族と政治」岩崎一郎・小松久男・宇山智彦編『現代中央アジア論――変貌する政治・経済の深層』日本評論社，2004年
帯谷知可「宗教と政治」岩崎一郎・小松久男・宇山智彦編『現代中央アジア論――変貌する政治・経済の深層』日本評論社，2004年
河東哲夫「対中央アジア政策の推移――シルクロード外交から「中央アジア＋日本」へ」宇山智彦・クリストファー・レン・廣瀬徹也編『日本の中央アジア外交――試される地域戦略』北海道大学出版会，2009年
雲和弘「タジキスタンの国際労働移民と外国送金――タジク移民は貧困削減的か」『経済研究』2011年
クリストファー・レン「日本の中央アジアに対する関与をどう理解するか――開発戦略の再評価」宇山智彦・クリストファー・レン・廣瀬徹也編『日本の中央アジア外交――試される地域戦略』北海道大学出版会，2009年
小泉悠「ロシア，カザフスタン，ベラルーシの経済統合――関税同盟を中心に」『外国の立法――立法情報・翻訳・解説』，2011年
小松久男『革命の中央アジア――あるジャディードの肖像』（中東イスラム世界）東京大学出版会，1996年
小松久男・宇山智彦・堀川徹・梅村坦・帯谷知司『中央ユーラシアを知る事典』平凡社，2005年
齋藤竜太「中央アジア水セキュリティへの日本の関与――JICA「水管理改善プロジェクト」からの一考察」『筑波大学人文社会科学研究科国際日本研究専攻紀要』2013年
塩川伸明・小松久男・沼野充義編『ユーラシア世界5　国家と国際関係』東京大学出版会，2012年
嶋尾孔仁子「現代グローバル化の下での日本のエネルギー戦略――西アジア・中央アジアの場合」宇

山智彦・クリストファー・レン・廣瀬徹也編『日本の中央アジア外——試される地域戦略』北海道大学出版会，2009 年

ダダバエフ・ティムール「中央アジアにおける潜在的紛争要因」『立命館国際関係論集』2002 年

———「中央アジア地域における水管理政策と諸国間関係——現状，課題と展望」『筑波大学人文社会科学研究科国際地域研究専攻紀要』2008 年

———「対中央アジア協力の現状と課題——機能主義の観点から」宇山智彦・クリストファー・レン・廣瀬徹也編『日本の中央アジア外交——試される地域戦略』北海道大学出版会，2009 年

地田徹朗「ポスト・ニヤゾフ時代のトルクメニスタン政治——ベルディムハメドフ「改革」の方向性と政治体制の変化」『日本中央アジア学会報』2011 年

辻忠博「中央アジアにおける経済発展の可能性——ダイナミック・キャッチアップ・モデルの観点から」『日本大学経済学部経済科学研究所紀要』2011 年

中山京子『ウズベキスタンの桜』KTC 中央出版，2005 年

中島隆晴「中央アジア——イスラーム過激派組織とその活動の変遷」『海外事情研究所報告』2011 年

日本経済新聞社，「レアアース，カザフと開発　官民で脱中国依存急ぐ」，2012 年 5 月 2 日（www.nikkei.com/article/DGXNASFS0102C_R00C12A5EE2000/?nbm=DGXNASFK0103B_R00C12A5000000）.

蓮見雄「EU と中央アジア——欧州近隣諸国政策を超えて」『経済学季報』2011 年

———「危機後の中央アジア経済——出稼ぎ労働，水資源，パイプラインをめぐって」『ロシア・ユーラシアの経済と社会』2011 年

浜野道博『検証キルギス政変——天山小国の挑戦』東洋書店，2011 年

東島雅昌「中央アジアの政治変動——権威主義政治と選挙の多様性」伊東孝之監修，広瀬佳一・湯浅剛編『平和構築へのアプローチ——ユーラシア紛争研究の最前線』吉田書店，2013 年

廣瀬徹也「対中央アジア外交の概観——実務レベルでの政策立案者の視点から」宇山智彦・クリストファー・レン・廣瀬徹也編『日本の中央アジア外交——試される地域戦略』北海道大学出版会，2009 年

湯浅剛「国際関係と安全保障」岩崎一郎・小松久男・宇山智彦編『現代中央アジア論——変貌する政治・経済の深層』日本評論社，2004 年

———「ユーラシアへの「価値の外交」は定着するか——「自由と繁栄の弧」構想とその後」宇山智彦・クリストファー・レン・廣瀬徹也編『日本の中央アジア外交——試される地域戦略』北海道大学出版会，2009 年

———「中央アジアのシティズンシップと安全保障——ロシア国籍と二重国籍制を中心に」堀江典生編著『現代中央アジア・ロシア移民論』ミネルヴァ書房，2010 年

———「ユーラシアの移民と安全保障——問題の位置づけとロシア，カザフスタンの現状」『防衛研究所紀要』第 12 巻第 2-3 合併号（2010 年 3 月）

———「カザフスタン共和国」『中東・イスラーム諸国　民主化ハンドブック』明石書店，2011 年

———「中央アジアにおける国際関係の誕生—カザフスタンの動向を事例に」塩川伸明・小松久男・沼野充義編『ユーラシア世界 5　国家と国際関係』東京大学出版会，2012 年

———「日本にとってユーラシアとは——変化する国際環境と内政を見据えて」伊東孝之監修，広瀬佳一・湯浅剛編『平和構築へのアプローチ——ユーラシア紛争研究の最前線』吉田書店，2013 年

外国語参考文献

Abdullo, Rashid. “Tajik-Uzbek Border Progress,” *Reporting Central Asia* (RCA No. 152) London: Institute for War and Peace Reporting. 2002 年 10 月 10 日，(www.iwpr.net).

Agreement between the Governments of Shanghai Cooperation Organization Member States on Cooperation in Education, 2006 年 6 月 15 日，Astana,（www.eduweek.ru/index.php?option=com_content&view=category&layout=blog&id=31&Itemid=29&lang=en).

Akiner, Shirin. “Social and Political Reorganization in Central Asia: Transition from Pre-Colonial to Post-Colonial Society,” Atabaki, Touraj, and John O’Kane. eds. *Post-Soviet Central Asia.*, pp.

1-34. London : Tauris Academic Studies (in association with The International Institute for Asian Studies) 1998.

Aliaev, D. "Tazhikistan-Uzbekistan: izvilistaia granitsa," *Nemetskaia Volna.* 2009 年 4 月 30 日, (www.centrasia.ru/newsA.php?st=1241068620).

Allison, Roy. ed. *Security Dilemmas in Russia and Eurasia.* (London: Royal Institute of International Affairs, 1998).

Askarova, Zarina. "Odin krepkii EEP vmesto treh driablykh GUUAM, EurAZES, SNG?" *Gazeta SNG.* 2003 年 9 月 19 日, (www.gazetasng.ru).

Aso, Taro. (2006) "Central Asia as a corridor of peace and stability," *Asia-Europe Journal,* 4: 491-497.

Babu Suresh Chandra and Sandjar Djalalov eds. *Policy Reforms and Agriculture Development in Central Asia* (New York: Springer, 2006).

Chorshanbiev, Pairav."Tashkentskaia deklaratsiia: Prezidenty I.Karimov i G. Berdymukhamedov vystupili protiv vozvedeniia Rogunskoi GES i Kambartinskoi GES," *Aziia Plius,* 2009 年 2 月 26 日 (www.centrasia.ru/newsA.php?st=1235625420).

Chung, Chien-Peng. "Japan's Involvement in Asia-Centered Regional Forums in the Context of Relations with China and the United States," *Asian Survey* 51: 3 (2011): 407-428.

"Cooperation Strategy between the People's Republic of China and the Republic of Kazakhstan for the 21st Century," Ministry of Foreign Affairs of China, February 21, 2006, (www.fmprc.gov.cn/eng/zxxx/t285011.htm).

Coppieters, Bruno, Alexey Zverev and Dmitri Trenin. *Commonwealth and Independence in Post-Soviet Eurasia.* (London: Frank Cass, 1998).

Dadabaev, Timur. *Towards Post-Soviet Central Asian Regional Integration: A Scheme for Transitional States.* (Tokyo: Akashi Shyoten, 2004).

——— "Japan's Central Asian Diplomacy and Its Implications," *Central Asia-Caucasus Analyst,* 8, 17 (2006): 3-6.

——— "Models of Cooperation in Central Asia and Japan's Central Asian Engagements: Factors, Determinants and Trends," in Christopher Len, Uyama Tomohiko, Hirose Tetsuya, (eds) *Japan's Silk Road Diplomacy: Paving the Road Ahead,* Washington, Stockholm, Central Asia-Caucasus Institute & Silk Road Studies Program, 2008, pp. 121-140.

——— "Water-resource Management and International Relations in Central Asia," *IHP VII, Technical Document in Hydrology,* Beijing: UNESCO, No. 2, 2009 pp. 53-67.

——— "Discourses on Integration in Central Asia: From Rhetoric to Practice," *Regional Cooperationin Central Asia: Obstacles, Incentives and Proposals,* Madrid: OPEX/Alternativas, (June) 2010, pp. 25-35.

——— "The Evolution of the Japanese Diplomacy towards Central Asia since the collapse of the Soviet Union," Institute for Peace Research and Security Policy at the University of Hamburg/IFSH (ed.), *OSCE Yearbook 2011: Yearbook on the Organization for Security andCo-operation in Europe (OSCE),* Vol. 17, Baden-Baden: Nomos, 2012, pp. 441-458.

——— "Securing Central Asian Frontiers: Institutionalization of Borders and Interstate Relations in Post-Soviet Central Asia," *Strategic Analysis,* 36, 4 (July-August 2012): 554-568.

——— "Recollections of Emerging Hybrid Ethnic Identities in Soviet Central Asia: The case of Uzbekistan," *Nationalities Papers, The Journal of Nationalism and Ethnicity* (ASN/Taylor and Francis), 41, 6 (2013): 1026-1048. (dx.doi.org/10.1080/00905992.2013.774340).

——— "Japan's search for its Central Asian policy: Between idealism and pragmatism," *Asian Survey* (University of California Press), 53, 3 (May/June 2013): 506-532.

——— "Community Life, Memory and a Changing Nature of Mahalla Identity in Uzbekistan," *Journal of Eurasian Studies* (Elsevier), 4, 2 (July 2013): 181-196.

——— "Shanghai Cooperation Organization (SCO) Regional Identity Formation From the Perspective of the Central Asian States," *Journal of Contemporary China,* 23, 85, (January 2014). (DOI:10.1080/10670564.2013.809982).

——— "Chinese and Japanese Foreign Policies towards Central Asia from a Comparative

Perspective," *Pacific Review*, February 2014.

Declaration on the Fifth Anniversary of the Shanghai Cooperation Organization, 15 June 2006, Shanghai, China, (www.sectsco.org/EN/show.asp?id=94).

Djalalov, A.A. "The role of water resources management toward basin principles," Patricia Wouters, Victor Dukhovny and Andrea Allan eds., *Implementing Integrated Water Resources Management in Central Asia* (Amsterdam: Springer, 2007), pp. 157-166.

Djalalov, Sandjar. "The Sustainable Development of Water User's Associations in Uzbekistan," Babu Suresh Chandra and Sandjar Djalalov eds., *Policy Reforms and Agriculture Development in Central Asia* (New York: Springer, 2006), pp. 371-396.

Dosbyev, Daur. "Village Defines Uzbek Government," *Reporting Central Asia*. (RCA report no. 51) (London: Institute for War and Peace Reporting). 2001 年 5 月 11 日, (www.iwpr.net).

Dosybieva, Olga. "Kazakhstan: Frontier Dispute Deadlock Provokes Tensions," *Reporting Central Asia*. (RCA report no. 120) (London: Institute for War and Peace Reporting). 2002 年 5 月 17 日, (www.iwpr.net).

——— "Kazakh Anger at Border Death," *Reporting Central Asia*. (RCA report no. 161) (London: Institute for War and Peace Reporting), 2002 年 11 月 15 日, (www.iwpr.net).

Dukha, Viktor. "Atomnyi al'yans: Yaponiia vtorgaetsya na atomnye rynki Srednei Azii," *RBK*, 2007 年 4 月 4 日 (www.centrasia.ru/newsA.php4?st=1177619820).

Dzaguto, Vladimir. "Santgudinskaia GES 1 ostalas' bez stroitelei: Oni bastuiut iz-za neplatezhei Tazhikistana," *Kommersant*, N. 55 (4110), 2009 年 3 月 30 日, (www.centrasia.ru/newsA.php?st=1238385420).

EastWeek (weekly newsletter), "Anti-Chinese demonstration in Kazakhstan," (Center for Eastern Studies, Poland) (2010 年 11 月 3 日), (www.osw.waw.pl/en/publikacje/eastweek/2010-02-03/anti-chinese-demonstration-kazakhstan) (2012 年 4 月 22 日閲覧).

Ermagambetov, S. "Tsentral'naia Aziia I Kazakhstan na poroge zhyostkogo defitsita presnoi vody," *Karavan*, N. 8, 2007 年 2 月 23 日, (www.centrasia.ru/news2.php4?st=1172651520).

Ermagambetov, S. "Kogda reki potekut vspyat'. Tsentral'naia Aziia na poroge zhestogo defitsita prestnoi vody," *Karavan* N. 8, 2007 年 2 月 23 日, (www.centrasia.ru/news2.php4?st=1172651520).

Ermagambetov, S. "Tsentral'naia Aziia i Kazakhstan na poroge zhyostkogo defitsita presnoi vody," *Karavan*, N. 8, 2007 年 2 月 23 日, (www.centrasia.ru/news2.php4?st=1172651520).

Executive Committee of the Commonwealth of the Independent States. *Agreement On Establishment of Commonwealth of Independent States*. December 21, 1991, (www.cis.minsk.by/russian/osn_dokum/cis_doc4.htm).

——— *Charter of CIS*. 1991. (www.cis.minsk.by/russian/osn_dokum/cis_doc2.htm).

——— *Protocol of Agreement on Commonwealth of Independent States*. December 21, 1991. Almaty, (www.cis.minsk.by/russian/osn_dokum/cis_doc3.htm).

——— *CIS Collective Security Treaty*. 1992.

——— *CIS Inter-state Bank Agreement*. 1993 (www.cis.minsk.by).

——— *Russia-Belarus Union Agreement*. 2000. (www.cis.minsk.by).

Ferghana.ru. "Yuzhnaia Koreia tozhe khochet pokupat' energoresursy v Tsentral'noi Azii (South Korea also wants to buy energy resources in Central Asia)," 2008 年 3 月 27 日, (www.ferghana.ru/news/php?id=8746).

——— "Kyrgyzstan: Parliament prinial obraschenie k Uzbekistanu v sviazi s intsidentom v sele Chek," 2009 年 5 月 29 日, (www.ferghana.ru/news.php?id=12076).

——— "Strany SHOS sozdadut Bank razvitiia i energoklub: Kitai obeschaet l'gotnye kredity," (2011 年 11 月 8 日), (www.fergananews.com/news.php?id=17592).

——— "Posol Kitaya v Kyrgyzstane: My obsuzhdali vopros o peredache resursov v obmen na investitsii," (2012 年 4 月 28 日), (www.fergananews.com/news.php?id=18598).

——— "Za dva poslednikh goda Kyrgyzstan napravil Uzbekistanu dvadtsat' odnu notu protesta v svyazi s intsindentami na granitse," 2013 年 6 月 24 日, (www.fergananews.com/news.php?id=20852).

"Foreign Minister Yang Jiechi Receives Written Interview by Kazaag News Agency Beijing

Branch on the 20th Anniversary of China-Kazakhstan Diplomatic Relations," (www.hr.chineseembassy.org/eng/zxxx/t907826.htm, 2012 年 4 月 26 日閲覧).

Furuoka, Fumitaka. *A History of Japan's Foreign Aid Policy:From Physical Capital to Human Capital* (MPRA Paper No. 5654), (www.mpra.ub.uni-muenchen.de/5654/), 2007 年 11 月 8 日.

Galushko, I., "Pogranichnoe sostoianie: Zhiteli Mataarala prosiat izmenit' Kazakhsko-Uzbekskuiu granitsu," *Ekspert K*, 2010 年 3 月 3 日, (www.centrasia.ru/newsA.php?st=1267568760).

Gambari, A.Ibrahim. *Political and Comparative Dimensions of Regional Integration: Case of ECOWAS.* (New Jersey: Humanities Press International, Inc., 1991).

Glumskov, Dmytry. "Turkmenia i Uzbekistan na grani voiny," 2002 年 12 月 20 日, (www.news.ferghana.ru).

'**Greeting of A.A. Rakhmonov**, the Minister of Education of the Republic of Tadjikistan at the the II Week of Education of SCO member-states', 2009 年 5 月 25 日, Beijing, (www.eduweek.ru/index.php?option=com_content&view=category&layout=blog&id=38&Itemid=32&lang=en).

Grib, Natal'ia, Vladimir Soloviev. "Mezhdu Rossiei i Tazhikistanom vstala plotina: Rusal poterial Rogunskuiu GES," *Kommersant*, 2007 年 9 月 5 日, (www.centrasia.ru/news2.php4?st=1188969960).

Hass, Ernest. *Beyond the Nation State: Functionalism and International Organization.* (Stanford, Calif.: Stanford University Press, 1961).

Horsman, Stuart. "Uzbekistan's involvement in the Tajik Civil War 1992-97: domestic considerations," *Central Asian Survey* 18, 1 (1999): 37-48.

International Crisis Group (ICG). "Central Asia: Border Disputes and Conflict Potential," Asia Report no. 33. Osh/Brussels: International Crisis Group, 2002 年 4 月 4 日.

——— "Central Asia: Water and Conflict," *Asia Report no. 34.* Osh/Brussels: International Crisis Group, 2002 年 5 月 30 日.

——— "Central Asia: Last Chance for a Change," *Central Asia Briefing.* Osh/Brussels: International Crisis Group. 2003 年 4 月 29 日.

Iskandarov, Abdullo. "Uzbeks Angered Over Border Restrictions," *Reporting Central Asia* (RCA Report no. 60) (London: Institute for War and Peace Reporting). 2001 年 7 月 13 日, (www.iwpr.net).

Iwashita, Akihiro. "The Shanghai Cooperation Organization and Japan-Moving Together to Reshape the Eurasian Community," (Hokkaido, Hokkaido University Slavic Research Center, 2007), (www.src-h.slav.hokudai.ac.jp/kaken/iwashita2007/03iwashita-eng.pdf).

Jumagulov, Sultan. "Uzbek Gas for Land Bid Fails," *Reporting Central Asia* (RCA report no. 42) London: Institute for War and Peace Reporting. 2001 年 2 月 28 日, (www.iwpr.net).

——— "Locals Suffer in Enclaves Impasse," *Reporting Central Asia* (RCA report no. 57) (London: Institute for War and Peace Reporting). 2001 年 6 月 22 日, (www.iwpr.net).

——— "Bishkek Deputies Reject Uzbek Treaty," *Reporting Central Asia* (RCA report no. 70) (London: Institute for War and Peace Reporting). 2001 年 9 月 21 日, (www.iwpr.net).

——— "Kyrgyz Fears Over Tajik Border Talks," *Reporting Central Asia* (Report no. 174) (London: Institute for War and Peace Reporting). 2003 年 1 月 10 日, (www.iwpr.net).

——— Olga Borisova, "Uzbek-Kyrgyz Border Danger," *Reporting Central Asia* (Report no. 192), (London: Institute for War and Peace Reporting). 2003 年 3 月 21 日, (www.iwpr.net).

Kakchekeev, T. "Kyrgyzstan i Tazhikistan dolzhny sozdat' vodno-energeticheskij consortium," *IA 24.kg*, 2007 年 9 月 14 日, (www.centrasia.ru/newsA.php4?st=1189741920).

Karim kyzy, Gulzina. "Kyrgyz-Tajik Border Problems," *Central Asia and Caucasus Analyst.* 2002 年 10 月 9 日.

Karimov, Daniiar. "M.Dzhuraev: Kyrgyzstan nikogda ne smozhet dogovoritsia s Tajikistanom o granitsakh," *Information Agency 24.kg*, 2008 年 3 月 4 日, (www.centrasia.ru/newsA.php4?st=1204665420).

Kawaguchi, Yuriko. "Adding a New Dimension: Central Asia Plus Japan," (Policy Speech by Ms., Minister of Foreign Affairs of Japan at the University of World Economy and Diplomacy, Tashkent, Uzbekistan," 2004 年 8 月 26 日, Ministry of Foreign Affairs of Japan), (www.mofa.

go.jp/region/europe/uzbekistan/speech408.html).

Kawai, Masahiro and Takagi, Shinji. "Japan's Official Development Assistance: Recent Issues and Future Directions," *Journal of International Development,* 16 (2004): 255-280.

Kawato, Akio "Japan's Strategic Thinking toward Central Asia," *Japanese Strategic Thought toward Asia,* eds. Gilbert Rozman, Kazuhiko Togo and Joseph P.Ferguson (New York: Palgrave, 2007).

——— "What is Japan up to in Central Asia?", in Len, Christopher, Uyama, Tomohikoand Hirose, Tetsuya (eds) *Japan's Silk Road Diplomacy: Paving a Road Ahead,* (Washington/Stockholm, 2008) pp. 15-31.

Khodzhiev, R. "V svoyom dome ne khoziaeva: Kitaiskaia ekspasiya v Tazhikistan," *Centrasia.ru,* 2011 年 11 月 1 日, (www.centrasia.ru/news.php?st=1320094800).

Kim, Alena. "Uzbekistan blames Kyrgyzstan for Failure of Border Talks," *RFE/RL (Radio Free Europe/Radio Liberty) News-on-line.* 2002 年 10 月 12 日, (www.eurasianet.org).

Komatsu, Hisao., Stephanie A. Dudoignon. eds. *Islam in Politics in Russia and Central Asia: Early Eighteenth to Late Twentieth Centuries.* (London, New York, Bahrain: Kegal Paul, 2001).

Kozybaeva, Z. "Rakhmon nashel v Astane podderzhku: Vazhneishii vopros–stroitel'stvo Rogunskoi GES," *Nemetskaia volna,* 2008 年 5 月 14 日, (www.centrasia.ru/news2.php?st=1210711560).

Lee, Oliver. M. "China's Rise and Contemporary Geopolitics in Central Asia," in China's "Peaceful Rise" in the 21st Century, ed. Sujian Guo, (Burlington: Ashgate, 2006).

Len, Christopher. "Japan's Central Asian Diplomacy: Motivations, Implications and Prospects for the Region," *The China and Eurasia Forum Quarterly,* 3 (3) (2008): 127-149.

Lugovoi, Viktor. " 'Tashkentskii dogovor': Dushanbe sozdaet obraz vneshnego vraga," *Centrasia. ru,* 2009 年 2 月 24 日, (www.centrasia.ru/news2.php?st=1235445420).

Lukin, Alexander. "Should the Shanghai Cooperation Organization Be Enlarged?" *Russia in Global Affairs* (2011 年 7 月 22 日), (www.eng.globalaffairs.ru/number/Should-the-Shanghai-Cooperation-Organization-Be-Enlarged---15245).

——— "The Shanghai Cooperation Organization: What Next?" *Russia in Global Affairs,* 5 (3), (2007): 140-156.

Makhmudov, R. "Energeticheskie interesy Uzbekistana i Rossii–tochiki sovpadeniia," *IATS MGU,* 2009 年 2 月 18 日 (www.centrasia.ru/newsA.php?st=1234941000).

Matveev, Aleksei. "Druzhba druzhboi, a pogranichnye problem ne resheny," *VPK,* N. 21. 2008 年 5 月 28 日 – 6 月 3 日, (www.centrasia.ru/newsA.php?st=1211958660).

——— "V Tsentral'noi Azii podelili granitsy," *Gazeta SNG.* 2003 年 7 月 7 日, (www.gazetasng.ru).

Matveeva, Anna. "Regional Introduction: Post-Soviet Russia Redefines Its Interests," in Paul van, Tongeren. Hans van de Veen, and Juliette Verhoeven., eds. *Searching for Peace in Europe and Eurasia: An Overview of Conflict Prevention and Peace-building Activities.,* pp. 342-353. (Boulder: Lynne Rienner Publishers, Inc., 2002).

Micklin, Philip. *Managing Water in Central Asia.* (London: The Royal Institute of International Affairs, 2000).

Migranian, A. "Sodruzhestvo Nezavisimyh Gosudarstv: Protsessy i Perspektivy," *SNG–Obshichii Rynok.* 1994. No. 1. (Minsk: Izdatel'stvo Ispolnitel'nogo Komiteta).

Ministry of Foreign Affairs of PRC. Embassy of China in the United States of America, "China's developing-country identity remains unchanged". 2010 年 8 月 13 日, (www.china-embassy.org/eng/gdxw/t723893.htm).

Ministry of Water Management of Uzbekistan. *Soglashenie mezhdu Respublikoi Kazakhstan, RespublikoiKyrgyzstan, Republikoi Uzbekistan, Respublikoi Tadzhikistan i Turkmenistanom o sotrudnichestve v sfere sovmestnogo upravleniia ispol'zovaniem i ohranoi vodnykh resursov mezhgosudarstvenykh istochnikov.* Almaty. 1992 年 2 月 18 日.

——— *Agreement of the Heads of States On Utilization of Water and Energy Resources of Syrdarya River Basin.* Bishkek. 1998 年 3 月 17 日.

Mitrany, David. *A Working Peace System.* (London: Royal Institute of International Affairs, 1943).

MOFA. (1991a). *Japan's ODA 1991.* (Tokyo, Ministry of Foreign Affairs of Japan, Association for

Promotion of International Co-operation).
——— (1991b). *Diplomatic Bluebook 1991.* (Tokyo, Ministry of Foreign Affairs of Japan, Association for Promotion of International Co-operation).
——— "Japan-Kazakhstan Relations," January, 2012. (www.mofa.go.jp/region/europe/kazakhstan/index.html).
Morel, P'er. "Tsentral'noi Azii nuzhny dialogi o vode," *Nezavisimaia gazeta,* 2009 年 4 月 27 日, (www.ng.ru/politics/2009-04-27/3_kartblansh.html).
Nazarbaev, N. "Evraziiskii Soyuz: ot ideii k istorii budushchego'," *Izvestiia,* 2011 年 10 月 16 日, (www.izvestia.ru/news/504908).
Nurgaliev, Bolat. "Statement of the SCO Secretary-General Bolat K. Nurgaliev at the Security Forum of the Euro-Atlantic Partnership Council," Astana, 2009 年 6 月 25 日, (www.sectsco.org/EN/show.asp?id=104).
ODA charter. (Tokyo, Ministry of Foreign Affairs of Japan). (2003) (www.mofa.go.jp/policy/oda/reform/charter.html).
ODA rolling plans for Central Asian countries. (Tokyo, Ministry of Foreign Affairs of Japan) (2010) (www.mofa.go.jp/policy/oda/rolling_plans/region.html#r).
Olcott, M.B. *Central Asia's New States: Independence, Foreign Policy and Regional Security.* (US Institute of Peace: Washington, 1996).
Olimov, M., and A. Kamollidinov. "Regional'noye Sotrudnichestvo po Ispol'zovaniyu Vodnyh I Energiticheskih Resursov v Tsentral'noi Azii," *Tsentral'naya Aziya i Kavkaz* 2: 3 (1999), (www.ca-c.org/journal/cac-03-1999/contcac_3_99.shtml).
Olimova, Saodat. "Tadzhikistan–Rossiia: Ot 'Razvoda' k 'Integratsii,'" *Tsentral'naia Aziia i Kavkaz* 9 (2000). (www.ca-c.org/journal/cac09_2000/05.Olimova.shtml).
Oresman, Matthew. "Repaving the Silk Road: China's Emergence in Central Asia," *China and the Developing World: Beijing's Strategy for the Twenty-First Century,* eds. Joshua Eisenman, Eric Heginbotham and Derek Mitchell, (New York: M. E. Sharpe 2007), pp. 60-84.
Panfilova, Aleksandra. "Rossiia Ukrepit Svoe Voenno-Politicheskoe Vliianie v Tazhikistane," *Nezavisimaia Gazeta,* 2003 年 4 月 25 日, (www.ng.ru/cis/2003-4-25/5_tadzhikistan.html).
——— "Tsentral'naia Aziia: territorial'nye miny zamedlenogo deistviia," *Gazeta SNG,* 2003 年 5 月 6 日. (www.centrasia.ru).
Panfilova, V. "Soedinennye Shtaty Tsentral'noi Azii: Ob'ediniaias', strany regiona stalkivaiut Zapad s Rossiei," *Nezavisimaia Gazeta–Dipkurer.* 2003 年 1 月 13 日, (www.uzland.uz/2003/january/14/02.htm).
——— "Dushanbe pred'yavit schet," *Nezavisimaia gazeta,* 2009 年 2 月 20 日. (www.ng.ru/cis/2009-02-02-20/1_Dushanbe.html).
——— "Dushanbe igraet po svoim pravilam: Rossiia ne poluchit privlekatel'nye predpriiatiia Tazhikistana," *Nezavisimaia gazeta,* 2009 年 2 月 27 日, (www.ng.ru/cis/2009-02-027/7_Tadjikistan.html).
Papyrin, Leonid. "Vodnye Problemy Tsentral'noi Azii", Ekonomicheskiy Forum "Evropejskie dilemmy: partnerstvo ili sopernichestvo", Krynitsa, Pol'sha, 2011 年 9 月 7-9 日, (www.sarez-lake.ru/water_problems/ http://sarez-lake.ru/water_problems_more/).
Pereverten', Natalia. "Nastupaet 'Vodenoe' Protivostoianie?" *Nezavisimaia Gazeta,* 2000 年 11 月 5 日. (www.ng.ru/printed/cis/2000-11-05/5_water.html).
Polat, Necati. *Boundary Issues in Central Asia.* (Ardsley: Transnational Publishers, 2002).
Poltavtsev, Anton. "Vodianoe peredurie: Luzhkov so svoimi ideiami povorota severnykh rek ne tonet," *Rossiiskaia gazeta,* N.4877, 2009 年 3 月 30 日. (www.centrasia.ru/newsA.php?st=1238400000).
Popov, V. "Strategii Rosta," *Segodnya.* 1996 年 3 月 14 日.
Pravda, Vostoka. "Zaiavlenie Glav Gosudarstv Kazakhstana, Kirgizstana, Tadzhikistana i Uzbekistana ob Uglublenii Regional'noi Integratsii," 1998 年 3 月 28 日.
Proekt Aktivizatsii *Mestnyh Soobschestv v Issikulskoi Oblasti: Final'nyi Otchet Proekta,* (Bishkek: JICA 2011).

Prokudin, F. "Kak razdelit' vodu v rekakh Tsentral'noi Azii: Energetika protiv sel'skogo hoziaistva," *Centrasia.ru,* 2007 年 4 月 30 日.（www.centrasia.ru/newsAphp4?st=1176150900).

Putin, Vladimir. "Novyi integratsionnyi proekt dlia Evrazii: Budushchee kotore rozhdaetsia segodnia," *Izvestiia*, 2011 年 11 月 3 日,（www.izvestia.ru/news/502761).

Radio Free Europe/Radio Liberty. 'Kazakhs Protest Against China's Growing Influence',（www.rferl.org/content/Kazakhs_Protest_Against_Chinas_Growing_Influence/1944085.html）2012 年 1 月 30 日閲覧.

Rickleton, Chris. "Kyrgyzstan: China's Economic Influence Fostering Resentment," *Eurasianet.org*, 2011 年 4 月 28 日,（www.eurasianet.org/node/63383).

Ro'i, Yaacov. ed. *Muslim Eurasia: Conflicting Legacies.*（Frank Class: London, 1995).

Ros Bizness Konsalting. "Luzhkov zaimetsa problemoy Arala," 2003 年 1 月,（www.uzland.uz/2003/january/16/06.htm).

Roy, Olivier. *The Civil War in Tajikistan: Causes and Implications.*（Washington：US Institute of Peace, 1993).

——— *The New Central Asia, The Creation of Nations.*（London：Tauris　Publishers, 2000).

Rozman, Gilbert. "Post-Cold War Evolution of Chinese Thinking on Regional Institutions in Northeast Asia," *Journal of Contemporary China*, 19（66): 605-620.

Rumer, Boris. *Soviet Central Asia: Tragic Experiment.*（Boston, MA: Unwin Hyman, 1989).

——— eds. *Central Asia: The Challenges of Independence.*（Armonk, NY: M.E. Sharpe, 1998).

——— eds. *Central Asia: A Gathering Storm?*（Armonk, NY: M. E. Sharp, 2002).

Sadovskaya, Elena Y., "Chinese Migration to Kazakhstan: a Silk Road for Cooperation or a Thorny Road of Prejudice?", *China and Eurasia Forum Quarterly*, 5（4）(2007): 147-170.

Sadri, A. Houman. "Integration in Central Asia: from theory to policy," *Central Asian Survey* 16: 4 (1997): 573-586.

Safaev, Sodyq. "GUUAM to expand their cooperation," *Turkistan Newsletter.* May 17, 2000.（Harlem, Netherlands: Research Centre for Turkistan and Azerbaijan）(www.euronet.nl/users/sota/turkistan.htm).

Samadov, S. "Komu prinadlezhit anklav Sokh?" *Tsentral'naia Azia*, 2008 年 4 月 1 日.（www.centrasia.ru.newsA.4?st=1207062000).

SCO Convention *on fighting terrorism, religious extremism and separatism,* 15 June 2001, Shanghai, China,（www.hrichina.org/content/5204; The Convention on Counter-Terrorism of the Shanghai Cooperation Organization).（*www.asozd2.duma.gov.ru/main.nsf/*（*ViewDoc*）*?OpenAgent&work/dz.nsf/ByID&1CB3AD654A8490D2C3257752002C8E0B*).

Sengupta, Anita. *Frontiers Into Borders: The Transformation of Identities in Central Asia.*（Kolkata: Hope India Publications, 2002).

Smith, H. Peter, ed. *The Challenge of Integration: Europe and the Americas.*（Miami: North-South Center/Transaction Books, 1993).

Spruyt, Hendrik. "The Prospects for Neo-Imperial and Non-Imperial Outcomes in the Former Soviet Space," in Karen Dawisha and Bruce Parrott, eds. *The End of Empire? The Transformation of the USSR in Comparative Perspective,* pp. 315-337.（New York: M. E. Sharpe, 1997).

Stewart, John Massey, ed. *The Soviet environment: problems, policies and politics.*（Cambridge: Cambridge University Press, 1992).

Stolyar, Oleg. "Geopolitics in the Caspian: Can Russia Keep Control In Its Own Backyard?"（www.wws.princeton.edu/~wws401c/1998/oleg.html).

Stobdan, Phunchok. "Shanghai Cooperation Organization: Challenges to China's Leadership," *Strategic Analysis*, 4（32), (2008): 527-547.

Sucks, Jeffrey. "Protivorechiia Globalizatsii," *Nezavisimaia Gazeta.* 2000 年 10 月 11 日,（www.ng.ru/economics/2000-10-11/4_globe.html).

Sultanov, F. "Zhazhda sredi vody: irrigatsiia Kirgizii v upadke," *Centrasia.ru,* 2007 年 3 月 10 日,（www.centrasia.org/newsA.php4?st=1173562800).

Swann, Dennis. *European Economic Integration: The Common Market, European Union and*

Beyond. (Cheltenham: Edward Elgar, 1996).

Syroezhkin, Konstantin. "Social Perceptions of China and the Chinese: A View from Kazakhstan," *China and Eurasia Forum Quarterly*, 1 (7), (2009): 29-46.

Tabakov, Igor. "Putin's Russia Defines Its Foreign Policy Agenda," *Eurasia Insight*. July 31, 2000. (www.eurasia/insight/articles/eav072800.shtml).

Tolipov, Farkhod. "Sravnitel'nyi analiz integratsii v SNG i v Tsentral'noi Azii." *Tsentral'naia Aziia i Kavkaz* 6 (1999), (www.ca-c.org/journal/cac06_1999/tolipov.shtml).

——— "Bor'ba s Teorrorismom i Dilema Bezopasnosti," *Tsentral'naia Aziia i Kavkaz* 6 (2002). (www.ca-c.org/journal/rus-06-2002/09.tilprimru.shtml).

——— *Bol'shaia Strategiia Uzbekistana v Usloviiah Geopoliticheskoi I Ideologicheskoi Transformatsii Tsentral'noi Azii*, (Tashkent: Fan 2005).

——— "The SCO from the Central Asian Perspective," in Tsentral'naya Aziya – Kitai, sostoyanie i perspektivy sotrudnichestva, eds., Bulat. K. Sultanov, Sébastien Peyrouse and Marlene Laruelle (Almaty: KISI, 2008) pp. 71-83.

Tongeren, Paul van, Hans van de Veen, and Juliette Verhoeven., eds. *Searching for Peace in Europe and Eurasia: An Overview of Conflict Prevention and Peace-building Activities*. (Boulder: Lynne Rienner Publishers, Inc., 2002).

Tongzon, L. Jose. "*The Economies of South East Asia, The Growth and Development of ASEAN Economies,*" (Cheltenham, UK: Edward Elgar, 1998).

Trushin, E. F. "Osnovy Mezhgosudarstvennikh Vzaimootnoshenii po Sovmestnomu Ispol'zovaniyu Vodnikh Resursov Mezhdunarodnogo Rechnogo Basseina," *Obshestvenye Nauki v Uzbekistane* 9-10 (1993): 3-13.

Trushin, Eskender. "Uzbekistan: Problems of Development and Reform in Agriculture," In Rumer. Boris, eds. *Central Asia: Challenges of Independence*. (Armonk, NY: M.E. Sharpe, 1998).

Ultanbaev, Rafael. "Eurasian Economic Community: Thorny Path of Development," *Central Asia and the Caucasus* 3 21 (2003): 129-140.

Ur-rahman, Fazal. "SCO: Problems of enhancing economic cooperation," *Eurasia Critic*, 2008, (www.eurasiacritic.com/articles/sco-problems-enhancing-economic-cooperation).

Ushakova, Natalia. "Central Asian Cooperation: Toward Transformation," *Central Asia and the Caucasus* 3 21 (2003): 120-127.

Usubaliev, T. U. *The Law of the Kyrgyz Republic 'On Inter-state Use of Waterworks and Water Resources of the Kyrgyz Republic: Kyrgyzstan and the Whole of Central Asia are Under the Threat of Contamination with Radioactive Wastes.'* Bishkek, 2002.

Usubaliyev, Esenkul, and Asen Usubaliev. "Problemy Teritorial'nogo Uregulirovania i Raspredeleniia Vodno-Energiticheskikh Resursov v Tsentral'noi Azii," *Tsentral'naia Aziia i Kavkaz* 19: 1 (2002).

Uyama, Tomohiko. "Japanese Policies in Relation to Kazakhstan: Is There a 'Strategy'?," in *Thinking Strategically: The Major Powers, Kazakhstan, and the Central Asian Nexus*, ed., Robert Legvold (Cambridge, MA: The MIT Press, 2003) pp. 165-186.

——— "Japan's Diplomacy Towards Central Asia in the Context of Japan's Asian Diplomacy and Japan-US Relations," in Len, Christopher, Uyama, Tomohiko and Hirose, Tetsuya (eds) *Japan's Silk Road Diplomacy: Paving a Road Ahead*. (Washington: Johns Hopkins University, 2008), pp. 101-121.

Uzreport.com. "Bolat Nurgaliev: Expanding the SCO is unavoidable," June 11, 2009, (www.news.uzreport.com/mir.cgi?lan=e&id=).

Viner, Jacob. *The Customs Union Issue*. (New York: Carnegie Endowment for International Peace, 1950).

Webber, Mark. *CIS Integration Trends: Russia and the Former Soviet South*. (London: The Royal Institute of International Affairs, 1997).

Wegerich, Kai, and Kuatbai Bektemirov. *Food Self-Sufficiency or Food Sovereignty for Uzbekistan: Analysis in Context of Water Scarcity*. (Oxford : OCEES Research Paper no. 23. June 2001).

Weinthal, Erika. *State Making and Environmental Cooperation: Linking Domestic and International*

Politics in Central Asia. (London: MIT Press, 2002).

Xinhua. "Chinese, Kazakh presidents hold talks on partnership," June 13, 2011, (www.news.xinhuanet.com/english2010/china/2011- 06/13/c_13927083.htm).

——— "China to remain developing country in decade: FM," March 6, 2012 (www.news.xinhuanet.com/english/china/2012-03/06/c_131449546).

Yagi, Takeshi. "'Central Asia plus Japan'" dialogue and Japan's policy toward Central Asia', *Asia Europe Journal*, 5 (2007): 13-16.

Yermurkanov, Marat. "Kazakh-Uzbek Border Dispute Triggers Nationalistic Emotions," *Central Asia Caucasus Analyst.* July 31, 2002.

Yuasa, Takeshi. "Japan's Multilateral Approach toward Central Asia," in Iwashita, A. (ed) (2008) *Eager Eyes Fixed on Eurasia: Russia and Its Neighbors in Crisis,* Sapporo: Hokkaido University Slavic Research Centeravailable, 2008, www.src-h.slav.hokudai.ac.jp/coe21/publish/no16_1_ses/04_yuasa.pdf.

Yunusov, Muzaffar. "Uzbek Border Guards Anger Tajiks," *Reporting Central Asia* (RCA report no. 205) May 20, 2003, (London: Institute for War and Peace Reporting). (www.iwpr.net).

Yusupov, H. "Komu ne nravitsia vodnaia diplomatiia Tsentral'noi Azii: gas i neft'-Tovar, a voda?," *AiF Dushanbe*, No. 13, 2007 年 3 月 28 日, (www.centrasia.ru/news2.php4?st=1175634960).

Zairov, Bakhodur. "Tazhikistan: Vvod v deistvie GES 'Sangtuda1' – real'nyi shag k energeticheskoi nezavisimosti strany," *Ferghana.ru*, 2008 年 1 月 21 日, (www.ferghana.ru/article.php?id=5563).

Zhao, Suisheng. "China's Approaches toward Regional Cooperation in East Asia: motivations and calculations," *Journal of Contemporary China*, vol. 20 (68), (2011): 53-67.

著者名無掲載の記事

"Central Asian Leaders admit Tajikistan into their Union." *BBC News Online* (*World: S/W Asia*). 1998 年 3 月 26 日.

"Communiqué of (Issyk-Kul) Central Asian Union Summit." *RFE/RL* (Radio Free Europe/Radio Liberty). Kyrgyz Service. 1994 年 5 月 4 日.

"Common economic environment no rival to CIS." *Pravda.ru*. 2003 年 8 月 8 日, (www.newsfromrussia.com).

"Deklaratsiya o Evraziiskoi Ekonomicheskoi Integratsii." ロシア大統領府, 2011 年 11 月 18 日, (www.news.kremlin.ru/ref_notes/1091).

Evrazijskaya Ekonomicheskaya Integratsiya: Tsifry i Fakty, Moskwa: Evraziiskaya Ekonomicheskaya Komissiya, 2012, pp. 18-22.

"Extremists Plan Formation of Islamic State in Ferghana Volley." *Interfax News Agency*. 2000 年 3 月 30 日, (www.interfax-news.com).

"Government backs single economic space project." *Rusnet.nl*. 2003 年 8 月 29 日, (www.rusnet.nl).

"Government backs single economic space project." *Rusnet.nl*. 2003 年 8 月 29 日, (www.rusnet.nl).

"Japan issues grant for six grassroots projects in Uzbekistan." *Uzreport.com Business Information Portal*, 2007 年 3 月 7 日, (www.news.uzreport.com/uzb.cgi?lan=e&id=28892&print=y).

"Karimov urges Kyrgyzstan to push forward on border settlement." *Uzreport.com*. 2003 年 1 月 5 日, (www.uzreport.com).

"Kazakh minister slams 'improper' Uzbek demands over border issue." *Eurasianet.org*. 2003 年 1 月 15 日, (www.eurasianet.org).

"Kazakh villagers declare statehood." 2001 年 1 月 5 日, (http://www.asia.cnn.com/2002/WORLD/asiapcf/central/01/05/kazak.villages/index.html).

"Kazakhstan predlagaet Uzbekistanu i Kazakhstanu sozdat' edinuiu energosistemu." *Ferghana.ru*, 2007 年 7 月 30 日, (www.ferghana.ru/news.php?id=6640).

"Kazakhstan gotov stroit' GEA v Kirgizii esli emu dadut chast' aktsii." 2002 年 4 月 15 日. (www/centrasia.ru/news).

"Kazakhstanskaya elita otvergaet ideyu sozdaniya Evraziyskogo parlamenta." *Regnum*, 2012 年 9 月 25 日,（www.regnum.su/news/polit/1574094.html）.

Kontseptsiya provedeniya nedeli obrazovaniia stran SHOS,（www.eduweek.ru/index.php?option=com_content&view=category&layout=blog&id=51&Itemid=57&lang=en）.

"Kyrgyz Government Orders Land-Mine Removal." *Kyrgyzstan Daily Digest*. 2003 年 7 月 14 日,（www.eurasianet.org）.

"Kirgiziya gotova stat' chetvyortym chlenom soyuza: Kto okazhetsya v plyuse?", *Voennoe obozrenie,* 2013 年 2 月 27 日,（www.topwar.ru/24748-kirgiziya-gotova-stat-chetvertym-chlenom-tamozhennogo-soyuza-kto-okazhetsya-v-plyuse.html）.

"Kyrgiziia pytaetsia ulomat' Uzbekistan pokupat' ne tol'ko ee elektrichestvo, no i vodu." *IA AKIpress*. 2007 年 10 月 4 日,（www.centrasia.ru/newsA?st=1191469740）.

"Kyrgyzstan: Almazbek Atambaev podpisal zakon o vyvode amerkanskoi bazy 'Manas'", *Ferghananews.com*, 2013 年 6 月 26 日,（www.ferghananews.com/news.php?id=20868）.

"Kyrgyz-Uzbek row over oil, gas deposits continue." *Kyrgyzstan Daily Digest*. 2003 年 7 月 22 日,（www.eurasianet.org）.

"Kyrgyzstan-Uzbekistan: focus on poverty impact in border areas." 2003 年 10 月 23 日. *IRIN*,（www.uzland.info）.

'Lider OSDPT: Kitaj othvatil bol'she teritorii chem polozheno' *Aziya Plyus*, 2013 年 4 月 15 日,（www.news.tj/ru/node/141535）.

"Maiatnik EEP: Sentiabr'skii sammit presidentov v Ialte stanet reshaiushchim." 2003 年 9 月 11 日,（www.centrasia.ru）.

"Mania Turkmenbashi." *Moskovski Komsomolets*. 2002 年 12 月 27 日.（www.uzland.uz）.

"Moskva nastaivaet na sozdanii edinogo ekonomicheskogo prostranstva."　2003 年 9 月 11 日,（www.erasiaorg.net）.

"Na Kazakhstansko-Uzbekskoi Granitse proizoshel konflikt." 2001 年 1 月 5 日,（www.eurasianet.org./2002/news/01_05_01_05_pressconference.htm）.

Nezavisimaya Gazeta, "Generalov sosredotochili na afghanskom napravlenii." 2013 年 6 月 25 日,（www.ng.ru/armies/2013-06-25/2_afgan.html）.

"Operation Southern Shield 2000 is underway." *Assalom News Agency,* 2000 年 3 月 27 日.

"Opposition warns Turkmen leader of possible conflict with Uzbekistan." *Watan.ru*. 2002 年 12 月 19 日,（www.uzland.uz）.

"Organy pod nozh. Strany SNG urezayut raskhody edinogo budzheta." *RIA Novosti*, 2003 年 8 月 28 日.

"Pogranichniki dogovorilis' ne primeniat' oruzhie na granites." *Interfaks*. 2003 年 10 月 23 日,（www.uzland.info/2003/October/24/09.htm）.

"Pogransluzhba Uzbekistana obvinyaet tazhikistantsev v popytke zahvata uzbekskih grazhdan i ovets." *Ferghana.ru*, 2013 年 6 月 26 日,（www.ferghananews.com/news.php?id=20867）.

"Pokupat' sibirskuyu vodu gosudarstva Azii vsio ravno ne smogut–deneg net." 2003 年 4 月 14 日,（www.ferghana.ru）.

"Posol RF R.Abdulatipov: Rossii ne nuzhen mezhdunarodnyi konsortsium po zaversheniiu stroitel'stva Rogunskoi GES."*CA-news*, 2008 年 5 月 19 日,（www.centrasia.ru/newsA.php?st=1211181540）.

"Poslu Uzbekistana v Kyrgyzstane vrucheny noty protesta." 2003 年 7 月 18 日,（www.centrasia.ru）.

"Postanovlenie Kyrgyzskogo parlamenta o peredache severnogo Sokha ne imeet yuridicheskoi sily," *12.Uz*, 2012,（www.12.uz/ru/news/show/comments/8307/#）.

"Prezident povelel: Kazhdaia sem'ia dolzhna kupit' aktsii Rogunskoi GES." *Ferghana.ru*, 2009 年 12 月 2 日,（www.ferghana.ru/news.php?id=13563）.

"Presidents of Russia, Ukraine, Belarus and Kazakhstan Sign Joint Statement." *Press-release of the Ukrainian Embassy in Japan*. 2003 年 2 月 26 日,（www.ukremb-japan.gov.ua/eng/news/press_release/403/ ）.

"Putin: Evrazijskij soyuz zarabotaet v 2013 godu." *Vesti*, 2011 年 7 月 12 日,（www.vesti.ru/doc.html?id=506530）.

"Rabochii Sammit SNG: Bez surprizov i v dinamichnom dukhe." *Nezavisemaia Gazeta.* 2000 年 7 月 21 日, (www.ng.ru).
——— "SNG bez viigravshikh i proigravshikh." *Nezavisemaia Gazeta.* 2000 年 7 月 22 日, (www.ng.ru).
"Rossiia ne hochet teriat kliuchevuiyu rol' v proekte Rogunskoi GES," *Ferghana.ru,* 2007 年 10 月 12 日, (www.ferghana.ru/news.php?id=7366).
"Rossiya nachnet perevooruzhat' armiyu Kyrgyzstana v 2014 godu." *Fergananews.com,* 2013 年 6 月 25 日, (www.ferghananews.com/news.php?id=20859).
"Rossiia vser'yoz namerena eksportirovat' vodu v Tsentral'nuiu Aziiu." *ChinaPRO,* 2009 年 12 月 14 日, (www.centrasia.ru/newsA.php?st=1260763620).
"Russia, China, Central Asia Leaders Hold Security Summit." *Turkistan Newsletter.* 4: 132. 2000 年 7 月 5 日.
"Sixth Senior Officials' Meeting (SOM) of the "Central Asia plus Japan" Dialogue," Ministry of Foreign Affairs of Japan, 2011 年 12 月 12 日, (www.mofa.go.jp/announce/announce/2011/12/1201_07.html).
"'Smisl'–Zhazhda v Tsentral'noi Azii. U proekta povorota sibirskih rek poyavlyayutsya novie storonniki." 2003 年 7 月 17 日, (www.centrasia.ru).
"Spetspredstavitel' EC: Stranam Tsentral'noi Azii nuzhno otkazat'sya ot vozvedeniia ogromnykh plotin." *Ferghana.ru,* 2009 年 4 月 8 日, (www.ferghana.ru/news.php?id=11646).
Statement of the "Central Asia plus Japan" Dialogue Fourth Foreign Ministers' Meeting." 2012 年 11 月 , (www.mofa.go.jp/mofaj/area/europe/caj/gaisho_12/kp.html).
'Stroitel'stvo zh/d Chuy-Ferghana vygodnaya al'ternativa doroge Kitai-Kyrgyzstan-Uzbekistan: expert, *KyrTag* (Kyrgyzskoe telegraphnoe agentstvo), 2012 年 4 月 20 日, (http://www.kyrtag.kg/?q=ru/news/19472).
"Tazhikistan vozobnovil peregovory s Rossiei o dostroike Rogunskoi GES." *Ferghana.ru,* 2008 年 6 月 6 日, (www.ferghana.ru/news.php?id=9351).
"Tadzhikistan stimuliruet razvitie prigranichnoi torgovli s Kyrgyzstanom i Uzbekistanom. Torgovymi punktami.", 2003 年 10 月 28 日, (www.centrasia.ru).
"Tajikistan Deistviia Kyrgizskikh pogranichnikov byli nezakonny." *Ferghana.ru,* 2009 年 3 月 28 日, (www. ferghana.ru/news.php?id=8762).
"Tajiks, Uzbeks to sign agreement on power engineering, water use." 2002 年 1 月 14 日, (www.eurasianet.org/kirgyzstan/hypermail/news/0036.shtml).
"Tazhikistan: Nash otvet Uzbekistanu," *Ferghana.ru,* 2010 年 2 月 8 日, (www.ferghana.ru/news.php?id=13970).
"Tazhikistan ofitsial'no razorval otnosheniia s RUSALOM." *Ferghana.ru,* 2007 年 8 月 29 日, (www.ferghana.ru/article.php?id=6945).
"Tazhikistan sozdast mezhdunarodnyi kosortsium dlia stroitel'stva Rogunskoi GES." *INTERFAKS,* 2007 年 4 月 30 日, (www.centrasia.ru/newsAphp4?st=1178005620).
'Tazhikskie pastuhi pokidayut 37 gornykh uscheliy, ustuplennyh E.Rakhmonom Kitayu', *CA-News* 2008 年 5 月 28 日.
"Tazhikistan otkazalsya ot privatizatsii zavoda TALCO, Nurekskoi i Rogunskoi GES." *Ferghana.ru,* 2009 年 2 月 25 日, (www.ferghana.ru/news.php?id=11379).
"Tazhikistan: Parlament vvel nalog na pol'zovanie vodoi." *Ferghana.ru,* 2009 年 2 月 12 日, (www.ferghana.ru/news.php?id=11291).
"Tazhikistan: Stroiteli GES 'Sangtuda- 1 ' obiavliaiut zabastovku iz-za zaderzhki zarplaty." *Ferghana.ru,* 2009 年 3 月 27 日, (www.ferghana.ru/news.php?id=11573).
"Tazhikistan: Stroitel'stvo Zerafshanskoi GES profinansiruet kitaiskii bank." *Ferghana,ru,* 2007 年 3 月 6 日, (www.ferghana.ru/news.php?id5335).
"Tazhikistan: Prezident Emomali Rakhmon poruchil srochno vypustit' aktsii Rogunskoi GES." *Ferghana.ru,* 2009 年 11 月 17 日, (www.ferghana.ru/news.php?id=13446).
"Tension Flares on Kyrgyz-Uzbek Border." *Eurasia News.* 2001 年 1 月 14 日, (www.eurasianet.org...e/kyrgyzstan/hypermail/news/0036.shtml).

"Text of Shanghai Five Declaration." *BBC News Service*. 2000年6月7日, (www.soros.org/uzbkstan/omri/0172.html).
"Tsentral'noi Azii ugrazhaet eskalatsiia napriazhenosti. Sderzhivaet lish' nedostatok finansovykh sredstv." 2003年5月19日 (www.centrasia.ru).
"Turkmenistan Vyslal Uzbekskogo Posla." *Turkmenistan Ru*. 2002年12月12日, (www.turkmenistan.ru).
"Ukraina prisoediniaetsia k soiyuzu Rossii-Kazakhstana-Belarusi. Rada progolosovala 'za' 291 golosom." *Eho*. 2003年9月18日, (www.centrasia.ru).
"Uzbek-Kyrgyz border delimitation process threatened with breakdown-paper." *Uzbekistan Daily Digest*. 2002年12月12日, (www.eurasianet.org).
"Uzbekistan blames Kyrgyzstan for Failed Border Talks." *Uzbekistan Daily Digest*. 2002年12月12日, (www.eurasianet.org).
"Uzbekistan calls for rational use of water in Central Asia." *UzReport.com*, 2009年4月14日, (www.news.uzreport.com/uzb.cgi?lan=e&id=60416).
"Uzbekistan, Kazakhstan agree not to use weapons on border." *Uzreport.com*. 2003年10月24日, (www.uzreport.com).
"Uzbekistan predstavil svoyu versiyu intsidenta na granitse s Kyrgyzstanom." Ferghana.ru, 2013年6月21日, (www.fergananews.com/news/20840).
"Uzbekistan: Prezident I.Karimov prizval chinovnikov aktivnee zaschischat' 'vodnye' interesy strany." *Ferghana.ru*, 2009年2月13日, (www.ferghana.ru/news.php?id=11302).
"Uzbekistan trebuet obiazatel'noi mezhdunarodnoi ekspertizy stroitel'stva novykh GES." *Ferghana.ru*, 2009年12月3日, (www.ferghana.ru/news.php?id=13566).
"V Dzhelal-Abade (Kyrgyzstan) vooruzhenaia banda razgromila militsiiu i skrylas." 2003年5月15日, (www.centrasia.ru).
"V Ferghanskoi doline vnedriaetsia shvetsarskii opyt vodosnabzheniia sel'skikh raionov." *Ferghana.ru*, 2007年4月4日, (www.ferghana.ru/news.php?id=5636).
"V Khudzhante sekretari sovbezov Kyrgyzstana i Tazhikistana obsuzhdaiut prigranichnye problem." *Ferghana.ru*, 2009年3月3日, (www.ferghana.ru/news.php?id=11411).
"World Economic Forum Session Opens in Almaty." *RFE/RL* (*Radio Free Europe/Radio Liberty*). *News On-line*, 2000年4月27日.
"260 'nesoglasovanykh' kilometrov. Kyrgyzia–Uzbekistan: kamen' pretknoveniia–delimitatsiia granitsy." 2003年8月26日, (www.centrasia.ru).
"13 check points to be opened on Uzbek-Kyrgyz border." *Uzreport.com*. 2003年7月18日, (www.uzreport.com).